BUSINESS SPANISH

Juan Kattán-Ibarra was born in Chile, and has travelled extensively in Spain and Latin America. He has degrees from the University of Chile, Michigan State University, Manchester University and the Institute of Education, London University. He has taught Spanish at Ealing College and Shell International and has been an examiner in Spanish for the London Chamber of Commerce and Industry and the University of London School Examinations Board. He is the author of *Teach Yourself Spanish, Teach Yourself Basic Spanish, Teach Yourself Spanish Grammar, Basic Spanish Conversation, Perspectivas Culturales de España, Perspectivas Culturales de Hispanomérica*, and co-author of *Spain after Franco, Working with Spanish, Mundo Nuevo, Se Escribe Así* and *Sistema*.

D1362911

TEACH YOURSELF BOOKS

BUSINESS SPANISH

Juan Kattán-Ibarra

TEACH YOURSELF BOOKS
Hodder and Stoughton

First published 1989
Reissued 1992

Copyright © 1989
Juan Kattán-Ibarra

British Library Cataloguing in Publication Data
Kattán-Ibarra, Juan
   Business Spanish. – (Teach yourself books).
   1. Spanish language. – For business
   enterprise
   I. Title
   468′.002465

ISBN 0 340 49549 9

Printed and bound in Great Britain
for Hodder and Stoughton Educational,
a division of Hodder and Stoughton Ltd,
Mill Road, Dunton Green, Sevenoaks, Kent,
by Clays Ltd, St Ives plc

Contents

Introduction

This course is intended for those who wish to acquire a knowledge of Spanish for use in a practical business context. It has been designed to meet the basic needs of anybody involved in trade with Spanish speaking people whether at managerial or secretarial level, or otherwise. Part-time and full-time students who are studying Spanish as part of their secretarial or business courses will also find this book particularly suitable in preparing for their examinations.

Bearing in mind that the majority of English speakers who want to study business Spanish have had very little or no previous exposure to the language, the book has been graded grammatically. Those who already have a basic knowledge of general Spanish will have the opportunity of revising all the major grammatical points, in a step-by-step progression, from the most simple structures to the more advanced. This grading will also allow beginners to use the course without undue difficulty. However, the book claims no exhaustive coverage of grammar, therefore those who are starting Spanish may find it useful to supplement this material with a basic grammar or a general course.

The language and vocabulary have been selected with the aim of enabling learners to use their Spanish in a wide range of commercial and social matters, orally as well as in writing, and at building on their understanding.

The course structure and how to use it

The main objective of this course is to help the learner achieve communicative competence in his own field. With this intention in mind, the first part of the book – Units 1–16 – has been organised around specific language functions. Each of these units brings in a particular language use, built around one or more themes or situations. Thus, for instance, Unit 1 will teach you how to introduce yourself and others, Unit 5 how to describe a product and a process, Unit 7 how to discuss plans and obligations, and so on.

Units 1–16 are divided into two sections each. One section normally aims at developing oral competence through the use of dialogues ('Diálogos'), while the other concentrates mainly on the written language, helping to build understanding and giving guidance on writing, especially letter writing. The layout of each section is approximately the same.

Study the dialogue or the passage noting all the new language forms and vocabulary. New words and expressions are listed immediately after the text and are also included in the Spanish-English vocabulary at the end of the book. Any point which needs further explanation is dealt with under the title 'Explicaciones' (Explanations). Once you have grasped the meaning of the conversation, letter, reading passage, etc., read it through again until you are satisfied that it is quite clear. As you progress you may find that you need to rely less and less on the vocabulary listing.

After the 'Explicaciones' comes a grammar section, 'Gramática', which highlights the main language points found in the preceding texts and gives examples to illustrate each form or construction. All sentences here appear with their English translation.

Under the title 'Práctica' (Practice) you will be able to apply what you have just learned through a series of exercises which call for different types of activities, such as role playing, letter writing, writing messages, filling in forms, translating telexes or other material. Some of the exercises aim at reinforcing the grammar, particularly tenses. You may check the answers in the key to the exercises.

The Background section

Units 17–24 give useful background information about Spain and the Spanish speaking countries of Latin America. The texts included in this section are of two different types. The first one in each unit shows a written register while the second reproduces in writing a piece of oral language, which may be a talk or an interview. From the language point of view they aim at developing comprehension and you may proceed with each in the same way.

Study the texts carefully, trying to grasp the main ideas. They include a good deal of new vocabulary as well as drawing on what you have already learned. This is to help you increase your passive vocabulary and improve your ability to read and understand written Spanish. Try to determine what these new words mean by considering the context in which they occur, or their similarity with English words. Should this fail, look at the vocabulary list at the end of the reading passage or consult the vocabulary at the end of the book. A dictionary will also be useful at this stage. Next, read the questions which follow the text before you study it a second or even a third time. Then you should be able to prepare your answers, either in English or Spanish, as required, without referring continuously to the passage. You may check the answers in the key to the exercises. The text may be exploited further by considering other points not covered by the questions and by studying the passage in terms of the language which it contains and by looking at the way in which the various ideas are linked together within a paragraph or within the text as a whole.

Using the course with the cassette

Although this book has been designed in such a way that it is self-contained, you will find it of great benefit – especially if your aim is to speak and understand spoken Spanish – to listen to the cassette which accompanies this course, as it provides an important practical aid for comprehension and pronunciation. The cassette contains recorded versions of the Diálogos and the talks and interviews in the Background section.

It is suggested that at the beginning of the course you start each unit by listening to the recording of the Diálogo at the same time as you read it, paying special attention to the pronunciation and intonation of the speakers. Later on in the course you may well find that you can listen to the cassette without looking at the text. Then, when you have understood the gist of what was said you can turn to the text and study the new language forms.

In the Background section, the talks and interviews can be used as a listening comprehension exercise, testing your ability to understand a longer piece of speech which contains a little unfamiliar language along with the familiar. Always try to understand the general meaning, rather than translate word for word, and guess the meaning of new words and expressions through their context. Then look at the questions which follow, and listen to the talk or interview again before answering them.

Acknowledgments

The author and publishers would like to thank the following for their kind permission to reproduce material in this book: Actualidad Económica, Madrid; Banco Hispano Americano, Madrid; Caja Postal de Ahorros, Madrid; Diario El País, Madrid; Ferrocarril Metropolità de Barcelona S.A.; Fira de Barcelona; Grupo Asegurador Catalana-Occidente, Barcelona; Instituto Español de Comercio Exterior, Madrid; Instituto de la Pequeña y Mediana Empresa Industrial, Madrid.

Pronunciation Guide

The aim of this brief pronunciation guide is to offer hints which will enable you to produce sounds recognisable to a speaker from any part of the Spanish-speaking world. It cannot by itself teach you to pronounce Spanish accurately. The best way to acquire a reasonably good accent is to listen to and try to imitate native speakers.

Listed below are the main elements of Spanish pronunciation and their approximate English equivalents. Please note that 'English' here means 'Standard British English'.

Vowels

Spanish vowels are generally shorter, clearer and more precise than English vowels. Unstressed vowels are not weakened as in English but are given much the same value in pronunciation as those which are stressed. For example, in the English word '*comfortable*', the vowels which follow the syllable '*com*' are weak, while in Spanish every vowel in the word '*confortable*' has the same quality.

There are only five vowel sounds in Spanish:

a	like the **u** in *custard*	casa	costa
e	like the **e** in *belt, end*	él	ejemplo
i	like the **i** in *marine, mean*	mirar	idea
o	like the **o** in *model, god*	sol	poco
u	like the **u** in *rude* or the **oo** in *moon*	alguno	Uruguay

Note

When **i** occurs before another vowel, it is pronounced like the **y** in *yes*.	viene	prefiere
When **u** occurs before another vowel, it is pronounced like the **w** in *wind*.	aduana	bueno
After **q**, **u** is not pronounced at all; **u** is also silent in **gui** and **gue**	**qui**en **guí**a	**que** **gue**rra
u is pronounced in **güi** and **güe**, a very infrequent sound combination in Spanish.	lingüística	vergüenza

Consonants

The pronunciation of Spanish consonants is generally similar to that of English consonants. But note the following features:

b	and **v** in initial position and after **n** are pronounced the same, like the **b** in *bar*.	**B**arcelona	invierno
	in other positions more like **v** in *very*	Sevilla	urbano
c	before **a, o, u** like the **c** in *coast*	costa	castellano
c	before **e, i** like the **th** in *thin*	gracias	aceite
ch	like the **ch** in *chair*	**Ch**ile	dere**ch**a
d	like the **d** in *day*	**d**ía	andar
	between vowels and after **r**, almost like the **th** in *those*	cada	tar**d**e
g	before **a, o, u**, like the **g** in *government*	**g**obierno	hago
	before **e, i**, like a strong **h**, or like the Scottish **ch** in *loch*	general	Gibraltar
j	like a strong **h**, or like the Scottish **ch** in *loch*	**J**uan	dejar
h	is silent	ahora	**h**oy
ll	like the **lli** in *million*	mill**ó**n	**ll**amar
ñ	like the **ni** in *onion*	ma**ñ**ana	se**ñ**ora
q(u)	like the **c** in *cake*	**qu**ien	**qu**e
r	in initial position is strongly rolled	**r**ío	**r**ojo
-r-	inside words, like **tt** in American *bitter*	pero	director
rr	strongly rolled	correos	ja**rr**a
y	like the **y** in *yes*	ho**y**	ma**y**o
z	like the **th** in *think*	**Z**aragoza	pla**z**a

Spanish-American pronunciation

c	before **e, i**, like the **s** in *sale*	centro	cinco
z	like the **s** in *sale*	zapato	taza
ll	like the **y** of *yawn* or the **j** of *jam*	llamar	calle

Stress and accentuation

Words which end in a vowel, **n** or **s** stress the last syllable but one.	**na**da	inge**nie**ro
	toman	**chi**cos

| Words which end in a consonant other than **n** or **s** stress the last syllable. | ho**tel** Ma**drid** fe**liz** | espa**ñol** me**jor** |

| Words which do not follow the above rules carry a written accent over the stressed syllable. | a**llí** auto**bús** te**lé**fono | in**glés** invita**ción** ki**ló**metro |

| Differences in meaning between certain similar words are shown through the use of an accent. | **sí** (*yes*) **él** (*he*) **sé** (*I know*) | **si** (*if*) **el** (*the, masc.*) **se** (*reflexive pronoun*) |

| Question words carry an accent, and are preceded by an inverted question mark. | ¿**dónde**? (*where?*) ¿**cuándo**? (*when?*) ¿**qué**? (*what?*) | |

Spelling

Note the following changes in spelling:
Verbs may change their spelling in certain forms in order to keep the sound of the infinitive. For example:

lleg**ar** (*to arrive*)   but   lle**gué** (*I arrived*)
cog**er** (*to catch*)   but   co**jo** (*I caught*)
to**car** (*to play*)   but   to**qué** (*I played*)

Words which finish in **z** change the **z** into **c** to form the plural:

feliz   feli**ces**   (*happy*)
pez   pe**ces**   (*fish*)

Liaison

If a word ends in a vowel and is followed by a word beginning with a vowel, the two vowels are normally pronounced as though both formed part of the same word. When the two vowels are the same, these are usually pronounced as one, for example:

¿Cómo‿está‿usted?
No‿está‿aquí.
¿Habla‿español?

1 Introducing yourself and others

Sección A

Diálogo (Dialogue)

Señor José Ibarra, managing director of Plásticos Vizcaya in Bilbao and señora Mercedes Santos, the sales manager, come to see señor Luis Morales at his office in Madrid.

Sr. Ibarra	Buenos días.
Secretaria	Hola, buenos días. ¿Qué desean?
Sr. Ibarra	¿Está el señor Morales? Yo soy José Ibarra de Bilbao. Soy el director gerente de Plásticos Vizcaya. Y ésta es la señora Santos. Es la jefa de ventas.
Secretaria	El señor Morales está en el despacho. Pasen por aquí, por favor.

The secretary announces their arrival.

Señor Morales, el señor Ibarra y la señora Santos de Bilbao están aquí.

Meeting señor Morales.

Sr. Morales	Buenos días, señor Ibarra. ¿Cómo está Vd.?
Sr. Ibarra	Bien, gracias. Esta es la señora Santos. Es la jefa de ventas de la empresa.
Sr. Morales	Mucho gusto, señora.
Sra. Santos	Encantada de conocerle.
Sr. Morales	Siéntense, por favor.

el plástico	*plastic*
hola	*hello*
buenos días	*good morning*
¿qué desean?	*can I help you?*
¿está el señor M.?	*is señor M. in?*
yo soy . . .	*I am . . .*
de Bilbao	*from Bilbao*
soy el director gerente	*I'm the managing director*
y ésta es la señora S.	*and this is señora S.*
es la jefa de ventas	*she's the sales manager*
está en el despacho	*(señor M.) is in the office*
pasen por aquí, por favor	*come this way, please*
están aquí	*(they) are here*
¿cómo está Vd.?	*how are you?*
bien, gracias	*fine, thank you*
la empresa	*company*
mucho gusto	*pleased to meet you*
encantada de conocerle	*pleased to meet you*
siéntense	*sit down*

Explicaciones *(Explanations)*

1 ¿Qué desean? Literally, *what do you wish?* This is the equivalent of the English phrase *can I help you?*, heard in offices, shops, etc. If you are talking to one person only the phrase becomes **¿qué desea?**

2 ¿Está el señor Morales? *Is señor Morales in?* Notice that Spanish does not require the use of the word *in* or *here* in this context.

3 Pasen por aquí. *Come this way.* If you are addressing one person only you would say **pase por aquí.**

4 Mucho gusto. *Pleased to meet you.* This phrase is invariable and may be used in informal or formal situations.

5 Encantada de conocerle. *Pleased to meet you.* If you are a male you would need to say **encantado**. If the person you are introduced to is a female you would need to change **conocerle** into **conocerla**. This phrase is used in very formal situations. Less formally you may just use **encantado** or **encantada**.

Gramática *(Grammar)*

1 *The definite article* (*the*)

The equivalent words for *the* in Spanish are **el** (masculine, singular), **la** (feminine, singular), **los** (masculine, plural), **las** (feminine, plural). Notice the use of the definite article in the following contexts where English does not use it.

¿Está **el** señor M.?	*Is señor M. in?*
Esta es **la** señora S.	*This is señora S.*

In direct address the definite article is omitted.

Señor Morales, **el** señor Ibarra y **la** señora Santos están aquí.
Señor Morales, señor Ibarra and señora Santos are here.

2 *Gender of nouns* (*masculine or feminine*)

Nouns ending in **-o** are usually masculine while nouns ending in **-a** are usually feminine.

el despacho   *the office*   la empresa   *the company*

With nouns referring to people we normally form the feminine by changing **-o** into **-a**.

el secretario   *secretary*   *(male)*   la secretaria   *secretary (female)*

Generally, nouns ending in **-e** do not change for feminine.

el gerente   *manager (male)*   la gerente   *manager (female)*

Notice the exception:

el jefe   *manager, boss (male)*   la jefa   *manager, boss (female)*

Nouns which end in a consonant in the masculine add an **-a** to form the feminine.

el señor   *gentleman*   la señora   *lady*

More information on the gender of nouns will be found in Units 3, 7 and 8.

3   *Subject pronouns* (*I, you, he, she . . .*)

The Spanish equivalent of words such as *I, you, he* are as follows:

yo	*I*	**nosotros/as**	*we*
tú	*you (sing., familiar)*	**vosotros/as**	*you (pl., fam.)*
él	*he*	**ellos**	*they (masc.)*
ella	*she*	**ellas**	*they (fem.)*
usted	*you (sing., formal)*	**ustedes**	*you (pl., formal)*

Notice the abbreviations **Vd. (usted)** and **Vds. (ustedes)**. Latin Americans use **Ud.** and **Uds.** instead.

Subject pronouns are usually omitted in Spanish, except when opening a conversation, for emphasis or for contrast. Compare:

Yo *soy José Ibarra.*   *I am José Ibarra.*
Soy el director gerente.   *I am the managing director.*

4   **Estar** *and* **ser** (*to be*)

(*a*)   To ask or say whether someone is in a place and to indicate location or position in general, we use **estar**. Its present tense forms are:

estoy	*I am*	**estamos**	*we are*
estás	*you are (fam.)*	**estáis**	*you are (fam.)*
está	*he/she/it is, you are*	**están**	*they/you are*

¿Está el señor Morales?   *Is señor Morales in?*
Está en el despacho.   *He is in the office.*

More on the use of **estar** in Units 5 and 6.

(*b*)   To identify yourself or someone else and to give personal information such as your occupation, you need to use **ser**. Its present tense forms are:

soy	*I am*	**somos**	*we are*
eres	*you are (fam.)*	**sois**	*you are (fam.)*
es	*he/she/it is, you are*	**son**	*they, you are*

Yo **soy** José Ibarra.   *I am José Ibarra.*
Soy el director gerente.   *I am the managing director.*
Esta **es** la señora Santos.   *This is señora Santos.*

More on the use of **ser** in Units 2 and 5.

5   *Demonstrative adjectives and pronouns (This/that, these/those)*

To say *this* or *these* and *that* or *those* in Spanish we normally use the following words.

este	*this (masc., sing.)*	**ese**	*that (masc., sing.)*
esta	*this (fem., sing.)*	**esa**	*that (fem., sing.)*
estos	*these (masc., pl.)*	**esos**	*those (masc., pl.)*
estas	*these (fem., pl.)*	**esas**	*those (fem., pl.)*

The above words may be used with a noun, or may refer to a noun without mentioning it specifically. In the first case they are adjectives; in the second case they are pronouns and they must carry an accent.

esta señora	*this lady*
ésta	*this one*
ésta es la señora Santos	*this is señora Santos*

Esto *(this)* and **eso** *(that)* are neuter forms.

Esto es importante.	*This is important.*
¿Qué es **eso?**	*What is that?*

Práctica *(Practice)*

1 Use **el** or **la** where appropriate.

(a) ¿Vd. es . . . señora García?
(b) Buenos días . . . señor Ibarra.
(c) Esta es . . . secretaria.
(d) ¿Cómo está Vd., . . . señora?

2 Complete this conversation with the correct form of **ser** or **estar**, as appropriate.

A Buenas tardes. Yo . . . Elena Alvarez, de Madrid.
    ¿ . . . la señorita Ramírez?
B No, la señorita Ramírez no . . . en este momento.
    . . . en el banco.
A ¿Usted . . . la secretaria?
B Sí, . . . la secretaria. ¿Qué desea?
A Yo . . . amiga de la señorita Ramírez.
    . . . en el Hotel Aranjuez. Este . . . el teléfono.
Señorita Ramírez comes in
B Ah, aquí . . . la señorita Ramírez.
C Hola, Elena, ¿Cómo . . . tú?

buenas tardes	*good afternoon*
el momento	*moment*
el banco	*bank*
el teléfono	*telephone*

3 Complete these sentences with **éste** or **ésta**, as appropriate.

(a) . . . es la secretaria.
(b) . . . es el despacho del señor Morales.
(c) El jefe de ventas es . . .
(d) La directora gerente es . . .

del (de + el)	literally *of the*

4   Complete these sentences with **ese** or **esa**, as appropriate.

(*a*)   . . . señor es el jefe.
(*b*)   La secretaria es . . . señorita.
(*c*)   . . . empresa está en Bilbao.
(*d*)   . . . hotel es el Hotel Aranjuez.

5   You are the representative (**el/la representante**) of Johnson Publishers (**Editorial Johnson**) of London (**Londres**) and you have come to see señora García, general manager of a publishing house in Madrid. You talk to her secretary.

Secretaria	Buenos días. ¿Qué desea?
Vd.	*Say who you are. Say you are the representative of Johnson Publishers from London. Ask whether señora García is in.*
Secretaria	La señora García está en Sevilla, pero probablemente regresa mañana. ¿En qué hotel está Vd.?
Vd.	*Say you are at the Hotel San Carlos. You are in room 20.*
Secretaria	Hotel San Carlos, habitación 20. Muy bien. ¿Y el número de teléfono?
Vd.	*(Writing it down). This is the telephone number. Thank you.*
Secretaria	De nada. Hasta luego.
Vd.	*Goodbye.*

pero	*but*
probablemente	*probably*
regresa mañana	*she comes back tomorrow*
¿en qué hotel está Vd.?	*in which hotel are you?*
la habitación	*room*
¿y el número de teléfono?	*and the telephone number?*
de nada	*not at all*
hasta luego	*goodbye*

6   Complete each of these exchanges with an appropriate phrase from the list in the box.

(a)   Yo soy Esteban Carrasco.

....

(b)   Hola, ¿cómo estás?

....

(c)   ¿Está la señorita Jiménez?

....

(d)   Esta es la señora Blanco.

....

(e)   ¿Usted es Julián Ríos?

....

(f)   ¿Usted es el representante?

....

Encantado de conocerla.
No, yo soy Miguel Arce.
No, soy el jefe de ventas.
Bien gracias, ¿y tú?
Sí, está en el despacho.
Encantado de conocerle.

Sección B

Plásticos Vizcaya sent a letter to a local businessman in Seville announcing the arrival of the new representative for Andalusia and Estremadura. This is an extract from that letter.

PLASTICOS VIZCAYA S.A.

Apartado de Correos 216578 – Teléfono 963 71 28
Calle Nervión, 41 – Bilbao 00821

Bilbao, 14 de abril de 1992

Señor Don Manuel Peña M.

Jefe de Compras

Almacenes El Dorado

Calle La Giralda, 33

Sevilla 00324

Estimado señor Peña:

Tengo mucho gusto en anunciar la llegada a Sevilla, el día
2 de mayo, de nuestro representante el señor Fernando
Cortés.
El señor Cortés representa a nuestra empresa en Andalucia y
Extremadura y conoce toda nuestra línea de productos y
posibilidades de crédito ...

Le saluda atentamente,

José Ibarra

José Ibarra

Director gerente

---

el apartado de correos	*PO Box*
el jefe de compras	*buying manager*
los almacenes	*department store*
anunciar	*to announce*
la llegada	*arrival*
el día 2 de mayo	*on 2nd of May*
nuestro representante	*our representative*
representa a nuestra empresa	*he represents our company*
conoce toda nuestra línea de productos	*he knows all our product line*
y posibilidades de crédito	*and credit possibilities*

Explicaciones

1   *Company letter head.* This goes normally at the top or in the top right-hand corner. If there is no company letter head, the writer's address may be placed in the bottom left-hand corner. For an explanation of the initials S.A. see page 28.

2   *Date.* Normally on the right, usually preceded by the name of the town from where the letter is being sent.

3   *Reader's name, position and address.* This must go on the left. **Señor** *(Mr)*, **señora** *(Mrs)* and **señorita** *(Miss)* may be abbreviated to **Sr., Sra., Srta.,** respectively.

4   *Salutation.* If you know the name of the recipient, and want to use it to make the letter less impersonal, do so using the word **Estimado** or **Estimada** (for male and female respectively) before the surname (**Estimado Sr. Peña:** *Dear Mr Peña,* or **Estimada Sra. Santos:** *Dear Mrs Santos,*), followed by a colon. Other forms of salutation will be found in later units.

5   *Introductory phrases.* There is a variety of introductory phrases in Spanish, depending on the nature of the letter. Here, **tengo mucho gusto en** is equivalent to the English phrase *I have much pleasure in.* Throughout the book you will come across other such forms.

6   *Body of the letter.* As in English, the letter will be divided into paragraphs for each idea or subject, with a line space between each paragraph. Words may be divided at the end of a line, bearing in mind the syllable structure of the word, e.g. **re-pre-sen-tan-te, nues-tra**.

7   *Closing salutation.* **Le saluda atentamente** *(Yours sincerely* or *Yours faithfully*) is the most frequent formula for ending a formal letter. The verb normally goes in the 3rd person singular: **saluda**. A shortened version of the above, and also quite frequent, is **Atentamente**. Other closing salutations will be introduced in later chapters.

8   *Sender's name and position.* As in English, the sender's position in the firm goes below his name.

Gramática

1   *Plural of nouns*

Nouns which end in a vowel form the plural by adding **-s**:

| el producto | *product* | los productos | *products* |
| la secretaria | *secretary* | las secretarias | *secretaries* |

Nouns which end in a consonant add **-es**:

| la posibilidad | *possibility* | las posibilidades | *possibilities* |
| el director | *director* | los directores | *directors* |

2   *Possessive adjectives (My, your, his, her . . .)*

The Spanish equivalent of words such as *my, your, his* are as follows:

mi	*my*	**nuestro/a**	*our*
tu	*your (fam.)*	**vuestro/a**	*your (fam.)*
su	*his/her/its/your*	**su**	*their/your*

The above words also have plural forms: **mis, tus, sus, nuestros/as, vuestros/as, sus.**

Mi jefe.	*My boss.*
Nuestro representante.	*Our representative.*
Nuestros representantes.	*Our representatives.*

3   *The present tense*

Representar *(to represent)*, like **anunciar** *(to announce)* and **saludar** *(to greet)*, is a first conjugation verb whose infinitive ends in **-ar**.

Regular **-ar** verbs are conjugated in the present tense as follows:

represent**o**	*I represent*	represent**amos**	*we represent*
represent**as**	*you represent (fam.)*	represent**áis**	*you represent (fam.)*
represent**a**	*he/she represents*	represent**an**	*they represent*
represent**a**	*you represent (polite)*	represent**an**	*you represent (polite)*

El señor Cortés representa a nuestra empresa en Andalucía.   *Señor Cortés represents our company in Andalucía.*

Conocer *(to know)* is a second conjugation verb whose infinitive ends in **-er**. This verb is irregular in the first person singular of the present tense.

cono**zco**	*I know*	conoc**emos**	*we know*
cono**ces**	*you know (fam.)*	conoc**éis**	*you know (fam.)*
cono**ce**	*he/she knows, you know*	conoc**en**	*they/you know*

El conoce nuestra línea de productos.   *He knows our product line.*

Here is a regular **-er** verb in the present tense (**vender,** *to sell*):

vend**o**	*I sell*	vend**emos**	*we well*
vend**es**	*you sell (fam.)*	vend**éis**	*you sell (fam.)*
vend**e**	*he/she sells, you sell*	vend**en**	*they/you sell*

Nuestra empresa vende productos de plástico.   *Our company sells plastic products.*

Práctica

1 Make the following words plural.

(a)	La ciudad (*city*)	(d)	El dólar (*dollar*)
(b)	El exportador (*exporter*)	(e)	El país (*country*)
(c)	El jefe (*manager*)	(f)	La importación (*import*)

2 Translate into Spanish.

(a) My company is in England (*Inglaterra*).
(b) Our representatives are Mr Wilson and Mrs Smith.
(c) His secretary is Miss Park.
(d) Their offices (*oficinas*) are in Madrid.
(e) Your (*formal*) boss is here.
(f) Our telephone number is 462 12 43.

3 Change the infinitives into the correct form of the present tense.

(a) Nosotros (*representar*) a Plásticos Vizcaya.
(b) Ellos (*vender*) sus productos en España.
(c) ¿Usted (*conocer*) Madrid?
(d) Nuestra empresa (*exportar*) sus productos a Inglaterra.
(e) Yo no (*conocer*) Sevilla.
(f) ¿Tú (*trabajar*) en Madrid?

trabajar	*to work*

4 Write the following dates (**fechas**) in Spanish, as you would in a letter.

(a) 1st January 1978.
(b) 2nd March 1981.
(c) 3rd June 1985.
(d) 15th September 1987.
(e) 20th November 1988.
(f) 31st December 1989.

> Ejemplo: 3rd February 1992
> **3 de febrero de 1992**

For the months see Appendix 1.

5   Give the Spanish for:

(*a*)   Dear Mr Pérez.
(*b*)   Dear Miss Torres.
(*c*)   I have much pleasure in introducing our representative.
(*d*)   Yours sincerely.

> **presentar a**   *to introduce*

2 Describing a place

Sección A

1 Read this description of Bilbao, one of the main industrial centres in Spain.

Bilbao es la capital de Vizcaya, una de las tres pequeñas provincias que forman el País Vasco español. Bilbao es un gran puerto y uno de los principales centros industriales de España. La ciudad, que tiene una población de aproximadamente 400 mil[1] habitantes, está a orillas del río Nervión.

Entre las industrias más importantes de Bilbao encontramos la minería del hierro, la industria siderúrgica, la construcción naval, la industria química, etc.

La gran concentración industrial que existe en Bilbao y su puerto dan lugar a una intensa actividad comercial. La Red Nacional de los Ferrocarriles Españoles (RENFE) une Bilbao con otros grandes centros industriales españoles, por ejemplo Madrid y Barcelona.

País Vasco	*Basque Country*
un puerto	*a port*
una población	*a population*
a orillas del río	*on the banks of the river*
encontramos (encontrar)	*we find (to find)*
la minería del hierro	*iron mining*
la industria siderúrgica	*iron and steel industry*
la construcción naval	*shipbuilding industry*
la industria química	*chemical industry*
dan lugar a (dar)	*they give place to (to give)*
la red	*network*
los ferrocarriles	*railways*
une (unir)	*it links (to link)*

[1]For the numbers see Appendix 1.

Explicaciones

1   Las tres pequeñas provincias. *The three small provinces.* Notice the agreement in number (plural) and gender (feminine) between the adjective **pequeñas** (*small*) and the noun it modifies, **provincias** (*provinces*).

2   El País Vasco español. *The Spanish Basque Country.* The Basque Country is one of the seventeen Comunidades Autónomas (autonomous or self-governing communities) which now exist in Spain. The Comunidades Autónomas have their own Assembly and they enjoy a certain degree of independence from the central government in Madrid.

3   Bilbao es un gran puerto. *Bilbao is a big port.* Notice that before a singular noun the word **grande** becomes **gran**. In the plural and after a noun it remains unchanged, as in **grandes centros industriales españoles**.

4   Entre las industrias más importantes. *Among the most important industries.* **El (la, los, las) más** + adjective is equivalent to the English construction *the most* + adjective.

2   Diálogo

*Plásticos Vizcaya may be moving to a new industrial complex (**un polígono industrial**) on the outskirts of Bilbao. In this conversation señor Ibarra and his partner David Lewis discuss the facilities available at the new place.*

Sr. Lewis   Bueno, señor Ibarra, ¿dónde está exactamente el polígono industrial Dos Caminos?

Sr. Ibarra   Pues, está en las afueras, a unos doce kilómetros de la ciudad, en dirección oeste. Las comunicaciones son excelentes. Además, tiene Vd. un servicio regular de autobuses desde el centro de Bilbao hasta el polígono. Y el aeropuerto está a sólo veinte kilómetros de allí. Ahora, para los empleados y para los clientes hay una zona de aparcamiento gratuito y una gasolinera.

Sr. Lewis   ¿Y qué tal son las instalaciones del polígono? ¿Son adecuadas cree Vd.?

Sr. Ibarra   Pues, pienso que sí. El Banco de Bilbao-Vizcaya tiene una oficina allí para todo tipo de operaciones bancarias, incluso para cambio de moneda. También hay un servicio de restaurante que no está nada mal, y una cafetería que atiende todo el día. Hay un centro deportivo, con piscina, campos de tenis, sauna . . .

está en las afueras	*it's on the outskirts*
en dirección oeste	*to the west*
además	*besides*
para los empleados	*for the employees*
una zona de aparcamiento gratuito	*a free parking zone*
una gasolinera	*a petrol station*
¿y qué tal son las instalaciones?	*and what are the facilities like?*
las operaciones bancarias	*banking transactions*
incluso para	*even for*
el cambio de moneda	*foreign exchange*
no está nada mal	*it's not bad at all*
atiende todo el día (atender)	*it's open all day (to serve)*
un centro deportivo	*a sports centre*
con piscina, campos de tenis	*with swimming pool, tennis courts*

Explicaciones

1   **Bueno.** *Well.* **Bueno** and **pues** are used as openings, at the beginning of an utterance. **Pues** is much more frequent than **bueno**.

2   **Ahora.** Literally *now*, is used as an opening in order to add information.

3   **¿Son adecuadas cree Vd.? Pienso que sí.** *Are they adequate do you think? I think so.* In this context **creer** and **pensar** (*to think*) are synonyms. To ask someone's opinion we normally use **creer**:

      ¿Cree Vd. que . . .?   *Do you think (that) . . .?*

To give an opinion we may use either **creer** *or* **pensar**:

Creo/pienso que . . . ,	*I think (that) . . .*
Creo/pienso que sí	*I think so.*
Creo/pienso que no.	*I don't think so.*

Gramática

1   Ser *(to be),* **tener** *(to have),* **hay** *(there is/are)*

To describe a place, we often use verbs like **ser**, **tener** and **hay**.

Bilbao **es** un gran puerto.	*Bilbao is a big port.*
Tiene 400 mil habitantes.	*It has 400 thousand inhabitants.*
Hay un centro deportivo.	*There is a sports centre.*

And of course, location is indicated by the verb **estar** *(to be).*

El polígono industrial **está** en las afueras.   *The industrial complex is on the outskirts.*

Tener is an irregular verb which normally translates into English as *to have*. Its present tense forms are:

tengo	*I have*	**tenemos**	*we have*
tienes	*you have (fam.)*	**tenéis**	*you have (fam.)*
tiene	*you have, he/she/it has*	**tienen**	*you/they have*

Hay is an impersonal expression which may translate into English as *there is* or *there are*. In interrogative sentences it is equivalent to *is there?*, *are there?*

¿Hay un restaurante?	*Is there a restaurant?*
Sí, hay uno.	*Yes, there is one.*
Hay campos de tenis.	*There are tennis courts.*

Nota: For the present tense of **ser** and **estar** see Unit 1.

2   *Indefinite articles* (*a*/*an*)

The Spanish word for *a* is **un** for masculine nouns and **una** for feminine nouns.

Es un gran puerto.	*It is a big port.*
Es una provincia.	*It is a province.*

The plural forms **unos, unas** are translated into English as *some*.

unos puertos	*some ports*
unas industrias	*some industries*

3   *The relative pronoun* que (*which, that, who*)
The word most frequently used in Spanish to link sentences or parts of sentences is **que**.

La gran concentración industrial que existe en Bilbao . . .   *The great industrial concentration which (* or *that) exists in Bilbao . . .*

Que may also refer to people:

La persona que está allí es el director gerente.   *The person over there (who is there) is the managing director.*

4   *The present tense: third conjugation verbs* (-ir)
Unir is a third conjugation verb whose infinitive ends in **-ir**. Here is the present tense form of **unir** and all other regular third conjugation verbs.

uno	*I link*	unimos	*we link*
unes	*you link (fam.)*	unís	*you link (fam.)*
une	*you link, he/she/it links*	unen	*you/they link*

Nota: For the present tense forms of first conjugation (**-ar**) and second conjugation (**-er**) verbs see Unit 1.

5   *Stem-changing verbs*

Some verbs, like **encontrar** *(to find)*, **pensar** *(to think)*, **atender** *(to serve)* undergo a change in the stem (the main part of the verb, without its ending) which only occurs when the stem is stressed. Therefore, the first and second person plural are not affected by this change. Stem-changing verbs have the same endings as regular verbs. The two most frequent changes are from **o** into **ue** and from **e** into **ie**. Here is an example of the first and the second type of change in the present tense:

encontrar (from **o** to **ue**)			
enc**ue**ntro	*I find*	encontramos	*we find*
enc**ue**ntras	*you find (fam.)*	encontráis	*you find (fam.)*
enc**ue**ntra	*you find, he/she/it finds*	enc**ue**ntran	*you/they find*

Other verbs conjugated like **encontrar** are: **contar** *(to tell, to count)*, **mostrar** *(to show)*, **recordar** *(to remember)*, **rogar** *(to ask, to beg)*, **devolver** *(to return, to give back)*, **llover** *(to rain)*, **poder** *(to be able)*, **soler** *(to be accustomed to)*, **volver** *(to return)*.

pensar (from **e** to **ie**)			
p**ie**nso	*I think*	pensamos	*we think*
p**ie**nsas	*you think (fam.)*	pensáis	*you think (fam.)*
p**ie**nsa	*you, he/she thinks*	p**ie**nsan	*you/they think*

Other verbs conjugated like **pensar** are: **atender** *(to serve)*, **cerrar** *(to close, to shut)*, **comenzar** *(to begin)*, **empezar** *(to begin)*, **entender** *(to understand)*, **perder** *(to lose)*, **preferir** *(to prefer)*, **querer** *(to want)*, **tener** *(to have)*[1], **venir** *(to come)*.[1]

[1] Although the first person singular of **tener** and **venir** is irregular (**tengo**, **vengo**), their other forms in the present tense follow the pattern of **pensar**.

6 *The preposition* **para**

The most frequent translation of **para** into English is *for*. Observe these examples:

> Para los empleados y para los clientes hay una zona de aparcamiento gratuito.
>
> El Banco de Bilbao-Vizcaya tiene una oficina allí para todo tipo de operaciones bancarias, incluso para cambio de moneda.

Other examples of the use of **para** will be found in Unit 7.

Practica

1   Read this passage about Bilbao and then, following the model, write a similar text about Barcelona using the notes provided.

> Bilbao está en el norte de España, a 558 kilómetros de Madrid. Es la ciudad más grande del País Vasco y tiene una población de aproximadamente 400 mil habitantes. Bilbao, que está situado a orillas del río Nervión, es un gran puerto y es el principal centro industrial del País Vasco. Entre las industrias más importantes de Bilbao encontramos la minería del hierro, la industria siderúrgica, la construcción naval, la industria química, etc.

Notes on Barcelona:

> Barcelona/nordeste/621 kilómetros de Madrid/ciudad más grande Cataluña/1 millón 700 mil habitantes/en la costa Mediterránea/gran puerto/principal centro industrial Cataluña/industria textil, industria de transformados metálicos, industria química, etc.

2   Complete this dialogue using the information about Barcelona.

A   ¿En qué parte de España está Barcelona?

B

A   ¿En qué región está?

B

A   ¿A qué distancia de Madrid está?

B

A   ¿Cuántos habitantes tiene?
B
A   ¿Qué importancia económica tiene Barcelona? ·
B
A   ¿Qué industrias importantes encontramos en Barcelona?

3   A Spanish businessman is thinking of opening an office at the polígono industrial Dos Caminos. These are some of the things he wants to know. You are familiar with the place so you are able to provide the answers.

(*a*)   ¿A qué distancia está el polígono industrial de Bilbao?
(*b*)   ¿En qué dirección está?
(*c*)   ¿Cómo son las comunicaciones?
(*d*)   ¿Hay autobuses desde Bilbao hasta el polígono?
(*e*)   ¿A qué distancia está del aeropuerto?
(*f*)   ¿Hay aparcamiento?
(*g*)   ¿Hay banco? ¿Qué banco?
(*h*)   ¿Hay restaurante?
(*i*)   ¿Qué instalaciones deportivas tiene el polígono?

4   Complete this information about a hotel in Bilbao using the following verbs: **hay** or one of the forms of **ser**, **estar** or **tener**.

El Hotel Reina Sofía . . . en la calle Buenaventura 8, . . . un hotel de 4 estrellas y . . . 100 habitaciones. En el Hotel Reina Sofía . . . una sala de convenciones que . . . capacidad para 300 personas. Además, . . . dos restaurantes, un bar, una cafetería, piscina y sauna. El Hotel Reina Sofía . . . el más grande y moderno de Bilbao y . . . situado en pleno centro de la ciudad.

una sala de convenciones	*a conference room*
en pleno centro	*right in the centre*

5   Change the infinitives into the correct form of the present tense.

(*a*)   ¿Qué **pensar** Vd. sobre las instalaciones?

(*b*)   (Yo) **encontrar** que son adecuadas.

(*c*)   El señor Lewis **venir** a España a menudo.

(*d*)   El **volver** mañana a Inglaterra.

(*e*)   ¿**Querer** Vds. un café?

(*f*)   ¿**Tener** (tú) un plano de Bilbao?

(*g*)   Ellos no **entender** muy bien el español.

(*h*)   La conferencia **empezar** esta tarde.

a menudo	*often*

Sección B

Una circular

Read this circular sent by the manager of the Hotel Reina Sofía in Bilbao announcing the opening of a new conference room.

Estimado cliente:

La gerencia del Hotel Reina Sofía tiene el agrado de informar a Vd. sobre la próxima inauguración de una nueva sala de convenciones con capacidad para trescientas personas.

Nuestras modernas y cómodas instalaciones están situadas en nuestro edificio de la calle Buenaventura, 8. Para reservas rogamos escribir al Apartado de Correos 22476 de Bilbao o llamar al teléfono 562 31 08. Tendremos mucho gusto en atender su solicitud.

Reciba un cordial saludo.

Paloma Campino
Directora Comercial

el/la cliente	*client*
la gerencia	*management*
el agrado	*pleasure*
próxima	*forthcoming*
la sala de convenciones	*conference room*
cómodo	*comfortable*
el edificio	*building*
la reserva	*reservation*
rogamos escribir (rogar)	*please write (to request, ask)*
atender	*to attend to*
la solicitud	*request*
recibir	*to receive*
el saludo	*greeting*

Explicaciones

1   La gerencia ... tiene el agrado de informar a Vd. *The management has pleasure in informing you.* **Tener el agrado de** is a set phrase, often used in commercial letter writing. It may also be used in the first person singular or plural:

> Tengo el agrado de ...   *I have pleasure in ...*
> Tenemos el agrado de ...   *We have pleasure in ...*

2   Rogamos escribir ... o llamar. *Please write ... or call.* The verb **rogar** (o > ue), which literally means *to request* or *to ask* is frequently used in commercial letter writing as a polite way of asking somebody to do something. It may be followed by an infinitive, as here, or by a subjunctive (for the subjunctive see Units 13–16). Here are other phrases illustrating its use:

> Ruego comunicar su decisión ... *Please communicate your decision ...*
> Rogamos llamar al número ... *Please call the number ...*
> La gerencia ruega a sus clientes no dejar ... *The management requests its customers not to leave ...*

3 **Tendremos mucho gusto en** . . . *We'll have much pleasure in* . . .
This is another set phrase used in formal letter writing. The verb is in
the future tense. It is also found in the first person singular:

> Tendré mucho gusto en cooperar . . . *I'll have much pleasure in*
> *cooperating* . . .

Nota: For the use of this phrase in the present tense see Unit 1; for the
future tense see Unit 8.

4 **Reciba un cordial saludo.** There are several different ways of
closing a letter in Spanish, and this is another of the many set phrases
without a direct translation into English. The nearest English phrase
would be *Yours cordially*.

Gramática

1 *Prepositions:* **a, con, de, en, para, sobre**

Observe the use of prepositions in these phrases.

> La gerencia **del** (de + el) hotel . . . el agrado **de** informar **a** Vds.
> **sobre** la próxima inauguración **de** una nueva sala **de** conven-
> ciones **con** capacidad **para** trescientas personas.
> Nuestras instalaciones están situadas **en** nuestro edificio **de** la
> calle . . . **Para** reservas rogamos escribir **al** (al + el) Apartado de
> Correos . . . **de** Bilbao o llamar **al** (a + el) teléfono . . .

2 *Preposition + infinitive*

Note that Spanish uses the construction preposition + infinitive
whereas English uses preposition + gerund.

> La gerencia tiene el agrado **de informar** . . . *The management has*
> *pleasure in informing* . . .
> Tendremos mucho gusto **en atender** . . . *We'll have much pleasure*
> *in attending* to . . .

Práctica

1 Your manager has received a copy of the letter on page 23 and
as he/she does not understand Spanish you've been asked to translate
it.

2 Your company has opened a branch in Spain and the management has asked you to write a circular in Spanish announcing the opening. Here is a draft in English of the letter you have to write.

Dear Client,

The management of Carlton Computers is pleased to inform you of the opening of a branch of the company in Madrid.

Our new offices are at *Paseo de la Castellana 145, 6º.*

To request information about our products and prices please call (91) 237 82 91 or write to PO Box 4006, Madrid 28046.

Yours sincerely,

Use as a guide the letter on page 23 and the Explicaciones which follow it. You will also need these words and phrases:

Ordenadores Carlton (in Spain)	*Carlton Computers*
la apertura	*the opening*
una filial	*a branch*
para pedir (o solicitar) información	*to request information*
precios	*prices*

3 Describing an organisation

Sección A

1   Read this description of a shoe factory in Valencia.

Calzados Levante S.A. es una de las más antiguas fábricas de calzado de la provincia de Valencia y una de las mayores de España. Sus modernas y amplias instalaciones se encuentran en Alboraya, a pocos kilómetros de la capital valenciana.

Calzados Levante S.A. vende millones de pares de zapatos cada año y exporta una gran cantidad al extranjero, en especial a varios países de la Comunidad Económica Europea, entre ellos el Reino Unido, Grecia y Portugal. Su tecnología avanzada y el cuidado por el diseño y la calidad contribuyen a mantener el prestigio de la compañía, que cuenta con una plantilla de varios cientos de empleados.

Tanto la producción como la administración se hallan totalmente informatizadas. Felipe Roca, director gerente de la empresa, se siente optimista con respecto al futuro: 'Creo que el sector del calzado en España tiene un gran porvenir. Con la presencia de nuestro país en la Comunidad Europea se abren nuevos mercados para los exportadores españoles, y la competencia con otras naciones, particularmente con Italia, impulsa a nuestras empresas a modernizarse y mejorar la calidad de sus productos'.

la fábrica	*factory*
el calzado	*shoe, footwear*
amplio	*large*
el par, los pares	*pair, pairs*
al extranjero	*overseas, abroad*

el cuidado por el diseño	*care about the design*
contribuyen a (contribuir)	*they contribute to (to contribute)*
cuenta con una plantilla de (contar con)	*it has a staff of (to have)*
tanto la producción como la administración	*production as well as administration*
se hallan informatizadas (hallarse)	*they are computerised (to be)*
se siente optimista (sentirse)	*he feels optimistic (to feel)*
el porvenir	*future*
se abren nuevos mercados (abrir)	*new markets open up (to open)*
impulsar	*to encourage*
mejorar la calidad	*to improve quality*

Explicaciones

1 The Spanish footwear industry (**la industria del calzado**) has traditionally been located in the region of Valencia and the Balearic Islands (las islas Baleares).

2 **Sociedades mercantiles.** *Trading companies.* Calzados Levante S.A. is a trading company. The initials S.A., which stand for **sociedad anónima**, are used when the firm does not trade under the proprietors' names. It is the Spanish equivalent of a joint-stock company in the United Kingdom or a corporation in the United States. Many Spanish firms carry the initials S.A. after their name. Other types of trading companies are:

Sociedad de responsabilidad limitada.	*Limited liability company.*
Sociedad colectiva.	*Cooperative society.*
Sociedad comanditaria, o en comandita.	*Limited partnership.*

3 **Plantilla.** This word has more than one translation in English. It may mean *staff*, as in the passage above, or it may translate as *personnel, employees* or *payroll.* **Estar en plantilla en una firma** means *to be on the payroll of a company.* **Un empleado de plantilla** is a member of the permanent staff.

4 Informatizadas. *Computerised.* This is one of the many words which have appeared as a result of computer technology and data processing, and are not yet found in a general dictionary. Computer science and data processing are referred to as **informática**. A computer is **un ordenador** or **un computador**.

2 Diálogo

*Javier Solar, senior executive (***alto ejecutivo***) of Transibérica, a multinational company with its main office (***la casa matriz***) in Madrid, is interviewed by a journalist who is writing a report about the company. This is the first part of their conversation.*

Periodista	Señor Solar, buenos días.
Sr. Solar	Buenos días.
Periodista	Señor Solar, mi primera[1] pregunta es la siguiente: ¿Qué papel juega Transibérica en el contexto de las grandes multinacionales? En otras palabras, ¿cuál es la magnitud de la empresa frente a otras compañías multinacionales?
Sr. Solar	Pues, en primer lugar debo decir que hoy en día Transibérica es prácticamente una comunidad internacional, con una plantilla a nivel mundial de casi cincuenta mil personas. Nuestra casa matriz tiene cerca de seis mil empleados y el resto se distribuye en treinta países diferentes. Digo, además, que es una comunidad internacional ya que nuestro personal es internacional. Hay más de cincuenta nacionalidades distintas entre nuestros empleados. La importancia de Transibérica en el contexto mundial va en progresivo aumento. Estamos lejos todavía de ser una de las compañías más grandes, pero estamos en un proceso de expansión y nuestras inversiones crecen cada día más. También se aprecia un notable incremento en el número de accionistas y nuestra cifra de ventas es en este momento . . .

[1]For ordinal numbers see Appendix 1.

mi primera pregunta	*my first question*
la siguiente	*the following*
¿qué papel juega . . .? (jugar)	*what role does . . . play? (to play)*
en otras palabras	*in other words*
frente a	*in comparison with*
en primer lugar debo decir	*in the first place I must say*
hoy en día	*nowadays*
a nivel mundial	*at an international level*
digo (decir)	*I say (to say)*
va en progresivo aumento (ir)	*is steadily on the increase (to go)*
estamos lejos todavía de ser	*we are still far from being*
crecen cada día más (crecer)	*they grow more each day (to grow)*
se aprecia un incremento (apreciarse)	*an increase is observed (to be observed)*
la cifra de ventas	*sales figures*

Explicaciones

1   Ya que. *As, for.* In this context, **ya que** could be substituted by **puesto que** (*as, for*) or **porque** (*because*).

2   Todavía. *Still, yet.* Another word with a similar meaning is **aún**.

Todavía (aún) está aquí.	*He/she is still here.*
Todavía (aún) no.	*Not yet.*

Nota: **Aun** without an accent means *even*.

3   Las inversiones. *Investments.* Note also the related terms **los inversionistas** (*investors*), **invertir** (*to invest*).

4   Los accionistas. *Shareholders.* Note also the related term **las acciones** (*shares*).

5   Cada. *Each, every.* This word is used with singular nouns and does not change for masculine or feminine.

cada día (el día)	*each, or every, day*
cada noche (la noche)	*each, or every, night*

Gramática

1 *Interrogative sentences*

(*a*) In Spanish, questions may be asked by using the same word order as in a statement, but with a rising intonation. In writing, the question mark at the beginning of every interrogative sentence indicates that this is a question. For example:

¿Usted es el señor Solar?   (*Literally*) *You are señor Solar?*

(*b*) Statements can also be turned into questions by adding ¿no? or ¿verdad? to the end of the sentence.

Usted es el señor Solar, ¿no?   *You are señor Solar, aren't you?*
Usted habla español, ¿verdad?   *You speak Spanish, don't you?*

(*c*) As in English, subject and verb may be reversed to form a question.

¿Habla usted español?   *Do you speak Spanish?*

(*d*) Again, like English, Spanish uses a range of question words, such as:

¿Qué? (*What?*)
    ¿Qué papel juega Transibérica?   *What role does Transibérica play?*

¿Cuántos? (*How many?*)
    ¿Cuántos habitantes tiene Madrid?   *How many inhabitants does Madrid have?*

Other question words are: **¿cómo?** (*how?*), **¿quién/quiénes?** (*who?*), **¿cuándo?** (*when?*), **¿cuánto?** (*how much?*), **¿por qué?** (*why?*), **¿cuál/cuáles?** (*which?/what?*)

The construction *what is + noun?* translates into Spanish as **¿cuál es + noun?** when there is no choice involved:

    ¿Cuál es la magnitud de la empresa?   *What is the size of the company?*
    ¿Cuál es su dirección?   *What is your address?*

Otherwise, **¿cuál/cuáles?** is normally equivalent to *which?*

¿Cuál es tu maletín?	*Which is your briefcase?*
¿Cuáles son tus maletas?	*Which are your suitcases?*

2   *Gender of nouns*

Nouns ending in **-ista** can be either masculine or feminine, according to the sex of the person:

un accionista/inversionista	*a shareholder/an investor*
una accionista/inversionista	*a shareholder/an investor*

Nota: adjectives which end in **-ista**, for example **optimista** (*optimistic*), **pesimista** (*pessimistic*) do not change for masculine or feminine.

3   *Present tense: spelling-changing and irregular verbs*

(*a*)   Verbs which end in **-uir** change **i** into **y** in the present tense, except in the first and second person plural. For example, **contribuir** (*to contribute*) is conjugated like this:

contrib**uyo**	*I contribute*	contrib**uimos**	*we contribute*
contrib**uyes**	*you contribute (fam.)*	contrib**uís**	*you contribute (fam.)*
contrib**uye**	*he/she/you contributes*	contrib**uyen**	*you/they contribute*

El cuidado por el diseño y la calidad **contribuyen** a mantener el prestigio de la compañía. *Care about design and quality contributes to maintaining the prestige of the company.*

Other verbs conjugated in this way are: **construir** (*to build*), **destruir** (*to destroy*), **distribuir** (*to distribute*), **incluir** (*to include*), **huir** (*to escape*), **sustituir** (*to substitute*), etc.

(*b*) **Ir** is irregular in most tenses. Its present tense forms are:

voy	*I go*	**vamos**	*we go*
vas	*you go (fam.)*	**vais**	*you go (fam.)*
va	*he/she/you goes*	**van**	*you/they go*

La importancia de Transibérica va en continuo aumento.   *The importance of Transibérica is increasing steadily.*

4   *Present tense: stem-changing verbs (2)*

Jugar (*to play*) is a stem-changing verb where **u** changes into **ue**. There are no other verbs like it.

juego	*I play*	jugamos	*we play*
juegas	*you play (fam.)*	jugáis	*you play (fam.)*
juega	*he/she/you plays*	juegan	*you/they play*

¿Qué papel juega Transibérica? (jugar un papel)   *What role does Transibérica play?* (*to play a role*)

Decir is a stem-changing verb in which **e** changes into **i** and in the first person **c** changes into **g**.

di**g**o	*I say*	decimos	*we say*
dices	*you say (fam.)*	decís	*you say (fam.)*
dice	*he/she/you says*	dicen	*you/they say*

Digo que es una comunidad internacional.   *I say (that) it is an international community.*

Verbs derived from **decir** are conjugated in the same way: **contradecir** (*to contradict*), **predecir** (*to predict*), etc.

5   *Reflexive verbs*

A reflexive verb is one that is normally indicated by **-se** added to the infinitive, e.g. **sentirse** (*to feel*). **Se** is sometimes translated into English as *oneself*, e.g. **alegrarse** (*to enjoy onself*), but often it is not expressed at all in English. The reflexive pronouns **me, te, se, nos, os, se** could be said to correspond to forms such as *myself, yourself, himself*, etc. Reflexive verbs are conjugated in the usual way, but with a reflexive pronoun preceding the conjugated verb. For example:

me siento	*I feel*	**nos sentimos**	*we feel*
te sientes	*you feel (fam.)*	**os sentís**	*you feel (fam)*
se siente	*he/she feels*	**se sienten**	*you/they feel*

Felipe Roca se siente optimista.   *Felipe Roca feels optimistic.*
Nos sentimos bien/mal.   *We feel well/bad.*

When there is an infinitive the reflexive pronoun follows the **-ar, -er** or **-ir** and becomes one word with the infinitive:

La competencia impulsa a nuestra empresas a modernizar**se**.
Competition encourages our firms to modernise.

Here is a list of some common reflexive verbs:

acostarse	*to go to bed*	**acordarse**	*to remember*
bañarse	*to have a bath*	**casarse**	*to get married*
despertarse	*to wake up*	**encontrarse**	*to be, or to be situated*
equivocarse	*to make a mistake*	**hallarse**	*to be, or to be situated*
lavarse	*to wash*	**levantarse**	*to get up*
marcharse	*to leave*	**olvidarse**	*to forget*
pararse	*to stop*	**probarse**	*to try on*
sentarse	*to sit down*		

Some of these are also stem-changing verbs, for example **acostarse, acordarse, encontrarse (o > ue), despertarse, sentarse (e > ie)**.

Práctica

1   Read the passage about Levante S.A. again and then, without looking at the text, try to complete the missing words in this paragraph:

Levante S.A. . . . una de las más antiguas . . . de calzado de la . . .
de Valencia y una de las . . . de España. Sus modernas y . . .
instalaciones . . . en Alboraya a . . . kilómetros de la capital
valenciana. Levante S.A. . . . millones de pares de . . . cada año y
exporta una gran cantidad al . . . , en especial a varios países de la
. . . , entre ellos el Reino Unido, Grecia y Portugal.

2   Read this description of Pielfina S.A., a firm that manufactures
leather products (**artículos de piel**).

Pielfina S.A. es una fábrica de artículos de piel que se encuentra
en Mahón, en la isla de Menorca. Es una firma pequeña, que
cuenta con una plantilla de treinta empleados que fabrican
artículos tales como maletas, maletines, bolsos, cinturones,
cazadoras, chaquetas, etc. El principal mercado para los
productos de Pielfina es España.

la maleta	*suitcase*
el maletín	*briefcase*
el bolso	*handbag*
el cinturón	*belt*
la cazadora	*short blouson jacket*
la chaqueta	*jacket*

Now write a similar description of Electrohogar, a firm that
manufactures electrical household appliances (**artículos electrodomésticos**). Use this information:

ELECTROHOGAR

Fabrica:	artículos electrodomésticos
En:	Terrasa, provincia de Barcelona
Plantilla:	400 empleados
Artículos:	refrigeradores, cocinas, estufas, aspiradoras, etc.
Mercado:	España y los países de la Comunidad Económica Europea

la cocina	*cooker*
la estufa	*heater*
el o la aspirador(a)	*vacuum cleaner*

3   You are the representative of a large insurance company (**una compañía de seguros**), General Insurance, which has its main office in London. While attending a business conference in Spain you discuss your company with a Spanish colleague (**un/una colega**). Fill in your part of the conversation.

Colega	¿En qué trabaja Vd.?
Vd.	*Say you work for an insurance company in England. Give the name of the company.*
Colega	¿Es una compañía muy grande?
Vd.	*Say it is one of the largest and oldest in England.*
Colega	¿Y dónde está la casa matriz?
Vd.	*Say it is in London but there are branches (**filiales**) in many countries. It is an international company.*
Colega	¿Cuántos empleados tiene la firma en Londres?
Vd.	*Say in London there is a staff of almost two thousand people.*
Colega	La mayoría son ingleses, supongo.
Vd.	*Yes, the majority are English but the company also employs many people from other countries.*
Colega	¡Qué interesante! ¿Habla Vd. otros idiomas aparte de español?
Vd.	*Yes, you speak French and German.*
Colega	¡Qué bien! Yo sólo hablo español y un poquito de inglés. Su español es excelente.
Vd.	*Thank you very much.*

4   Put the infinitives in the correct form of the present tense.

(*a*)   El señor Solar (decir) que la firma tiene muchas filiales.
(*b*)   ¿(Ir) Vd. a la feria de muestras (*trade fair*)?
(*c*)   ¿Cómo (distribuir) Vds. sus productos?
(*d*)   Hoy yo no (ir) a trabajar, pues no me siento bien.

(*e*) Yo siempre (decir) lo que pienso.

(*f*) Levante S.A. (construir) nuevas instalaciones en Valencia.

(*g*) La empresa (contar) con más de mil empleados.

(*h*) El precio de la habitación no (incluir) desayuno.

5 Fill in the blank spaces with the right verb in the correct form of the present tense, choosing from this list: **despertarse, acordarse, equivocarse, marcharse, encontrarse, casarse, sentirse, modernizarse.**

(*a*) ¿En qué parte de España . . . su empresa?

(*b*) ¿. . . Vd. mal?

(*c*) ¿Vd. no . . . de mí? Yo soy Carmen García.

(*d*) El señor Pérez . . . siempre a las 7.30 de la mañana.[1]

(*e*) Yo . . . a casa. Adiós.

(*f*) Vd. . . . Yo no soy Carlos Yañez, soy Luis Yañez.

(*g*) Nuestra compañía no funciona bien. Necesita . . .

(*h*) Gonzalo y Ana . . . esta tarde en la Iglesia de San Agustín.

[1]For asking and telling the time see Appendix 1.

Sección B

Read these letters requesting and giving commercial references about a firm.

1   Pidiendo referencias (*Asking for references*)

Muy señores nuestros:

El objeto de la presente es solicitar a Vds. referencias sobre la firma Ramos y Cía. con la cual estamos en contacto para la realización de un proyecto comercial conjunto.

En especial, tenemos interés en conocer su estado financiero, la consideración de que gozan sus productos y la seriedad de la firma para cumplir sus obligaciones.

Podemos asegurarles que toda información será tratada de manera absolutamente confidencial.

En espera de su respuesta, les saluda atentamente.

2   Referencias positivas (*Positive references*)

Muy señores nuestros:

En respuesta a su carta de fecha 18 de abril en la que solicitan referencias comerciales sobre la firma Ramos y Cía., tenemos mucho gusto en informar a Vds. que su estado financiero es óptimo y que tanto la firma como sus productos gozan de una excelente reputación.

A nuestro parecer, no existe ningún riesgo en una asociación con dicha empresa.

Atentamente,

3   Referencias negativas (*Negative references*)

Muy señores nuestros:

Acusamos recibo de su carta de fecha 18 de abril en la que solicitan informes comerciales sobre la firma Ramos y Cía.

Lamentamos informar a Vds. que la actual situación financiera de la empresa no es del todo favorable y que existen ciertas reservas en los círculos financieros sobre la conveniencia de conceder nuevos créditos a dicha casa, debido a la acumulación de letras impagas.

En nuestra opinión, en cualquier transacción comercial con esta empresa es necesario proceder con extrema precaución.

Les saluda muy atentamente.

solicitar	*to request*
y Cía (y compañía)	*and Co.*
la realización	*execution, realisation, carrying out*
un proyecto comercial conjunto	*a joint commercial project*
su estado financiero	*its financial situation*
la consideración de que gozan (gozar)	*the reputation they enjoy (to enjoy)*
la seriedad de la firma	*the firm's reliability*
para cumplir sus obligaciones	*to meet its obligations*
podemos asegurarles que (asegurar)	*we can assure you that (to assure)*
toda información será tratada (tratar)	*all information will be treated (to treat)*
de manera . . . confidencial	*in a confidential way*
la fecha	*date*
tanto la firma como . . .	*the firm as well as . . .*

no existe ningún riesgo	*there isn't any risk*
dicha casa	*the aforementioned firm*
no es del todo favorable	*it is not totally favourable*
existen ciertas reservas	*there are certain reservations*
los círculos financieros	*financial circles*
debido a	*due to*
las letras impagas	*unpaid drafts*
en cualquier transacción	*in any transaction*
es necesario proceder	*it is necessary to proceed*
con extrema precaución	*with extreme caution*

Explicaciones

1 **Muy señores nuestros.** *Dear Sirs.* In the singular the phrase becomes **Muy señor mío** (*Dear Sir*).

2 **El objeto de la presente.** An introductory phrase, equivalent in English to *This is to . . .*

3 **Tenemos interés en.** *We are interested in.* This phrase is often used to request information. In the first person it becomes **Tengo (mucho) interés en** (*I am (very) interested in*).

4 **En espera de su respuesta.** *I look forward to hearing from you.* A closing phrase often found in formal letter writing.

5 **En respuesta a su carta.** *In answer to your letter.* A formal introductory phrase often used in commercial letters.

6 **A nuestro parecer.** *In our opinion.* To say *in my opinion* use the phrase **a mi parecer.** Alternative phrases would be **en nuestra opinión** and **en mi opinión.**

7 **Acusamos recibo de su carta.** *We acknowledge receipt of your letter.* In the first person, this formal introductory phrase becomes **Acuso recibo de su carta** (*I acknowledge receipt of your letter*).

8 **Lamentamos informar a Vds.** *We regret to inform you.* In the first person singular this phrase becomes **lamento + infinitive** (*I regret + infinitive*).

Gramática

Possessive pronouns (*mine, yours, his, hers . . .*)
Words like **mío** and **nuestro** – **muy señor mío, muy señor nuestro** – are

possessive pronouns. In a context other than this they would translate normally as *mine* and *ours*. The following is the complete set of possessive pronouns:

mío	*mine*	**nuestro**	*ours*
tuyo	*yours (fam.)*	**vuestro**	*yours (fam.)*
suyo	*his/her/ its/yours*	**suyo**	*theirs/yours*

These words vary for gender (masculine/feminine) and number (singular/plural), e.g. **mía, mías, tuya, tuyas, suya, suyas.**

Práctica

1   On your desk this morning you have found the following memo from your boss:
Use the letters on pages 38–9 and the Explicaciones above as a guide.

Please answer this letter we have received from Levante SA on 20ᵗʰ June requesting commercial references about Johnson & Davidson.
Tell them we regret to inform them that we have no commercial links with that firm and, therefore, we're unable to provide the information they request.
Please leave it on my desk and I'll sign it when I get back.

Peter

You will also need these phrases:

contactos comerciales	*commercial links*
por lo tanto	*therefore*
no podemos proporcionar	*we're unable to provide*

2 Complete these sentences with the appropriate possessive pronoun.

(*a*) Esta carta es . . .

(*b*) Este pasaporte no es . . .

(*c*) ¿Son . . . estas maletas, señor?

(*d*) ¿Son éstos sus abrigos, señores? – Sí, ésos son . . .

(*e*) Perdone, pero ésta no es mi llave; . . . es ésa.

(*f*) ¿Estos documentos son . . .? – Sí, son míos.

suyas
la mía
suya
suyos
los nuestros
el mío

4 Discussing your work

Sección A

Diálogo

María Inés Fernández is the director of a small Medical Market Research Company in Madrid. In this dialogue she discusses her work with an acquaintance. Notice the use of the familiar form, very prevalent in Spain today.

Conocido	¿Cuánto tiempo hace que trabajas en esta compañía?
María Inés	Pues, hace unos quince años. Soy una de las personas de mayor antigüedad en la empresa. Actualmente soy directora de la compañía.
Conocido	¿Y en qué consiste tu trabajo exactamente?
María Inés	Bueno, la verdad es que, como es una empresa pequeña, mi trabajo es muy variado. Organizo estudios de mercado para compañías farmacéuticas y, en general, superviso todo el proceso que va desde la preparación de las guías de entrevistas hasta el análisis de los resultados y la preparación del informe para los clientes. También hacemos estudios por nuestra cuenta que luego vendemos a distintas compañías farmacéuticas.
Conocido	¿Te encargas tú de las ventas también?
María Inés	Pues, sí, yo o algún otro director. Muchas veces eso significa viajar al extranjero para ponerse en contacto directo con los posibles compradores.
Conocido	¿Te gusta viajar?
María Inés	Sí, me gusta, aunque eso a veces no me permite

	mantener una vida social normal. Un día estás aquí, el siguiente te encuentras en Nueva York, México o cualquier otro lugar. Pero tampoco me gusta la rutina.
Conocido	¿No tienes un horario fijo, entonces?
María Inés	No, ¡qué va! Cuando estoy en Madrid, sí, normalmente empiezo mi trabajo a las 9.30, pero hay días en que termino a las 8.00, a las 9.00 o incluso más tarde. Generalmente acabo muy cansada.
Conocido	Bueno, ahora lo que necesitas es un buen descanso. Vamos a tomar una copa, ¿qué te parece?
María Inés	Me parece una buena idea. Vamos.

conocido/a	*acquaintance*
la antigüedad	*seniority*
actualmente	*at present*
la verdad es que	*the truth is that*
como es una empresa pequeña	*as it is a small company*
los estudios de mercado	*market research (studies)*
supervisar todo el proceso	*to supervise the whole process*
las guías de entrevistas	*interview questionnaires*
los resultados	*results*
el informe	*report*
por nuestra cuenta	*on our own account*
¿Te gusta viajar? Me gusta. (gustar)	*Do you like travelling? I like it (to like)*
aunque	*although*
el (día) siguiente	*the following (day)*
tampoco me gusta la rutina	*I don't like routine either*
un horario fijo	*fixed hours*
¡qué va!	*not at all*
empiezo mi trabajo (empezar)	*I start work (to start)*
incluso más tarde	*even later*
acabar (muy cansado/a)	*to end up (very tired)*
lo que necesitas (necesitar)	*what you need (to need)*
un buen descanso	*a good rest*
vamos a tomar una copa	*let's go and have a drink*
¿qué te parece? (parecer)	*what do you think? (to think, seem)*

Explicaciones

1 **¿Hace cuánto tiempo que trabajas en esta compañía? Hace unos quince años.** *How long have you been working for this company? For about fifteen years.* For an explanation of this construction see Unit 11.

2 **¿Y en qué consiste tu trabajo?** *And what does your work consist of?* Note the position of the preposition **en** at the beginning of the sentence. This is a standard position for verbs which carry a preposition, such as **pensar en** (*to think of*), **ir a** (*to go to*).

¿En qué piensas?	*What are you thinking of?*
¿Adónde vas?	*Where are you going to?*

3 **¿Te encargas tú de las ventas?** *Are you responsible for sales?* **Encargarse de** is a reflexive verb meaning *to be responsible for* or *to take charge of.*

4 **Ponerse en contacto con.** *To get in touch with.* A reflexive verb which is also irregular in the first person singular of the present tense:

Me pongo en contacto con los clientes. *I get in touch with the clients.*

5 **Un día estás aquí, el siguiente te encuentras en Nueva York.** *One day you are here, the next you are in New York.* Note the impersonal use of the second person singular. An alternative would be to use the word **uno: Uno nunca sabe** (*One never knows*).

Gramática

1 *Indefinite pronouns:* **todo, alguno, cualquiera, otro**

(*a*) **Todo** changes for gender (masculine or feminine) and number (singular or plural). It translates into English as *whole, all* or *every*(*thing*).

Superviso todo el proceso. *I supervise the whole process.*
Superviso todos los procesos. *I supervise all the processes.*
Superviso todo. *I supervise everything.*

(*b*) **Alguno** changes for gender and number; it translates into English as *some* (*of them*) or *any* (*of them*). The negative forms **ninguno** and **ninguna** translate as *no* or *none* (*of them*). Before a masculine singular noun **alguno** and **ninguno** drop the **-o** and become **algún**, **ningún**.

Algún otro director.	*Some other director.*
Algunos clientes.	*Some clients.*
Ningún problema.	*No problem.*
No hay ninguna razón.	*There isn't any reason.*

(*c*)   **Cualquiera** does not change for gender and number; it translates into English as *any*. Before a noun it normally drops the **-a**.

¿Cuál prefieres? – Cualquiera.	*Which do you prefer? – Any.*
En cualquier otro lugar.	*In any other place.*

(*d*)   **Otro** changes for gender and number; it translates into English as (*the*) *other*, (*the*) *others* or *another*.

Algún otro director.	*Some other director.*
Otra persona.	*Another person.*
Otras personas.	*Other people.*

2   *Verbs used normally with an indirect object:* gustar, parecer, permitir

Gustar (*to like*) is normally used in the third person singular or plural, with an indirect object pronoun. These pronouns are: **me, te, se, nos, os, les**. For other uses of indirect object pronouns see Unit 5.

me gusta(n)	*I like it/them*	**nos gusta(n)**	*we like it/them*
te gusta(n)	*you like it/them (fam.)*	**os gusta(n)**	*you like it/ them (fam.)*
le gusta(n)	*you like it/them or he/she likes it/ them*	**les gusta(n)**	*you/they like it/ them*

Tampoco me gusta la rutina.   *I don't like routine either.*

Gustar may also be used with an infinitive to say whether we like or dislike doing something:

¿Te gusta viajar?   *Do you like travelling?*

If we use a proper name or a subject pronoun, for example to avoid ambiguity in the third person, we must start the sentence with the preposition **a**.

A María Inés le gusta viajar.   *María Inés likes travelling.*
A ella le gusta viajar.   *She likes travelling.*

Parecer (*to seem*) and **permitir** (*to allow, to let*) are often used in the same way as **gustar**:

¿Qué te parece?   *What do you think? (Literally: what does it seem to you?)*
No me permite mantener una vida social normal.   *It doesn't let me have a normal social life.*

Both **parecer** and **permitir** are also often conjugated as ordinary verbs:

Pareces contento.   *You seem happy.*
No permiten fumar.   *They don't allow smoking.*

Práctica

1   Using the first two replies given by María Inés Fernández as a basis, write a paragraph about her work, beginning like this:

María Inés Fernández trabaja en una compañía de investigación de mercado médico desde hace unos quince años. Es una de las personas . . .

2   Read the job description which follows:

Agustín Alvarez – Director general de INVEME S.A. (Investigación de Mercado Médico, S.A.). Como director general el señor Alvarez es responsable del buen funcionamiento de la compañía, nombra a los altos directivos de la empresa, dirige las reuniones periódicas de la junta directiva, convoca reuniones de accionistas y responde ante ellos sobre el manejo de la compañía . . .

convocar una reunión	*to call a meeting*
los accionistas	*shareholders*
el manejo	*management*

Now rewrite the above passage in the first person singular, as if señor Alvarez were talking about his job to someone else. Begin like this: **'Me llamo Agustín Alvarez y soy el . . .'.**

3 Answer these questions with information about yourself.

(*a*) ¿Trabaja Vd.?
(*b*) ¿En qué trabaja?
(*c*) ¿Cómo se llama la empresa?
(*d*) ¿Dónde está?
(*e*) ¿Quién es el director general?

or

(*a*) ¿Estudia Vd.?
(*b*) ¿Qué estudia?
(*c*) ¿Dónde estudia?
(*d*) ¿Cuánto tiempo hace que estudia español? (*for this construction see Unit 11.*)

4 Complete these sentences with:

todo, toda, todos, todas
(*a*) ¿Trabaja Vd. . . . los días?
(*b*) . . . el personal está de vacaciones.
(*c*) Conozco . . . la gente en mi compañía.

alguno, alguna, algunos, algunas, ninguno, ninguna
(*d*) '¿Tiene Vd. . . . problema?' – 'No, no tengo . . .'.
(*e*) ¿Hay . . . secretaria en su oficina?
(*f*) . . . días me siento muy cansada.

otro, otra, otros, otras
(g)   ¿Quiere Vd. . . . café?
(h)   No tenemos . . . alternativa.
(i)   ¿Dónde están los . . .?

5   Say you like or dislike each of the following, using **me gusta(n)** or **no me gusta(n)**.

(a)   el español   (d)   los deportes (*sports*)
(b)   mi trabajo   (e)   leer
(c)   viajar   (f)   los idiomas   (*languages*)

6   Give your opinion using **me parece** or **me parecen**, as appropriate.

Ejemplo: La comida – buena.   **La comida me parece buena.**

(a)   El profesor – bueno   (d)   El hotel – malo.
(b)   El español – fácil.   (e)   Las playas – buenas.
(c)   Los   españoles – simpá- (f)   El vino – regular.
      ticos.

Sección B

Teresa Robles, a secretary at INVEME S.A. wrote a letter to a friend describing her job. This is part of that letter.

Querido Paco:
Te escribo desde la oficina. Desde hace un mes tengo un nuevo
trabajo. Soy secretaria de una
empresa que se dedica a estudios de mercado en el sector
médico. Me gusta, ja que es
una firma pequeña j ja conoz

co a casi todo el personal. Es gente muy maja.

Por la mañana vengo de 9.30 a 1.30 y por la tarde de 4.00 a 8.00. El trabajo que hago es bastante variado. Entre otras cosas, atiendo el teléfono de la gerencia, recibo a los clientes, arreglo citas, respondo y traduzco cartas, escribo a máquina informes u otros documentos, asisto a reuniones de comités o de la junta directiva, levanto actas, de vez en cuando salgo para cumplir algún encargo, etc.

Al mediodía, generalmente tomo una copa con la gente de la oficina en algún bar cerca de aquí y luego vuelvo a casa. A veces almuerzo con algunos compañeros de trabajo, pero normalmente regreso a casa...

atender el teléfono	*to answer the phone*
recibir a los clientes	*to receive the clients*
responder y traducir cartas	*to answer and translate letters*
(traducir)	*(to translate)*
escribir a máquina	*to type*
asistir a reuniones	*to attend meetings*
los comités	*committees*
levantar actas	*to draw up the minutes*
cumplir algún encargo	*to do some errand*
el/la compañero(a)	*colleague*
regresar a casa	*to return home*

Explicaciones

1   Una empresa que se dedica a . . . *A company which is involved in
. . .* **Dedicarse a**, a reflexive verb, is often used to ask people what they
do for a living.

> ¿A qué se dedica Vd.? Soy ingeniero.   *What do you do (for a
> living)? I'm an engineer.*

2   Majo, maja is used exclusively in Spain. It means *nice* or *good
looking*.

Gramática

1   *Present tense: irregular and stem-changing verbs.*

(*a*)   Notice the irregularity in the first person singular of the present
tense in these verbs:

hacer (*to do, to make*)	hago, haces, hace . . .
salir (*to go out, to leave*)	salgo, sales, sale . . .
traducir (*to translate*)	traduzco, traduces, traduce . . .

(*b*)   Notice the following stem-changing verbs:

almorzar (*to have lunch*)	al**mu**erzo, al**mu**erzas, al**mu**erza . . . (**o** > **ue**).
volver (*to return*)	**vue**lvo, **vue**lves, **vue**lve . . . (**o** > **ue**).
venir (*to come*)	vengo, **vie**nes, **vie**ne . . . (**e** > **ie** and irregular in the first person singular).

2   *Frequency adverbs* (*generally, normally, sometimes* . . .)

The following adverbs – used in the letter above – are used to indicate the frequency with which we do something.

De vez en cuando salgo.   *From time to time I go out.*
Generalmente tomo una copa.   *I usually have a drink.*
A veces almuerzo con algunos compañeros.   *Sometimes I have lunch with some colleagues.*
Normalmente regreso a casa.   *I normally return home.*

3   *Personal* a

The preposition **a** is placed before a direct object when the object is a person.

Conozco a casi todo el personal.   *I know almost all the staff.*
Recibo a los clientes.   *I receive the clients.*

a is also always used with an indirect object:

Ella da clases de español a extranjeros.   *She teaches Spanish to foreigners.*

Práctica

1   You are describing Teresa's job to someone. Rewrite the text in the third person singular, beginning like this:

Desde hace un mes Teresa tiene un nuevo trabajo. Es secretaria . . .

2 You have a new job, and in a letter to a friend you include a paragraph describing what you do. Write as you might do in real life, or use the following as a guideline:

> Say you like your new job. It is interesting, the salary is good and you have five weeks holiday a year. Say you normally arrive in the office at 9.00 and leave at 5.00. Your work is varied: you write reports, you receive clients from other countries, sometimes you attend meetings with the management, you supervise the work of other people, you select new staff and from time to time you travel abroad.

Here are some useful words and phrases:

(el) sueldo	*salary*
(las) vacaciones	*holidays*
al año	*per year*
llegar a la oficina a las 9.00	*to arrive in the office at* 9.00
escribir informes	*to write reports*
seleccionar nuevo personal	*to select new staff*

3 Put the infinitives in the correct form of the present tense.

(*a*)   ¿Qué (hacer) tú aquí?

(*b*)   Yo (salir) para Bilbao el martes[1].

(*c*)   ¿Dónde (almorzar) tú?

(*d*)   Normalmente yo (venir) a la oficina en el coche.

(*e*)   ¿A qué hora (volver) ellos a casa?

(*f*)   Carlos (empezar) sus actividades a las 8.00.

[1]For the days of the week see Appendix 1.

5 Describing a product and a process

Sección A

Diálogo

Plásticos Vizcaya are buying a new company car. This is a conversation between the managing director señor Ibarra and a car salesman.

Sr. Ibarra	Buenos días.
Vendedor	Buenos días, señor. ¿En qué puedo servirle?
Sr. Ibarra	Pues, yo soy el director gerente de una empresa aquí en Bilbao y necesito comprar un coche para la firma. Quiero un coche económico y no demasiado grande. ¿Qué me recomienda?
Vendedor	A ver ... económico y no demasiado grande. Pues, puedo recomendarle aquél, por ejemplo, el Lince M–2[1]. Es un coche muy bonito, de tamaño mediano y consume poca gasolina. Si Vd. lo quiere para la ciudad, es el coche que le conviene. Es suave, está muy bien equipado y, además, está muy bien de precio.
Sr. Ibarra	Tenemos un presupuesto reducido, de manera que no podemos gastar mucho. ¿Qué precio tiene?
Vendedor	¿Al contado o con facilidades?
Sr. Ibarra	Preferimos comprarlo al contado.
Vendedor	Pues, al contado le sale por un millón setecientas mil pesetas. Ahora, por tratarse de una empresa podemos hacerle un descuento especial del uno y

[1]For the alphabet see page 75.

	medio por ciento. Alrededor de las veinticinco mil pesetas de descuento.
Sr. Ibarra	Un millón setecientas mil . . .
Vendedor	Naturalmente, puede Vd. encontrar coches más baratos que éste, pero el Lince M-2 es un coche de muy buena calidad, es un coche firme y que puede durarle mucho tiempo. Además, se lo damos totalmente equipado. Mire, aquí tiene Vd. la ficha técnica. (*Handing the car specifications to Sr. Ibarra*). ¿Quiere Vd. mirarla un momento? Si le interesa, luego podemos verlo.
Sr. Ibarra	De acuerdo, gracias.

LINCE M–2

FICHA TECNICA

Motor:	Potencia	65 CV a 5.400 rpm
	Cilindrada	1.360 cc
	Cilindros	4 en línea
Cambio		5 velocidades
Tracción		Delantera
Alimentación		Carburador
Frenos		Discos/Tambores
Maletero		273/668 litros
Depósito gasolina		43 litros
Peso		710 kilos
Dimensiones:	Largo	3.495 mm
	Ancho	1.555 mm
	Alto	1.355 mm

PRECIO TOTAL	1.700.000 pesetas

necesitar	*to need*
comprar un coche	*to buy a car*
no demasiado grande	*not too big*
¿qué me recomienda?	*what do you recommend? (to*
(recomendar)	*recommend)*
a ver . . .	*let's see*
puedo recomendarle aquél	*I can recommend that one*
de tamaño mediano	*medium sized*
es el coche que le conviene	*this is the car for you (to suit)*
(convenir)	
es suave	*it's smooth*
está muy bien equipado	*it's very well equipped*
está muy bien de precio	*it's very reasonably priced*
un presupuesto reducido	*a limited budget*
gastar	*to spend*
al contado/con facilidades	*cash/in instalments*
le sale por (salir)	*it will cost you*
por tratarse de una empresa	*since it is for a company*
hacer un descuento	*to make a discount*
puede Vd. encontrar	*you can find*
más barato	*cheaper*
puede durarle mucho tiempo	*it can last you a long time*
se lo damos totalmente	*we deliver it to you fully*
equipado	*equipped*
mire (mirar)	*look (to look)*
aquí tiene Vd. la ficha técnica	*here are the technical*
	specifications
¿quiere Vd. mirarla . . .?	*do you want to look at it?*
si le interesa (interesar)	*if it interests you (to interest)*
podemos verlo	*we can see it*
el motor	*engine*
la potencia	*power*
el cilindro	*cylinder*
la cilindrada	*cylinder capacity*
en línea	*in line*
el cambio	*gear*
la(s) velocidad(-es)	*speed(s)*
la tracción delantera	*front-wheel drive*
la alimentación	*fuel system*
carburador	*carburettor*
los frenos	*brakes*

los discos/los tambores	*disks/drums*
el maletero	*boot*
el litro	*litre*
el deposito de gasolina	*petrol tank*
el peso	*weight*
el kilo	*kilogram*
las dimensiones	*size, dimensions*
el largo	*length*
el ancho	*width*
el alto	*height*
el precio total	*total price*

Explicaciones

1   **¿En qué puedo servirle?** *What can I do for you?* This is a very formal phrase sometimes used by shop assistants. More frequent expressions are: **¿Qué desea?** *What would you like?* (**desear**, *to wish*) or **¿Le/la atienden?** *Are you being served?* (**atender**, **e > ie**, *to serve*) For the use of **le/la** see the section **Gramática**.

2   **Le sale por un millón . . .** *It will cost you one million . . .* This is a very colloquial way of referring to the price of something. Other ways of expressing the same idea are: **Cuesta**, *it costs*, (**costar**, **o > ue**), **vale**, *it costs* (**valer**). To ask how much something costs we say:

¿Cuánto cuesta?
¿Cuánto vale?   *How much does it cost?*
¿Qué precio tiene?
¿Cuánto sale?

To ask and say how much something comes to, we use the phrases:

¿Cuánto es?	*How much is it?*
Es una libra.	*It's one pound.*
Son diez mil pesetas.	*It's ten thousand pesetas.*

Gramática

1   Ser *and* estar *used in description*

Ser and **estar** are the verbs most frequently used in describing a product. Study these examples:

> El Lince M–2 es un coche muy bonito.   *The Lince M–2 is a very nice car.*
> Está muy bien equipado.   *It is very well equipped.*

Tener is another verb often used in description:

> Tiene dos puertas.   *It has two doors.*

2   *Verb + infinitive*

Poder (o > ue), **necesitar, preferir (e > ie)** and **querer (e > ie)** are often used with an infinitive. Look at these examples.

> No podemos gastar mucho.   *We can't spend much.*
> Necesito comprar un coche.   *I need to buy a car.*
> Preferimos comprarlo al contado.   *We prefer to buy it cash.*
> ¿Quiere Vd. mirarla?   *Do you want to look at it?*

3   *Indirect and direct object pronouns (Me, you, him . . .)*

(*a*)   The English object pronouns *me, you, him, her, it, us, them*, are either indirect (He shows *him* the car) or direct (He buys *it*). In Spanish these pronouns are:

Indirect object pronouns	
me	*(to) me*
te	*(to) you (fam.)*
le	*(to) you, him, her, it*
nos	*(to) us*
os	*(to) you (fam.)*
les	*(to) you, them*

Direct object pronouns	
me	*me*
te	*you (fam.)*
le	*you (masc.), him*
la	*you (fem.), her*
nos	*us*
os	*you (fam.)*
les	*you, them (masc.)*
las	*you, them (fem.)*

In Spain and Latin America you will also hear **lo** and **los** instead of **le** and **les** in the masculine form, but this alternative only applies to direct object pronouns. For indirect pronouns the third person is always **le** or **les** for masculine and feminine.

(*b*)　*Position of object pronouns:* these pronouns precede the verb. However, with an infinitive or an affirmative imperative form they are attached to the end of the verb. Here are some examples:

> Si lo quiere para la ciudad . . .　*If you want it for the city . . .*
> Podemos hacerle un descuento.　*We can give you a discount.*
> Mírelo.　*Look at it.*

(For imperatives see Unit 12.)

If there are two object pronouns, the indirect one must come first.

> ¿Me lo recomienda?　*Do you recommend it (to me)?*
> ¿Quiere mostrármelo?　*Do you want to show it to me?*

If both object pronouns correspond to the third person, the indirect pronoun **le** or **les** becomes **se**.

> Se lo damos totalmente equipado.　*We deliver (give) it to you fully equipped.*
> Prefiero mostrárselo ahora.　*I prefer to show it to you now.*

4　**Si** (*If*).

Notice the use of **si** (*if*) in the following sentences:

> Si Vd. lo quiere para la empresa . . .　*If you want it for the company . . .*
> Si le interesa podemos verlo.　*If it interests you we can see it.*

Note that unlike **sí** (*yes*), **si** (*if*) does not carry an accent. For other uses of **si** see Units 15 and 16.

Práctica

1   Study the dialogue and the **ficha técnica** again and then answer these questions.

(*a*)   ¿Qué tipo de coche quiere comprar el señor Ibarra?
(*b*)   ¿Qué le recomienda el vendedor?
(*c*)   ¿Qué características tiene el coche que le recomienda?
(*d*)   ¿Cómo prefiere comprarlo el señor Ibarra, al contado o con facilidades?
(*e*)   ¿Cuánto cuesta el coche?
(*f*)   ¿Qué descuento le hace el empleado?
(*g*)   ¿Cuántas velocidades tiene el Lince M–2?
(*h*)   ¿Qué capacidad tiene el depósito de gasolina?
(*i*)   ¿Cuánto pesa el coche? (**pesar**, *to weigh*)
(*j*)   ¿Cuánto mide de largo? (**medir, e > i**, *to measure*)

2   You've bought a new car and in answer to a colleague's question you describe it. Answer with reference to your own car or use the following as a guideline. Notice the use of the familiar form.

Colega	¿Y qué tal tu nuevo coche?
Vd.	*Say it is a very good car, it is comfortable and it doesn't use up much petrol.*
Colega	No es un coche muy grande, ¿no?
Vd.	*No, it is a medium sized car. You don't like big cars. Ask whether he/she has a car.*
Colega	Sí, tengo un coche francés. Lo tengo desde hace mucho tiempo. Quiero comprar uno nuevo, pero en este momento no tengo dinero.
Vd.	*Say he/she can buy it in instalments.*
Colega	No, prefiero comprarlo al contado. ¿Dónde tienes el coche?
Vd.	*Say it is in the car park. Ask if he/she wants to see it.*
Colega	Sí, quiero verlo. Vamos.
Vd.	*Let's go.*

3   Study this advertisement which describes a new typewriter (**una máquina de escribir**).

OLVIDESE DE SU VIEJA MAQUINA DE ESCRIBIR

La nueva ESPLENDIDA–30 electrónica emplea la tecnología más avanzada. Es fácil de usar, pequeña, liviana y elegante. Puede usarla con pilas o con corriente, lo que le permite utilizarla en la oficina, en casa o en su viaje de negocios. La ESPLENDIDA–30 cuenta con un teclado internacional, silencioso, que responde rápida y eficazmente al tacto. La ESPLENDIDA–30 incorpora todos los adelantos de la nueva tecnología: memoria, capacidad de corrección, cintas intercambiables para que Vd. elija su estilo personal . . . Y su precio, nada más económico.

Para mayor información consulte a su distribuidor más cercano.

A colleague of yours has seen the advertisement above in a Spanish magazine and he has asked you to translate it. Here are some words you will need:

emplea	*it uses*
avanzada	*advanced*
fácil	*easy*
liviana	*light*
las pilas	*batteries*
la corriente	*mains electricity*
utilizar	*to use*
el viaje de negocios	*business trip*
el teclado	*keyboard*
eficazmente	*accurately*
los adelantos	*advances, developments*
las cintas	*ribbons*
intercambiables	*interchangeable*
para que Vd. elija (elegir)	*so that you may choose (to choose)*
el estilo	*style*
más cercano	*nearest*

4   Study the advertisement again and then fill in the blank spaces below with the correct form of **ser**, **estar** or **tener**, as appropriate.

(*a*)   La Espléndida–30 . . . una máquina de escribir.
(*b*)   La Espléndida–30 . . . liviana.
(*c*)   Esta máquina . . . un teclado internacional.
(*d*)   La Espléndida–30 . . . equipada con todos los adelantos de la tecnología.
(*e*)   El teclado . . . silencioso.
(*f*)   . . . capacidad de corrección.

5   This is a conversation between a salesman and a customer who wants to buy a television set (**un televisor**). Fill in the blank spaces with the correct object pronouns.

Cliente	Buenas tardes.
Vendedor	Buenas tardes, señor. ¿Qué desea?
Cliente	Quiero comprar un televisor. ¿Puede recomendar . . . alguno?
Vendedor	¿Un televisor? . . . quiere en blanco y negro o en color?
Cliente	En color.
Vendedor	En color . . . recomiendo el ALBA. Es de muy buena calidad.
Cliente	¿Puedo ver . . .?
Vendedor	Sí, cómo no. Aquí . . . tiene Vd. Es un televisor de líneas muy modernas. (*He turns it on*) ¿Qué . . . parece?
Cliente	Está muy bien. ¿Cuánto vale?
Vendedor	Normalmente . . . vendemos por cincuenta mil pesetas, pero ahora . . . tenemos en oferta a cuarenta y siete mil quinientas pesetas.
Cliente	Estupendo. Me lo quedo.

las líneas	*lines*
en oferta	*on special offer*
me lo quedo	*I'll take it*

Sección B

Study this passage which describes the export of fruit products from the region of Valencia.

La producción de cítricos tiene su centro principal en la zona costera de Valencia y una buena parte de ella se exporta a otros países europeos. En la exportación de cítricos y de otros productos agrícolas se sigue un cuidadoso proceso de selección que se rige por ciertas normas establecidas. Al llegar la temporada, la fruta se recoge y es llevada por los agricultores hasta las empresas que se encargan de la exportación. Allí los cítricos se seleccionan y luego se ponen en cajas. Estas son transportadas en vehículos hasta los lugares de embarque desde donde se envían a su destino final en países como Gran Bretaña, Alemania, Bélgica, etcétera.

la zona costera	*the coastal zone*
se exporta (exportar)	*it is exported (to export)*
se sigue un cuidadoso proceso de selección (seguir)	*a careful selection process follows, takes place (to follow)*
se rige por ciertas normas establecidas (regirse)	*following (literally, follows) certain established norms (to be guided)*
la temporada	*season*
la fruta se recoge (recoger)	*the fruit is picked (to pick)*
es llevada (llevar)	*it is taken (to take, carry)*
los agricultores	*farmers*
se seleccionan (seleccionar)	*they are selected (to select)*
se ponen en cajas (poner)	*they are put in cases (to put)*
son transportadas (transportar)	*they are transported, shipped (to ship)*
en vehículos	*in vehicles*
los lugares de embarque	*points of embarkation*
se envían (enviar)	*they are sent (to send)*

Gramática

1 *Passive voice*

Compare these two sentences:

> Los agricultores llevan la fruta a los mercados.   *The farmers take the fruit to the markets.*
>
> La fruta es llevada a los mercados por los agricultores.   *The fruit is taken to the markets by the farmers.*

The first is an active sentence with an active verb, **los agricultores llevan** (*the farmers take*). The second is a passive sentence with a passive verb, **la fruta es llevada** (*the fruit is taken*). Spanish has two main ways of forming passive sentences:

(*a*)   **Ser** + *past participle*
As above, with the verb **ser** followed by a past participle. This construction, although not so frequent in Spanish, is normally used when the agent is expressed, e.g. **por los agricultores** (*by the farmers*). To form the past participle we add the ending **-ado** to the stem of **-ar** verbs and **-ido** to the stem of **-er** and **-ir** verbs. For example:

(llevar)	Es llevado.	*It is taken.*
(vender)	Es vendido.	*It is sold.*
(conducir)	Es conducido.	*It is driven.*

(For irregular past participles see Unit 9.)

In this context the past participle will change for gender and number:

> La fruta es llevada hasta las empresas.   *The fruit is taken to the companies.*
>
> Las cajas son transportadas en vehículos.   *The cases are shipped in vehicles.*

(*b*)   **Se** + *verb in the 3rd person*
If the agent is not expressed we may use a passive construction with

the word **se** + a verb in the third person. The verb must agree with the subject in number:

> La fruta se exporta a otros países europeos.   *Fruit is exported to other European countries.*
> Las cajas se envían a su destino final.   *The cases are sent to their final destination.*

In the previous sentences **exportar** and **enviar** are not reflexive verbs but normal verbs, although we use the **se** of reflexive verbs (see Unit 3).

Nota: **Se** is also used to form impersonal sentences, in which case it translates into English as *one, they, you* or *people*.
For example:

> ¿Cómo se dice X en español?   *How do you say X in Spanish?*
> ¿Cómo se escribe esta palabra?   *How do you spell this word?*
> ¿Cómo se pronuncia esta palabra?   *How do you pronounce this word?*

2   Al + *infinitive*

The construction **al** + *infinitive* is a very frequent one in Spanish. It may translate into English as follows:

> Al llegar la temporada la fruta se recoge.   *When the season arrives the fruit is picked.*
> Al llegar a la ciudad se puede ver el mar.   *On arriving in the city one can see the ocean.*

Práctica

1   Study again the text on fruit export in Valencia and then try to reconstruct it using these phrases:

> . . . . tiene su principal centro en . . . .
> . . . . se exporta . . . .
> . . . . se sigue un cuidadoso . . . .
> . . . . se rige por . . . .

.... la fruta se recoge ....
.... es llevada ....
.... se encargan de ....
.... se seleccionan ....
.... se ponen ....
.... son transportadas ....
.... se envían ....

2   On one of your trips abroad you teach a Spanish colleague how to make proper English tea. In Spanish, as in English, you could explain the process in more than one way. Look at this example:

Primero **hierves** agua, después **calientas** la tetera con un poco de agua, luego **tiras** esa agua, **pones** una cucharadita de té por persona y una extra para la tetera. En seguida **viertes** el agua hervida sobre el té y lo **dejas** durante cinco minutos.

hierves (hervir)	*you boil (to boil)*
después calientas (calentar)	*then you heat (to heat)*
la tetera	*teapot*
tiras esa agua (tirar)	*you throw that water (to throw away)*
pones una cucharadita de té	*you put (in) one teaspoonful of tea*
en seguida	*then*
viertes (vertir)	*you pour (to pour)*
lo dejas (dejar)	*you leave it (to leave)*

Now repeat the above using the construction **se** + verb in the third person.

3   Change the infinitives into the passive construction **ser** + past participle.

(*a*)   El SEAT (fabricar) por una empresa española.
(*b*)   Estos ordenadores (importar) por una firma de Madrid.
(*c*)   Estos electrodomésticos (exportar) por una empresa de Bilbao.

(*d*)   Nuestras mercancías (transportar) por barco.
(*e*)   La fruta (vender) por los agricultores mismos.
(*f*)   La uva (recoger) por los vendimiadores.

fabricar	*to manufacture*
los ordenadores	*computers*
las mercancías	*merchandise, goods*
los agricultores mismos	*the farmers themselves*
la(s) uva(s)	*grapes*
los vendimiadores	*grape harvesters*

6 Making enquiries and appointments

Sección A

Read these letters making enquiries about the Espléndida typewriters advertised on page 61.

Muy señores nuestros:

Con relación a su anuncio en el periódico La Mañana, tengan la bondad de enviarme un catálogo con los precios de sus productos y un folleto informativo sobre la Espléndida-30.

Les saluda atentamente,

Muy señores nuestros:

Estamos interesados en la compra de máquinas de escribir para nuestras oficinas en Madrid y en especial en la línea Espléndida.

Les rogamos nos envíen su lista de precios y mayores detalles sobre sus productos.

Tengan la bondad, además, de decirnos qué descuentos pueden hacernos por compras al por mayor, las formas de pago y si están en condiciones de efectuar entregas inmediatas.

Quedamos a la espera de sus gratas noticias.

Atentamente,

con relación a su anuncio	*with regard to your advertisement*
el periódico	*newspaper*
tengan la bondad de enviarme (tener la bondad de)	*will you please send me (to have the kindness of)*
un folleto informativo	*an information brochure*
la compra	*purchase*
les rogamos nos envíen	*please send us*
al por mayor	*wholesale*
las formas de pago	*forms of payment*
si están en condiciones de	*if you are able to*
efectuar entregas inmediatas	*to do immediate deliveries*

Explicaciones

1   **Tenga(n) la bondad de** + infinitive. *Will you please + infinitive*. This is a formula which is used not only in writing but also orally, for example: **Tenga(n) la bondad de pasar** (*Will you please come in*). As a spoken request to do something it should only be used in very formal situations. Grammatically, **tenga(n)** is an imperative form. For information on how to form the imperative see Unit 12.

2   **Les rogamos (que) nos envíen**. *Please send us*, or *kindly send us*. **Le/les ruego** or **rogamos** can also be treated as a formula to request something in writing. It is also used orally in public announcements, for example: **Se ruega a los señores pasajeros embarcar . . .** (*Passengers are requested to embark . . .*). **Rogar** (**o** > **ue**) may be followed by an infinitive (as in the announcement above or the circular in Unit 2, page 23) or, more often, by a subjunctive, as in the present context. For the formation and uses of the subjunctive see Units 13–16.

Gramática

1   **Estar** + *past participle*

Notice the use of **estar** + past participle in this sentence:

> Estamos interesados en la compra de máquinas de escribir.   *We are interested in the purchase of typewriters.*

This is a frequent construction in Spanish which is normally used to indicate a state, or condition, or the result of a process or an action, as in:

Está hecho.	*It is done.*
Está terminado.	*It is finished.*

The past participle must agree in gender (masc. or fem.) and number (sing. or plural) with the noun it refers to. Note that this use of **estar** may sometimes contrast with the construction **ser** + past participle that we studied in Unit 5. Compare these sentences:

Las mercancías están enviadas. *The goods are (already) sent.*
Las mercancías son enviadas por barco. *The goods are sent by boat.*

The first sentence indicates the result of an action whereas the second is a passive sentence describing an action.

2 *Prepositions:* **a, de, e, con, por, sobre**

Observe the use of prepositions in these sentences:

(*a*) Con relación a su anuncio en el periódico tengan la bondad de enviarme un catálogo con los precios de sus productos y un folleto informativo sobre la Espléndida–30.
(*b*) Estamos interesados en la compra de máquinas de escribir y en especial en la línea Espléndida.
(*c*) Tengan la bondad de decirnos qué descuentos pueden hacernos por compras al por mayor, las formas de pago y si están en condiciones de efectuar entregas inmediatas.

Práctica

1 Study this advertisement for office furniture.

la mesa metálica/de madera	*metal/wooden desk*
el sillón de dirección	*executive chair*
la silla de madera	*wooden chair*

MUEBLES DE OFICINA

EL MAS AMPLIO SURTIDO
Y A LOS MAS BAJOS PRECIOS

MESA METALICA

MESA MADERA

SILLON DIRECCION

MESA MAQUINA

SILLA MADERA

MESA REUNIONES

ARMARIO METALICO

SILLA MECANOGRAFA

Grandes descuentos por compras al por mayor
Fábrica de muebles de oficina LA EJECUTIVA
Avenida Diagonal, 436 en Barcelona.

la mesa de reuniones	*boardroom table*
la mesa de máquina de escribir	*typewriter desk*
el armario	*bookshelf*
la silla de mecanógrafa	*typist's chair*
el más amplio surtido	*the widest range*

This office furniture is just what you need for your new office in Spain. Write to the manufacturers following the model letters on page 68.

* Say that your company is interested in buying office furniture for your new branch in Barcelona.
* Ask them to send you a catalogue with the prices and further details about their products.
* Ask them also to let you know what their terms are and whether (if) they are able to make deliveries within the next three weeks.
* Close the letter by saying that you look forward to hearing from them.

Here are some words and phrases you may need:

la filial	*branch*
informar	*to let someone know*
cuáles son sus condiciones	*what their terms are*
dentro de las próximas tres semanas	*within the next three weeks*

2   Reply to each of these requests by saying that what you are being asked to do has already been done.

Ejemplo: Tenga la bondad de enviar las mercancías. Ya están enviadas.

(a)   Tenga la bondad de despachar los muebles.
(b)   Tenga la bondad de terminar el informe.
(c)   Tenga la bondad de fotocopiar los documentos.
(d)   Tenga la bondad de pagar la factura.
(e)   Tenga la bondad de corregir los errores.
(f)   Tenga la bondad de no cobrar el cheque.

despachar	*to dispatch*
el informe	*report*
fotocopiar	*to photocopy*
pagar la factura	*to pay the invoice*
corregir los errores	*to correct the mistakes*
cobrar un cheque	*to cash a cheque*

Sección B

Dialogo 1

James Scott, a British businessman, is in Valencia. He telephones Calzados Levante S.A. to make an appointment to see señor Carlos Blasco, the general manager of the company. The telephone rings at Calzados Levante S.A.

Recepcionista	Calzados Levante. ¿Dígame?
Sr. Scott	Buenos días. Soy James Scott de Manchester. Estoy de paso en Valencia y quisiera ver al señor Romero. Esta tarde si es posible.
Recepcionista	Lo siento, pero el señor Romero está ocupado todo el día. Está atendiendo a unos clientes que vienen de Japón. ¿Puede Vd. venir mañana?
Sr. Scott	Sí, mañana estoy libre hasta las doce.
Recepcionista	Entonces, a las diez, ¿le parece bien?
Sr. Scott	Estupendo.
Recepcionista	El señor Scott, ¿no?
Sr. Scott	Sí, James Scott, de Manchester. S–C–O–T–T. Scott
Recepcionista	De acuerdo, señor Scott. Hasta mañana.
Sr. Scott	Hasta mañana. Gracias.
Recepcionista	De nada.

Diálogo 2

Señor Scott telephones the sales manager of another Valencian company. The telephone rings at Comercial Campos.

Secretaria	Comercial Campos. ¿Dígame?
Sr. Scott	Buenas tardes. Quisiera hablar con el jefe de ventas, por favor.
Secretaria	Sí, un momentito. ¿De parte de quién?
Sr. Scott	De parte de James Scott, de Manchester. *(The secretary talks to the sales manager's secretary on another line. She comes back to señor Scott.)*

Secretaria	¿Oiga?
Sr. Scott	Sí, ¿dígame?
Secretaria	El jefe de ventas no está en su despacho en este momento. Está almorzando con el director de la compañía. ¿Quiere Vd. volver a llamar después de las tres y media?
Sr. Scott	Perdone, ¿cómo dice? No le oigo bien.
Secretaria	Digo que el jefe de ventas no está en este momento. Regresa a las tres y media. ¿Quiere Vd. llamar a esa hora?
Sr. Scott	Está bien, gracias. Hasta luego.
Secretaria	Hasta luego.

¿dígame?	*hello? (on the telephone)*
quisiera (querer)	*I'd like (to want)*
esta tarde	*this afternoon*
lo siento (sentir)	*I'm sorry (to be sorry)*
estar ocupado	*to be busy or engaged*
está atendiendo (atender)	*he's looking after (to look after)*
estar libre (hasta)	*to be free (until)*
estupendo	*very good*
hasta mañana	*till tomorrow*
el jefe de ventas	*sales manager*
un momentito	*just a moment (diminutive)*
¿de parte de quién?	*who's speaking?*
de parte de James Scott	*it's James Scott*
¿oiga?	*are you there?*
el despacho	*office*
está almorzando (almorzar)	*he's having lunch (to have lunch)*
volver a llamar	*to call again*
¿cómo dice? (decir)	*I beg your pardon? (to say)*
no le oigo bien (oir)	*I can't hear you well (to hear)*
hasta luego	*goodbye*

Explicaciones

1   Dígame. *Literally, tell me.* This is the standard word used in Spain when answering the phone. Sometimes you may also hear just ¿**diga?** or ¿**sí?** The word ¿**dígame?** is used in several other contexts, for example by shop assistants, in reply to someone who has stopped you in the street, or to someone who is talking to you on the phone. It may translate into English as *hello?, can I help you? yes?, what is it?*, etc.

2   Quisiera. This word comes from the imperfect subjunctive of **querer** (see Unit 15), but in fact it is used as a polite formula to say what you want or would like, as in:

> Quisiera ver al señor Blasco. *I'd like to see señor Blasco.*
> Quisiera hablar con el jefe de ventas. *I'd like to speak to the sales manager.*

3   ¿Oiga? Literally this word means *listen!* but in Spanish it does not sound as abrupt as it does in English. You may use it on the phone, as in dialogue 2, or, for instance, to stop someone in the street when asking for directions. A proper translation in English would be *are you there?*

4   ¿Quiere Vd. volver a llamar? *Would you like to call again?* This construction with **volver (o > ue) a** + *infinitive* translates:

> Prefiero volver a empezar. *I prefer to start again.*
> Volvamos a hacerlo. *Let's do it again.*

El alfabeto (*The alphabet*)

a	(a)	b	(be)	c	(ce)
ch	(che)	d	(de)	e	(e)
f	(efe)	g	(ge)	h	(ache)
i	(i)	j	(jota)	k	(ca)
l	(ele)	ll	(elle)	m	(eme)
n	(ene)	ñ	(eñe)	o	(o)
p	(pe)	q	(cu)	r	(ere)
rr	(erre)	s	(ese)	t	(te)
u	(u)	v	(uve)	w	(uve doble)
x	(equis)	y	(i griega)	z	(zeta)

Gramática

1 Estar + *present participle*

This construction with **estar** + present participle or gerund is used to refer to an action which takes place at the moment of speaking. The present participle is formed by adding **-ando** to the stem of **-ar** verbs and **-iendo** to that of **-er** and **-ir** verbs.

(-ar)	Está almorzando.	*He's having lunch.*
(-er)	Está comiendo.	*He's eating.*
(-ir)	Está escribiendo.	*He's writing.*

Look at the examples from the dialogues:

Está atendiendo a unos clientes que vienen de Japón. *He's looking after some clients who come from Japan.*
Está almorzando con el director de la compañía. *He's having lunch with the director of the company.*

2 *The present participle of stem-changing verbs*

Verbs ending in **-ir** which change the stem from **e** to **i** (see Unit 3) also show this change in the present participle.

| decir | digo | diciendo (*saying*) |
| pedir | pido | pidiendo (*asking*) |

Verbs in **-ir** which change **e** to **ie** (see Unit 2) also take **i** in the present participle. This does not apply to first and second conjugation verbs (**-ar** and **-er**).

| preferir | prefiero | prefiriendo (*preferring*) |
| sentirse | me siento | sintiéndose (*feeling*) |

-ir and certain **-er** verbs which change **o** to **ue** (see Unit 2) take **u** in the present participle.

dormir	duermo	durmiendo (*sleeping*)
morir	muero	muriendo (*dying*)
poder	puedo	pudiendo (*being able to*)

The present participle of **ir** is **yendo** (*going*) and of **leer** is **leyendo** (*reading*).

3 *Position of pronoun with present participle*

When the phrase contains a pronoun, this may go before the verb **estar** or it may be added to the end of the present participle, in which case the word must carry an accent:

Lo estoy terminando.	*I'm finishing it.*
Estoy terminándolo.	*I'm finishing it.*

Nota: The present tense may also be used to refer to an action which occurs at the moment of speaking. For example:

¿Qué haces?	*What are you doing?*
¿Con quién hablas?	*Who are you talking to?*

Práctica

1 You are travelling in Spain and you telephone a local company to arrange an appointment (**arreglar una cita**) with the manager. You speak to the receptionist.

Recepcionista	Sí, ¿díga?
Vd.	*Say good morning. Identify yourself and where you come from and say you would like to arrange an appointment with the manager for Tuesday morning if possible.*
Recepcionista	Un momento, por favor. No sé si el gerente está libre entonces. (*Coming back to you*). Lo siento, pero el martes por la mañana es imposible. El gerente está invitado a dar una conferencia en la Cámara de Comercio. ¿Puede Vd. venir por la tarde?
Vd.	*Say you are free from* 4.00 *to* 6.00.
Recepcionista	En ese caso, ¿por qué no viene Vd. a las 4.00? ¿Le parece bien?
Vd.	*Very good,* 4.00 *o'clock, then. Thank you.*
Recepcionista	Su apellido es Davidson, ¿no? (*She didn't get your surname right.*)
Vd.	*Say what your surname is.*
Recepcionista	Perdone, ¿cómo se escribe, por favor?
Vd.	*Spell your surname.*

Recepcionista	Gracias.
Vd.	*Now ask if señora Miranda is in. Say you would like to speak to her.*
Recepcionista	La señora Miranda está entrevistando a una persona en este momento. ¿Quiere Vd. volver a llamar después de las 11.00?
Vd.	*Yes, certainly. Goodbye, thank you.*
Recepcionista	De nada, adiós.

la Cámara de Comercio	*Chamber of Commerce*
en ese caso	*in that case*
el apellido	*surname*
¿cómo se escribe?	*how do you spell it?*
entrevistar	*to interview*

2   Say what you are doing.

Ejemplo: ¿Qué hace Vd.? (trabajo)
        Estoy trabajando.
¿Qué hace Vd.?

(*a*)   (escribir un informe)
(*b*)   (leer unos documentos)
(*c*)   (entrevistar a un candidato para el puesto de contable)
(*d*)   (discutir un asunto con el jefe de marketing)
(*e*)   (esperar una llamada de Nueva York)
(*f*)   (responder a una carta de un cliente)

el candidato	*candidate*
el puesto	*post, position*
el/la contable	*accountant*
discutir	*to discuss*
un asunto	*a matter, an affair*
una llamada	*a call*

7   Discussing plans and obligations

Sección A

Diálogo 1

María Inés Fernández, director of INVEME S.A., discusses her plans and obligations for the day with a colleague.

Miguel	Hola, María Inés, ¿qué tal?
M. Inés	Hola, Miguel.
Miguel	Mira, tengo que hablar contigo sobre tu próximo viaje a Sudamérica. Hay que discutir varios puntos, entre ellos el itinerario. ¿Estás libre esta mañana?
M. Inés	Pues, precisamente voy a reunirme con el representante de la compañía farmacéutica a las once. Tenemos que revisar la guía de entrevista que vamos a usar.
Miguel	¿Cuánto tiempo vais a tardar?
M. Inés	Pues, no lo sé. Supongo que un par de horas por lo menos.
Miguel	¿Vais a comer juntos?
M. Inés	No, pienso hacer algunas compras al mediodía y después me voy a casa.
Miguel	Si no tienes otro compromiso, por qué no comemos juntos tú y yo y así podemos hablar tranquilos.
M. Inés	De acuerdo. ¿A las dos te va bien?
Miguel	Sí, sí, estupendo. ¿En el lugar de costumbre?
M. Inés	Bueno. Y si tardo un poco me esperas, eh.
Miguel	Sí, por supuesto. Hasta luego.
M. Inés	Hasta luego.

¿qué tal?	*how are you? (familiar)*
tengo que hablar contigo (tener que)	*I have to talk to you (to have to)*
sobre tu próximo viaje	*about your next trip*
hay que discutir	*we have to discuss*
el itinerario	*itinerary*
esta mañana	*this morning*
precisamente	*precisely*
voy a reunirme con (reunirse)	*I'm going to have a meeting with (to meet)*
tenemos que revisar	*we have to revise*
la guía de entrevistas	*the interview guide*
que vamos a usar	*that we are going to use*
¿cuánto tiempo vais a tardar?	*how long are you going to take?*
no lo sé (saber)	*I don't know (to know)*
supongo que un par de horas (suponer)	*I suppose a couple of hours (to suppose)*
por lo menos	*at least*
¿vais a comer juntos?	*are you going to have lunch together?*
pienso hacer algunas compras (pensar)	*I'm thinking of doing some shopping (to think)*
al mediodía	*at midday*
después me voy a casa (irse)	*then I'm going home (to go)*
tener (otro) compromiso	*to have (another) commitment*
comer juntos	*to eat together*
¿a las dos te va bien?	*does 2 o'clock suit you?*
¿en el lugar de costumbre?	*in the usual place?*
si tardo un poco (tardar)	*if I'm a bit late (to take time)*
me esperas (esperar)	*wait for me (to wait)*
por supuesto	*certainly, of course*

Explicaciones

1   *Using the familiar form.* Notice the use of the familiar form between the two colleagues. This is widely used in Spain today, even in situations where one would expect more formality. Generally, as a foreigner who is not yet aware of the social mechanisms which lead into the use of familiar or polite forms, it is best to stick to **Vd.** and **Vds.** with people you don't know, particularly in official situations (e.g. customer and bank clerk). When in doubt, wait to see what form the Spanish speaker is using to address you, and do likewise.

2   Note the irregular forms of the verbs **saber** (*to know*) and **suponer** (*to suppose*) in the first person singular of the present tense: **(yo) sé** (*I know*), **(yo) supongo** (*I suppose*). **Suponer** is conjugated like **poner**.

Diálogo 2

María Inés Fernández and Miguel have lunch together and discuss her next visit to South America. They also talk about their plans for the weekend.

M. Inés	¿Qué vas a hacer el fin de semana?
Miguel	Pues, voy a ir con Marta y los chicos a la sierra. Hace mucho tiempo que no vamos y a los chicos les encanta. ¿Y tú qué piensas hacer? ¿ Algo interesante?
M. Inés	Voy a quedarme en Madrid. Tengo que preparar mi viaje, y, además, quiero ir a la peluquería. El sábado por la noche estoy invitada a una fiesta.
Miguel	Bueno, espero que lo pases bien.
M. Inés	Gracias. Vosotros también.
Miguel	¿Vas a tomar café?
M. Inés	No, gracias. Tengo que volver a casa un momento. ¿Vamos?
Miguel	Vamos.

¿qué vas a hacer el fin de semana?	*what are you going to do over the weekend?*
los chicos	*children*
a la sierra	*to the mountains*
hace mucho tiempo que no vamos	*we haven't been for a long time*
a los chicos les encanta (encantar)	*the children love it (to love, like)*

¿y tú qué piensas hacer?	*and what plans have you got?*
¿algo interesante?	*something interesting?*
voy a quedarme en Madrid (quedarse)	*I'm going to stay in Madrid (to stay)*
tengo que preparar mi viaje	*I have to prepare my trip*
quiero ir a la peluquería	*I want to go to the hairdresser's*
estoy invitada a una fiesta	*I'm invited to a party*
espero que lo pases bien (pasarlo bien)	*I hope you have a good time (to have a good time)*
vosotros también	*you too (fam. plural)*
¿vas a tomar café?	*are you going to have coffee?*
tengo que volver a casa	*I have to return home*
¿vamos?	*shall we go?*
vamos	*let's go*

Explicaciones

1   A los chicos les encanta. *The children love it.* The verb **encantar** (literally *to charm, to delight*) is normally conjugated like **gustar**, e.g. **me encanta** o **me encantan** (*I love it* or *I love them*).

2   Voy a quedarme en Madrid. *I'm going to stay in Madrid.* **Quedarse** is a regular, reflexive verb. Here are some other examples of its use:

Siempre me quedo en Madrid.   *I always stay in Madrid.*
Nos quedamos en un hotel.   *We stay in a hotel.*

Gramática

1   Ir a + *infinitive*

To express future plans we can use a number of constructions, among them **ir a + infinitive**, which is equivalent in English to *to be going + infinitive*. In this context we need to use the present tense of **ir** (for its forms see Unit 3), as in

Voy a reunirme con el representante.   *I'm going to have a meeting with the representative.*
¿Qué vas a hacer el fin de semana?   *What are you going to do at the weekend?*

2 **Pensar** + *infinitive*

Future plans and intentions may also be expressed by using **pensar** (e > ie, *to think*) + **infinitive**.

¿Qué piensas hacer? *(Literally) What are you thinking of doing?*

Pienso hacer algunas compras. *(Literally) I'm thinking of doing some shopping.*

Note: future plans and events may also be expressed with the future tense. For its forms see Unit 9.

3 **Tener que** + *infinitive*

To express obligations, and say what we have or need to do, we may use **tener que** (*to have to*) followed by an infinitive. For example:

Tengo que hablar contigo *I have (or need) to talk to you.*

Tenemos que revisar la guía. *We have (or need) to revise the guide.*

4 **Hay que** + *infinitive*

Hay que (*one has to, you, we have to*) is an impersonal form used to express obligation or necessity.

Hay que discutir varios puntos. *We need to discuss several points.*

Hay que trabajar. *One has to work.*

Another similar expression is **hacer falta** + **infinitive.**

Hace falta trabajar más. *One needs to work more.*

¿Qué hace falta hacer? *What does one (do you) need to do?*

5 *Preposition* + *pronoun*

With the exception of the first and second persons singular, the pronouns which follow prepositions are: **él, ella, Vd., nosotros, vosotros, ellos, ellas, Vds.** For example:

Tengo que hablar con Vd. *I have to talk to you.*

Voy a ir con ellos. *I'm going with them.*

For the first and second persons singular we use **mí** and **ti**, respectively:

> ¿Esto es para mí? *Is this for me?*
> Sí, es para ti. *Yes, it's for you.*

With the preposition **con**, the first and second persons singular become **conmigo** and **contigo**, respectively:

> ¿Quieres hablar conmigo? *Do you want to talk to me?*
> Tengo que hablar contigo. *I have to talk to you.*

Práctica

1   Study the two dialogues again and then answer these questions.

(*a*)   ¿Qué va a hacer María Inés a las 11.00?
(*b*)   ¿Qué tienen que revisar ella y el representante?
(*c*)   ¿Cuánto tiempo van a tardar?
(*d*)   ¿Qué planes tiene ella para el mediodía?
(*e*)   ¿Con quién va a comer? ¿A qué hora?
(*f*)   ¿Qué van a hacer Miguel y su familia el fin de semana?
(*g*)   ¿Qué piensa hacer María Inés? ¿Por qué?
(*h*)   ¿Qué va a hacer ella el sábado por la noche?

2   Look at this page from a diary. It tells you which South American cities María Inés Fernández is going to visit, on which dates and where she's going to stay.

Comienzo visita Sudamérica:
días 3-6   Caracas,
          Hotel Bolívar.
   7-10   Santiago de Chile,
          Hotel Carrera.
  11-15   Buenos Aires,
          Hotel San Martín
     16   Regreso a Madrid.

Someone at work is asking María Inés about her travel plans. These are the questions. What are her answers? Refer to the information on the diary.

(a) ¿Qué día vas a salir de Madrid?
(b) ¿Qué ciudad vas a visitar primero?
(c) ¿En qué hotel vas a quedarte?
(d) ¿Cuál va a ser tu segunda visita?
(e) ¿Cuántos días vas a estar allí?
(f) ¿En qué hotel vas a quedarte?
(g) ¿Cuál va a ser la última etapa de tu viaje?
(h) ¿Qué día vas a llegar allí?
(i) ¿Qué día vas a regresar a Madrid?

la última etapa	*the last stage*

3   During a visit to South America, a Spanish speaking colleague asks you about your plans for the weekend. Answer his questions following the guidelines below.

Colega ¿Qué vas a hacer el fin de semana?
Vd.   *Say that on Saturday you are going to spend the morning at the swimming pool. In the afternoon you are going to do some shopping. You have to buy some presents for your wife/husband and children. And in the evening you are going out to dinner with some friends.*
Colega ¿Y el domingo estás libre?
Vd.   *On Sunday you are planning to rest during the morning and in the afternoon you are thinking of hiring a car to visit the city. Ask your colleague if he/she wants to come with you.*
Colega Encantado(a). Gracias.

Here are some words and phrases you may need:

pasar la mañana	*to spend the morning*
me encanta . . .	*I love . . .*

(los) regalos	presents
(la) mujer/(el) marido	wife/husband
salir a cenar	to go out to dinner
descansar	to rest
alquilar un coche	to hire a car

4 Complete these sentences with the correct form of the construction **ir a + infinitive**.

(*a*) ¿Qué (hacer) Vds. esta noche?
(*b*) ¿Vosotros (venir) a la fiesta?
(*c*) Nosotros (pasar) una semana en México.
(*d*) María Inés (quedarse) en Madrid.
(*e*) ¿En qué hotel (quedarse) tú?
(*f*) Yo (comprar) algunos regalos.

Sección B

On her desk this morning Teresa Robles, a secretary at INVEME S.A. found the following messages (**recados**).

Teresa :
La fotocopiadora está estro-
peada desde hace dos días.
Hay que llamar al técnico y
decirle que no podemos esperar
más. Tiene que venir hoy mismo.

Enrique

Teresa :

Hay que pedir la confirmación del vue
lo a Caracas para el día 3. Tienes
que llamar a la agencia de viajes y
preguntar por Carmen Díaz. También
hay que llamar al Hotel Bolívar en
Caracas para reservar una habitación
individual para los días 3 al 6 de
febrero. El teléfono es el (07-58-2)
953 87 22.

Mª Inés

Teresa :
Voy a estar fuera de la oficina todo el día. Si hay algún recado urgente para mí
puedes llamarme al número
43 15 61 2.

Miguel

la confirmación	*confirmation*
el vuelo	*flight*
la agencia de viajes	*travel agency*
preguntar por	*to ask for*
una habitación individual	*a single room*
fuera	*out*
el recado	*message*
la fotocopiadora	*photocopying machine*
estar estropeado/a	*to be out of order*
el técnico	*technician*
hoy mismo	*today without fail*

Gramática

1 *Gender of nouns*

In Spanish, certain words have different meanings according to their gender. For example:

el técnico	*(technician)*	la técnica	*(technique)*
el capital	*(capital, money)*	la capital	*(capital, city)*
el orden	*(arrangement, law and order)*	la orden	*(command)*
el policía	*(policeman)*	la policía	*(police force)*
el guía	*(guide, person)*	la guía	*(guide, handbook)*

2 *Prepositions:* **para and por**

Para is normally used:

(*a*)   With dates

Hay que pedir la confirmación para el día 3/mañana/el viernes.
We need confirmation by the 3rd/tomorrow/Friday.

(*b*)   To indicate a purpose (in order to)

Hay que llamar al hotel para reservar una habitación.   *We must ring the hotel to book a room.*

(*c*) With pronouns and names

Si hay algún recado para mí/María Inés . . . *If there are any messages for me/María Inés . . .*

(*d*) To indicate direction

Va para Venezuela. *He's going to Venezuela.*

Por is normally used:

(*a*) As part of certain verbs, e.g. **preguntar, pasar, hacer,** etc.

Tienes que preguntar por Carmen Díaz. *You should ask for Carmen Díaz.*
Voy a pasar por ti a las 4.00. *I'll call in at your house at 4 o'clock.*
Lo hago por ti. *I'm doing it for you.*

(*b*) In passive constructions

Es fabricado por una empresa española. *It's produced by a Spanish company.*

(*c*) With certain expressions of time

Voy a Buenos Aires por dos días. *I'm going to Buenos Aires for two days.*
Voy a salir por la tarde. *I'm going out for/in the evening.*

(*d*) With means of transport

Viajan por avión. *They travel by plane.*

(*e*) To refer to a place or to indicate movement within a place

Pase por aquí. *Come this way.*
Vamos a pasar por Madrid. *We're going via Madrid.*

Práctica

1 Study the first message again and say whether the following sentences are true or false (V) or (F). Correct any false statements.

(*a*) El vuelo a Caracas está confirmado.
(*b*) Carmen Díaz tiene que llamar a la agencia de viajes.

(*c*)   María Inés va a quedarse en el Hotel Bolívar de Caracas.

(*d*)   La habitación está reservada.

2   While Miguel was out Teresa took a message for him and as it was not urgent she decided to leave a note on his desk. Write it out as she would have done, using the familiar form. Here is what you have to say:

> Say to Miguel there is a message for him from señora Gloria Donoso who is in Madrid for three days, and has to talk to him. She is at the Hotel Reina Victoria, room 24. He is to call her between 9.30 and 10.30 in the morning. The number is 421 76 93.

3   Teresa has also left a message for Enrique about the photocopying machine. Write it out in Spanish following these guidelines:

> The technician can't come today as he has to go to another company but he's going to repair (**reparar**) the photocopying machine tomorrow morning.

4   Fill in the blank spaces below with the correct preposition: **por** or **para**.

(*a*)   Si hay algún recado tienes que llamar al número 721 09 66 y preguntar . . . mí.

(*b*)   ¿ . . . cuándo quiere Vd. la habitación?

(*c*)   ¿La habitación es . . . Vd.?

(*d*)   ¿Vas a pasar . . . Buenos Aires?

(*e*)   Hay que llamar . . . teléfono al técnico.

(*f*)   Hay que esperar hasta mañana . . . repararla.

8 Making travel arrangements

Sección A

Diálogo 1

*Teresa Robles telephones the travel agency (***la agencia de viajes***)*
Hispanotour to confirm the flight reservation for María Inés Fernández.
The telephone rings at Hispanotour.

Empleada	Sí, ¿diga?
Teresa	Quiero hablar con la señorita Carmen Díaz, por favor.
Empleada	Sí, soy yo.
Teresa	Buenos días. Llamo de la empresa INVEME para confirmar un vuelo a Caracas. Ya está hecha la reserva.
Empleada	¿A qué nombre está?
Teresa	A nombre de María Inés Fernández. Yo soy su secretaria.
Empleada	¿Y para qué fecha es?
Teresa	Es para el lunes 3 de febrero.
Empleada	Pues, me parece que ya está confirmada. ¿Quiere esperar un segundo, por favor? *(Coming back to Teresa)* ¿Oiga?
Teresa	Sí, dígame.
Empleada	Efectivamente, la reserva de la señorita Fernández está confirmada. El vuelo sale a las diez de la mañana de Barajas. Tendrá que estar una hora y media antes en el aeropuerto. Puede recoger el billete esta tarde si lo desea.
Teresa	De acuerdo. Se lo diré. Gracias.
Empleada	De nada. Adiós.

llamo de (llamar)	*I'm calling from (to call)*
para confirmar un vuelo	*to confirm a flight*
ya está hecha la reserva	*the booking is already made*
(hacer)	*(to make)*
¿a qué nombre está?	*in what name is it?*
¿y para qué fecha?	*and for what date?*
me parece que ya está	*I think it's already confirmed*
confirmada	
esperar un segundo	*to wait a second*
efectivamente	*in fact*
sale a las diez (salir)	*it leaves at ten (to leave)*
tendrá que estar	*you'll have to be*
una hora y media antes	*an hour and a half earlier*
puede recoger el billete	*you can collect the ticket*
se lo diré (decir)	*I'll tell her (to tell)*

Explicaciones

1   Soy yo. *It's me.* Notice the word order here, *verb + pronoun*, instead of the normal construction *pronoun + verb*, as in **yo soy (su secretaria)** (*I am (her secretary)*).

2   Llamo de. *I'm calling from.* Notice the use of the present tense **llamo** instead of **estoy llamando.** The latter would be preferred if the emphasis was on the action itself, as in **¿qué estás haciendo?** (*what are you doing?*), **estoy llamando a Elsa** (*I'm calling Elsa*).

Diálogo 2

After confirming the flight Teresa telephones the Hotel Bolívar in Caracas to book a single room for her boss.

Recepcionista	Hotel Bolívar. Buenos días.
Teresa	Mire, le llamo de la empresa INVEME de Madrid. Una directora de la compañía va a viajar a Caracas y quisiera reservar una habitación para ella.

Recepcionista	¿Para cuándo la quiere?
Teresa	Para el lunes tres de febrero.
Recepcionista	¿Y para cuántas noches?
Teresa	Es para cuatro noches, del tres al seis inclusive. Se marchará el día siete por la mañana.
Recepcionista	Una habitación individual, ¿no?
Teresa	Sí, individual.
Recepcionista	Perfectamente, una habitación individual para cuatro noches, del tres al seis de febrero.
Teresa	Eso es.
Recepcionista	¿Cuál es el nombre de la persona?
Teresa	María Inés Fernández. Viaja desde Madrid y llegará allí por la noche.
Recepcionista	Muy bien, señorita. Le tendremos una habitación reservada.
Teresa	Muchas gracias. Adiós.
Recepcionista	A usted, señorita. Adiós.

quisiera reservar una habitación	*I'd like to book a room*
¿para cuándo la quiere?	*when do you want it for?*
¿y para cuántas noches?	*and for how many nights?*
se marchará (marcharse)	*she'll leave (to leave)*
una habitación individual	*a single room*
¿cuál es el nombre de la persona?	*what's the name of the person?*
viaja desde Madrid (viajar)	*she's travelling from Madrid (to travel)*
llegará allí por la noche (llegar)	*she'll arrive there at night (to arrive)*
le tendremos una habitación reservada	*we'll have a room booked for her*

Explicaciones

¿Cuál es el nombre de la persona? *What's the name of the person?*, **¿Cuál es su nombre?** *What's your name?* are generally heard in formal or official situations such as the above. More frequent and more colloquial ways of asking somebody's name are:

¿Cómo se llama la persona? *What's the name of the person?*
– Se llama ... *His/her name is ... (literally, he/she is called ...)*

¿Cómo se llama usted?
  – Me llamo ...   *What's your name?*
                             – My name is ...
¿Cómo te llamas? (fam.)
  – Me llamo ...

Diálogo 3

At the airport in Caracas María Inés Fernández was met by the representative of a local marketing company that was coordinating the work for her in that city.

Representante	¡Señorita Fernández! Buenas tardes.
María Inés	(*Expressing surprise*) Ah, buenas tardes. Gracias por venir a buscarme.
Representante	Permítame que le lleve la maleta.
María Inés	Muy amable, gracias. Pesa bastante.
Representante	¿Qué tal el viaje?
María Inés	Estupendo, pero estoy un poco cansada.
Representante	Es un viaje largo. La llevaré a su hotel, así podrá descansar y mañana se sentirá mejor.
María Inés	Muchas gracias. ¿Está todo preparado para mañana?
Representante	Sí, tenemos todo listo. Si le parece bien, nos reuniremos a las diez de la mañana en mi oficina. Yo mismo pasaré a recogerla al hotel.
María Inés	Gracias.
Representante	¿Cuánto tiempo estará Vd. en Caracas?
María Inés	Me quedaré hasta el siete. Ese día saldré para Santiago de Chile.
Representante	(*Showing her the way*) Por quí, por favor. Estoy aparcado allí.

gracias por venir a buscarme	*thank you for coming to meet me*
permítame que le lleve la maleta (permitir)	*let me carry your suitcase (to let)*
pesa bastante	*it's (a little) heavy*
¿qué tal el viaje?	*how was the journey?*
estar (un poco) cansado/a	*to be a little tired*
un viaje largo	*a long journey*
la llevaré a	*I'll take you to*
así podrá descansar	*that way you'll be able to rest*
mañana se sentirá mejor	*tomorrow you'll feel better*
¿está todo preparado?	*is everything ready? (prepared)*
tener todo listo	*to have everything ready*
si le parece bien	*if it's all right with you*
nos reuniremos	*we'll meet*
yo mismo pasaré a recogerla	*I'll pick you up myself*
¿cuánto tiempo estará en C.?	*how long will you be in C.?*
me quedaré hasta	*I'll stay until*
ese día saldré para	*that day I'll leave for*
por aquí	*this way*
estar aparcado	*to be parked*

Explicaciones

1 Notice the special use of the word **buscar** (*literally, to look for*), which in this context translates as *to meet*. The sentence *I'll meet you at the airport* (*station, etc.*) would be conveyed in Spanish as **Iré a buscarle (la/te) al aeropuerto (estación, etc.).**

2 The construction **Permítame que . . .** (*Let me . . .*) is followed by a present subjunctive. For its forms and other uses see Units 13–14.

Gramática

1 *The future tense*

The future tense is formed with the infinitive followed by the ending, which is the same for all three conjugations. For example:

estar	*to be*
estar**é**	*I will be*
estar**ás**	*you will be (fam.)*
estar**á**	*you/he/she/it will be*
estar**emos**	*we will be*
estar**éis**	*you will be (fam.)*
estar**án**	*you/they will be*

¿Cuánto tiempo estará en Caracas?   *How long will you be in Caracas?*

Me quedaré hasta el siete.   *I'll stay until the seventh.*

Some verbs have an irregular stem in the future tense, but the endings are the same as those of regular verbs. Here is a list of the most important:

decir *(to say)*	*diré, dirás, dirá, diremos, diréis, dirán*
haber *(to have, aux.)*	*habré, habrás, habrá, habremos, habréis, habrán*
hacer *(to do, make)*	*haré, harás, hará, haremos, haréis, harán*
poner *(to put)*	*pondré, pondrás, pondrá, pondremos, pondréis, pondrán*
querer *(to want)*	*querré, querrás, querrá, querremos, querréis, querrán*
saber *(to know)*	*sabré, sabrás, sabrá, sabremos, sabréis, sabrán*
salir *(to go out, leave)*	*saldré, saldrás, saldrá, saldremos, saldréis, saldrán*
tener *(to have)*	*tendré, tendrás, tendrá, tendremos, tendréis, tendrán*
venir *(to come)*	*vendré, vendrás, vendrá, vendremos, vendréis, vendrán*

Examples:

Tendrá que estar una hora antes en el aeropuerto. *She'll have to be an hour early at the airport.*

Se lo diré. *I'll tell her.*

Ese día saldré para Santiago de Chile. *I'll leave that day for Santiago in Chile.*

2   *Prepositions:* **de, a, en, para**

Study the use of these prepositions in the dialogues:

(*a*)   **de**

Llamo de la empresa INVEME.
A nombre de María Inés Fernández.
El 3 de febrero.
La reserva de la Srta. Fernández.
A las diez de la mañana de Barajas.
Una directora de la compañia.

(*b*)   **a**

A nombre de María Inés Fernández.
A las diez de la mañana.
Va a viajar a Caracas.
A usted, señorita.
Pasaré a recogerla al (a + el) hotel.

(*c*)   **para**

Para el 3 de febrero.
Una habitación para ella.
¿Para cuántas noches?
Para cuatro noches.

(*d*)   **en**

En el aeropuerto.
En mi oficina.
En Caracas.

Práctica

1   Study the dialogues again and then answer these questions.

(*a*)   ¿Qué día saldrá María Inés Fernández para Caracas?
(*b*)   ¿A qué hora saldrá?
(*c*)   ¿A qué hora tendrá que estar en el aeropuerto?
(*d*)   ¿Cuántas noches estará en el Hotel Bolívar?
(*e*)   ¿Qué día se marchará de Caracas?
(*f*)   ¿A qué ciudad irá?
(*g*)   ¿A qué hora y dónde se reunirá María Inés con el representante en Caracas?

2   You are travelling to a Latin American country on business and decide to make the hotel reservation yourself. Fill in your part of this conversation with the hotel receptionist.

R.   Hotel El Libertador. ¿Dígame?
Vd.   *Say good evening and then say you'd like to reserve a room.*
R.   ¿Para cuándo la quiere Vd.?
Vd.   *You want it for the 15th October.*
R.   ¿Y para cuántas noches?
Vd.   *Say you'll stay only three nights. You'll leave on the 18th.*
R.   ¿Quiere Vd. una individual o doble?
Vd.   *A single room. You are travelling alone* (**solo/a**).
R.   Muy bien. ¿Y a qué nombre, por favor?
Vd.   *Say your full name and then spell your surname for him.*
R.   Perfectamente. Le reservaremos una habitación. ¿A qué hora llegará Vd. aquí?
Vd.   *Say you're travelling from London and you'll arrive about 8.00* (**a eso de las 8.00**) *in the morning. Thank you. Goodbye.*
R.   De nada. Adiós.

3   You are discussing your first trip to Latin America with a Spanish speaking colleague. Answer his questions using the following guidelines.

Colega   Hola. ¿qué tal? ¿Tienes todo preparado para tu viaje a Latinoamérica?
Vd.   *Say yes, you'll leave London on Thursday 14th at 11 o'clock in the evening, you will change planes in Amsterdam and will arrive in Buenos Aires about 7 o'clock in the morning the following day.*

Colega	¿En qué hotel vas a quedarte?
Vd.	*Say you'll stay at the Hotel El Libertador. The room is already booked. That same morning you'll go to the office in Buenos Aires and will meet the general manager of the company in Argentina.*
Colega	Parece un viaje muy interesante. Espero que te vaya muy bien.
Vd.	*Thank your colleague and tell him/her it's your first trip to Latin America.*

Here are some words and phrases you may need:

11.00 de la noche	*11 o'clock in the evening*
cambiar de avión	*to change plane*
esa misma mañana	*that same morning*
la filial argentina	*the Argentinian branch*

4 Fill in the blank spaces with the correct preposition, **a**, **de**, **en**, or **para**. Use the contraction **al** (**a** + **el**) where appropriate.

(a) Saldremos . . . Heathrow . . . las 6.00 . . . la tarde, el 5 . . . julio . . . el vuelo AX265.

(b) El vuelo . . . Madrid . . . Nueva York llegará . . . aeropuerto . . . John Kennedy . . . mediodía.

(c) El representante . . . la compañía . . . México estará una semana . . . nuestra ciudad y se quedará . . . el Hotel Continental.

(d) Quiero una habitación . . . dos personas . . . el martes. Viajaremos . . . coche y llegaremos allí . . . las 9.00 . . . la noche aproximadamente.

Sección B

Un telegrama

María Inés Fernández sent a telegram to someone in Buenos Aires announcing her arrival. First study these instructions from the Spanish postal and telecommunications service (Dirección General

de Correos y Telégrafos) on how to fill in a telegram form. Then read
the telegram sent by María Inés Fernández.

Datos a consignar en los telegramas

Ante todo tenga presente que lo que Vd. escribe en el original
del telegrama tiene que ser leído por el funcionario transmisor.
Por ello, en beneficio de Vd. mismo, es imprescindible que lo
escriba con letra perfectamente legible.

Consigne el *nombre, apellidos y señas del destinatario* lo más
completos que le sea posible (calle, plaza, número, escalera,
piso, etc.) Conseguirá mayores garantías de entrega en el menor
tiempo.

Si Vd. quiere hacer llegar sus telegramas por:

—Teléfono

—Télex, o

—Telefax

no olvide consignar el número de abonado del destinatario,
y

Recuerde, que el punto de destino ha de ir precedido del
código postal respectivo.

---

los datos a consignar en	*information to write on*
ante todo tenga presente	*above all bear in mind (to*
(tener presente)	*bear in mind)*
el funcionario transmisor	*the official who transmits the*
	message
por ello	*that is why*
en beneficio de Vd. mismo	*for your own benefit*
es imprescindible que	*it's essential that*
la letra	*handwriting*
las señas del destinatario	*the addressee's address*
la escalera	*stairs*
el piso	*flat*
conseguirá mayores garantías	*you'll get a better (more)*
(conseguir)	*guarantee (to get)*

de entrega en el menor tiempo	*of speedy delivery (literally, in the least time)*
no olvide consignar (olvidar)	*don't forget to write (to forget)*
el número de abonado	*the subscriber's number*
el punto de destino	*destination*
ha de ir precedido	*it must be preceded*
el código postal respectivo	*the corresponding postal code*

Explicaciones

1   Funcionario/a. This word is used with reference to people who work for the public services, government agencies, ministries, etc. It translates into English as *official* or *civil servant*.

2   Las señas. *Address.* A more standard word would be **la dirección**.

3   La escalera. *Stairs.* You would indicate this if you are addressing your letter or telegram to a large block of flats that has more than one entrance.

Now look at the telegram sent by María Inés Fernández.

INDICACIONES	DESTINATARIO: Andrés San Martín	
	SEÑAS: Calle Corrientes 5053	
	TELEFONO:	TELEX
	DESTINO: Buenos Aires - 28001 - Argentina	

TEXTO:

Llegaré Buenos Aires martes once febrero

11.00 horas vuelo LAN 572

Atentamente

María Inés Fernández

SEÑAS DEL EXPEDIDOR	NOMBRE: **María Inés Fernández**	TFNO: **275 83 54**
	DOMICILIO: **Calle Vergara, 3 - Madrid 28001**	POBLACIÓN: **Madrid**

UNE A-5 (148 x 210)

el expedidor	*sender*
el domicilio	*address*
la población	*town*
TFNO	*abbreviation for* **teléfono**

Gramática

Gender of nouns

Nouns ending in **-ma** are usually masculine. For example:

el telegrama	*telegram*	**el sistema**	*system*
el programa	*programme*	**el problema**	*problem*

Práctica

1   What would be the complete text of the telegram above if the message had formed part of a letter?

2   Rewrite these telegram messages in full sentences.

(*a*)   VIAJO LONDRES SABADO TARDE STOP LLEGO HEATHROW VUELO 432 IBERIA

(*b*)   SU RESERVA DOS HABITACIONES DOBLES HOTEL JUAREZ CIUDAD DE MEXICO CONFIRMADA

(*c*)   IMPRESCINDIBLE CANCELAR VIAJE PROBLEMAS SALUD

cancelar	*to cancel*
la salud	*health*

3   You need to send a telegram to someone in Spain confirming a forthcoming meeting in your country. Rewrite this text omitting all those words which are unnecessary for understanding the message.

La reunión con los representantes de Mason está fijada para

el día 17 de marzo a las 10.30 en la sede de la compañía.

Tenemos a su disposición una habitación en el Hotel Carlton.

Le ruego que confirme la fecha y hora de su llegada.

Le saluda muy atentamente.

está fijada	*it is fixed*
la sede	*head office*
tener a disposición de	*to have at someone's disposal*

9 Applying for a job

Sección A

1 Un anuncio

Study this advertisement (**anuncio**). A multinational company based
in Valencia is looking for an engineer to work as a product manager
(**director de producto**).

Para Director de Producto en Valencia

INGENIERO COMERCIAL

Retribución sobre 3.400.000 ptas. brutas/año.
+ Coche representativo
+ Otras ventajas sociales

- Se incorporará a importante Multinacional fabricante de bienes de equipo con base en Valencia.
- Dependiendo del Director-Gerente, será responsable de la promoción y asistencia técnica de una línea de producto/mercado contando con una red de ventas y de servicio en toda España.
- La formación y continua actualización requiere dominio del idioma inglés.
- Pensamos en un Ingeniero de 27 a 38 años con experiencia mínima de 3 años en puesto similar.

Rogamos escriban con detallado historial y fotografía reciente a la Ref. IC de Publicidad Levante. Pintor Sorolla, 9. 46002 Valencia.

el ingeniero comercial	*sales engineer*
la retribución	*salary*
brutas/año	*gross/per year*
el coche representativo	*company car*
las ventajas sociales	*welfare benefits/perks*
se incorporará (incorporarse)	*he/she will join (to join)*
fabricante de bienes de equipo	*capital goods manufacturer*
con base en	*based in*
dependiendo de (depender de)	*working under (to depend on)*
la asistencia técnica	*technical assistance*
una línea de producto/ mercado	*a product/market line*
contando con (contar con)	*which has (to have)*
una red de ventas y de servicio	*a sales and service network*
la formación	*education, training*
la continua actualización	*ongoing training*
requiere dominio de (requerir)	*it calls for a good knowledge of (to require)*
en puesto similar	*in a similar job or position*
un detallado historial	*a detailed c.v.*
una fotografía reciente	*a recent photograph*
ptas.	*abbreviation for* **pesetas**
Ref.	*abbreviation for* **referencia**

Explicaciones

1   La retribución. *Salary, remuneration*. Other words with similar meanings are **el sueldo** (*salary*), **el salario** (*wages*), **la remuneración** (*remuneration*).

2   Brutas. *Gross*. Notice the agreement between noun and adjective in **las pesetas brutas, los dólares brutos**. Likewise in **pesetas netas, dólares netos** (*net*).

3   Ventajas sociales. *Social benefits*. This may refer to benefits such as **seguro médico** (*medical insurance*) and **pagas extraordinarias** (*bonuses*), which many Spanish companies give their workers and employees. In fact, many Spanish people receive two or three bonuses a year from their employers (*los empleadores*), each of them equivalent normally to a month's salary.

4   Detallado historial. *Detailed curriculum vitae*. In advertisements of this nature one also finds the phrases **historial profesional, historial de trabajo** or **curriculum vitae (c.v.)**.

2   Una solicitud de empleo (*A job application*)

Many people applied for the job advertised above, among them Ricardo Márquez from Madrid, who enclosed the following letter with his **historial profesional**.

Madrid, 2 de marzo de 1992

IC de Publicidad Levante
Pintor Sorolla, 9
46002 Valencia

Muy señores míos:

He leído con mucho interés su anuncio en la revista Actualidad Económica de fecha 22 de febrero para el puesto de director de producto en una empresa multinacional con base en Valencia.
Dado que cuento con el título de licenciado en ingeniería comercial y que cumplo con los requisitos que Vds. exigen, les adjunto mi historial profesional para su consideración.
Incluyo, además, una fotografía reciente y los nombres de dos personas que pueden dar referencias sobre mí.
Tendré mucho gusto en proporcionarles mayor información sobre mis actividades profesionales si Vds. lo estiman necesario.
En espera de sus gratas noticias les saluda muy atentamente.

Ricardo Márquez R
Ricardo Márquez

---

he leído (leer)	*I have read (to read)*
la revista	*magazine*
dado que	*given that*
el título de licenciado en	*bachelor's degree in*
la ingeniería comercial	*sales engineering*
cumplo con los requisitos (cumplir)	*I fulfil the requirements (to fulfil)*
que Vds. exigen (exigir)	*that you demand, require*
les adjunto (adjuntar)	*I enclose (to enclose)*
incluyo (incluir)	*I include (to include)*
proporcionarles mayor información	*to provide further information*
las actividades profesionales	*professional activities*
si Vds. lo estiman (estimar)	*if you consider it (to consider)*
necesario	*necessary*

Explicaciones

Notice the phrase **Muy señores míos** (*Dear Sirs*), instead of **Muy señores nuestros** (*Dear Sirs*). This is because Ricardo Márquez is writing personally and not in the name of a company or an organisation. If he had addressed his letter to an individual instead of a firm, he would have written: **Muy señor mío** (*Dear Sir*). Curiously enough, and in spite of the increasing participation of women in professional activities, the feminine equivalents of these phrases are rarely encountered. Instead, what you might read is **Distinguida señorita/señora** or **Estimada señorita/señora** (*Dear madam*).

Gramática

1   *The perfect tense*

To say what we have done or what has happened, and to refer to recent events generally, we use the perfect tense. This is formed with the present tense of **haber** followed by a past participle, which is invariable. For the formation of regular past participles see Unit 5.

he has ha hemos habéis han	(-ar) **trabajado** (-er) **leído** (-ir) **decidido**	*I have* *you have (fam.)* *he/she has, you have* *we have* *you have (fam.)* *you/they have*	*worked* *read* *decided*

He trabajado en Nueva York.
: *I have worked in New York.*

He leído el anuncio.
: *I have read the advertisement.*

Hemos decidido ir.
: *We have decided to go.*

2   *Verb + preposition*

Compare the following combinations of verb + preposition in Spanish with their English equivalents:

depender de	*to depend on*
ser responsable de	*to be responsible for*
pensar en	*to think of*
cumplir con	*to fulfil*

El director de producto dependerá del director-gerente. *The product manager will work under the managing director.*

El será responsable de la promoción. *He will be responsible for promotion.*

Cuento con el título de licenciado. *I have a bachelor's degree.*

Pensamos en un ingeniero de 27 a 28 años. *We are thinking of an engineer aged between 27 and 28.*

Cumplo con los requisitos que Vds. exigen. *I fulfil the requirements that you demand.*

Práctica

1   Ricardo Márquez told a friend about the advertisement he had seen. His friend wanted to know more about it. These were his questions. What were Ricardo's answers? Refer to the advertisement and the letter above.

(a)   ¿Dónde has leído el anuncio?
(b)   ¿Para qué puesto es?
(c)   ¿Qué título exigen?
(d)   ¿Cuánto es el sueldo?
(e)   ¿Dónde es el trabajo?
(f)   ¿Es necesario saber algún idioma?
(g)   ¿Qué experiencia exigen?

2   While on holiday in Spain you saw the job advertisements shown overleaf in a newspaper and you decided to apply for one of the posts. Write a letter similar to the one on page 106, making all the necessary adaptations.

Nota: for new words in these advertisements refer to the Spanish-English vocabulary on pages 302–323.

3   Put the infinitives into the correct form of the perfect tense.

(a)   Nosotros (establecer) una oficina en México.
(b)   La oficina (contratar) dos secretarias.
(c)   Ellos (recibir) las mercancías.
(d)   Las mercancías (llegar) hoy.
(e)   Ellos nos (pagar) muy bien.
(f)   El gobierno (contener) la inflación.

establecer	*to establish*
contratar	*to engage*
las mercancías	*goods*
pagar	*to pay*
el gobierno	*government*
contener	*to contain*
la inflación	*inflation*

Sección B

1 Un historial profesional

This is the c.v. sent by Ricardo Márquez with his letter of application.

HISTORIAL PROFESIONAL

NOMBRE .Ricado.............APELLIDOS .Márquez Ríos...

EDAD.....32 años............ESTADO CIVIL...soltero.......

DIRECCION.. Calle Cervantes 22, 5°, dcha. Madrid....

TELEFONO: Particular 931 46 30 .Empresa 326 12 74.

CARGO ACTUAL .Subdirector de producto.............

NOMBRE Y DIRECCION DE LA EMPRESA .Compañía....

de Maquinarias Industriales S.A. (COMAISA), Plaza

de América 12, Madrid 33005

CARGOS ANTERIORES Asistente, Departamento

Comercial, Empresa Nacional de Productos para la

Agricultura S.A., 1981-1984. Jefe del Departamento

de Marketing, Electrónica Hispana, 1984-1986.

ESTUDIOS SUPERIORES .Licenciatura en Ingeniería.

Comercial, Universidad Complutense, Madrid,

1975-1980.

---

la edad	*age*
el estado civil	*civil status*
particular	*private*
el jefe	*manager*
dcha.	*abbreviation for* **derecha**, *right*
izq.	*abbreviation for* **izquierda**, *left*
el cargo actual	*present job*
los cargos anteriores	*previous jobs*
los estudios superiores	*higher education*
las maquinarias industriales	*industrial machinery*

Nota: **dcha**, and **izq**. are used in this context to indicate *door on the right/left* respectively.

Explicaciones

Apellidos. *Surnames*. In Spain and in Spanish-speaking countries in Latin America, people have two surnames. The first surname is that of their father, the second is their mother's. In the case of Ricardo, for example, Márquez is his father's first surname, and Ríos is his mother's first surname. The second surname is used in more formal and official situations.

2   Diálogo

The company which has advertised for a product manager is considering the applications and shortlisting candidates. Two of the company executives, señora Morales and señor García, discuss Ricardo's application and decide to invite him for an interview.

Sr. García	Mercedes, mira. ¿Has visto esta solicitud? ¿Qué te parece?
Sra. Morales	(*Reading the application*) Ricardo Márquez, treinta y dos años, soltero, subdirector de producto de COMAISA, ha trabajado como jefe del departamento de marketing de Electrónica Hispana y ha sido asistente en el departamento comercial de la Empresa

	Nacional de Productos para la Agricultura. Ha estudiado ingeniería comercial en la Universidad Complutense. No está mal, ¿eh? Ha hecho una carrera muy rápida. Creo que debemos entrevistarle, ¿no crees tú?
Sr. García	Sí, estoy de acuerdo. Es una persona joven y parece cumplir con todos los requisitos que se exigen. ¿Ha dado referencias?
Sra. Morales	Sí, ha dado dos, ambas de lugares donde ha trabajado.
Sr. García	Pues, hay que escribir entonces pidiendo referencias y, mientras tanto, le enviaremos una carta invitándole a una entrevista. ¿De acuerdo?
Sra. Morales	Sí, me parece muy bien. Ahora veamos esta otra solicitud . . .

¿has visto esta solicitud? (ver)	*have you seen this application? (to see)*
ha trabajado como . . .	*he has worked as . . .*
ha sido asistente	*he has been an assistant*
ha estudiado	*he has studied*
ha hecho una carrera muy rápida	*his career has progressed very rapidly*
debemos entrevistarle (deber)	*we should interview him (ought to, must)*
¿no crees tú? (creer)	*don't you think so? (to think)*
estar de acuerdo	*to agree*
parece cumplir con . . .	*he seems to fulfil . . .*
ha dado referencias (dar)	*he has given references (to give)*
ambas de lugares	*both from places*
pidiendo referencias (pedir)	*asking for references (to ask)*
mientras tanto	*in the meantime*
le enviaremos una carta	*we'll send him a letter*
invitándole a una entrevista	*inviting him for an interview*
veamos esta otra solicitud	*let's see this other application*

Explicaciones

1   The word **ambos** (*both*) changes with gender. For example:

ambos candidatos   *both candidates*
ambas referencias   *both references*

2   The following phrases are very frequent in conversational Spanish and you should try to memorise them and use them when appropriate.

¿qué te parece?   *what do you think?*
no está mal, ¿eh?   *it's not bad, is it?*
¿no crees tú (cree Vd.)? *don't you think so?*
¿de acuerdo?   *do you agree?, all right?*
veamos   *let's see*

Gramática

Irregular past participles

Some verbs form the past participle in an irregular way. Here are the main ones.

abrir	abierto	*(open)*	morir	muerto	*(dead)*
decir	dicho	*(said)*	poner	puesto	*(put)*
escribir	escrito	*(written)*	ver	visto	*(seen)*
hacer	hecho	*(done, made)*	volver	vuelto	*(returned)*

¿Has visto esta solicitud?   *Have you seen this application?*
Ha hecho una carrera muy rápida.   *His career has progressed very rapidly.*

Práctica

1   Look at the application sent by Ricardo Márquez on page 111 and then answer these questions:

(*a*)   ¿Cuál es el segundo apellido de Ricardo Márquez?
(*b*)   ¿Cuántos años tiene?
(*c*)   ¿Está soltero o casado?

(*d*) ¿Qué hace actualmente?
(*e*) ¿Qué otros cargos ha ocupado?
(*f*) ¿Dónde ha estudiado?

2 This is part of the information sent by another candidate for the position of product manager.

María del Carmen Cortínes Dávila

Cargo actual: Jefa de ventas de Industria Papelera Gernika, S.A.

Cargos anteriores: Vendedora, Empresa Nacional de Productos Alimenticios, S.A. (1979-1983).
Representante de Eurofármacos S.A. (1983-1985).

Estudios superiores: Administración de Empresas, Universidad Autónoma de Barcelona.

Imagine that you are one of the people involved in the selection and are discussing the candidate with a colleague. Fill in your part of the conversation below.

Colega   ¿Has visto esta solicitud? Mira, ¿qué te parece?
Vd.   (*Looking at the application*). *Say it's not bad. Say what the candidate does now. Say where she has worked and what she has done. Say what and where she has studied.*
Colega   ¿No crees que debemos invitarla a una entrevista?
Vd.   *Say you agree. She seems to be a good candidate.*

3 Say you have already done what you are being asked about.
Ejemplo: ¿Has leído este anuncio?
　　　　　Sí, ya lo he leído.

(*a*) ¿Has leído este artículo?
(*b*) ¿Has visto este anuncio?
(*c*) ¿Has escrito las cartas?
(*d*) ¿Has abierto la correspondencia?
(*e*) ¿Has hecho las reservas?
(*f*) ¿Has puesto los sellos?

el artículo	*article*
las cartas	*letters*
la correspondencia	*mail*
los sellos	*stamps*

4　Fill in this form with information about yourself.

HISTORIAL PROFESIONAL

NOMBRE............................APELLIDO ....

EDAD................................ESTADO CIVIL ....

DIRECCION...

TELEFONO: Particular..............Empresa.....................

ACTIVIDAD ACTUAL...

NOMBRE Y DIRECCION DE LA EMPRESA/INSTITUCION

....

CARGOS/ACTIVIDADES ANTERIORES ....

....

ESTUDIOS..

....

REFERENCIAS ....

....

FIRMA ....FECHA ....

10 Attending an interview

Sección A

Ricardo Márquez and some of the other candidates who applied for the position of product manager (**director de producto**) received a letter inviting them for an interview:

1 Invitación a una entrevista (*Invitation to an interview*)

Muy señor nuestro:

Con referencia a su carta del 2 del corriente, en la que solicita el puesto de director de producto en nuestra empresa, tenemos mucho gusto en anunciarle que Vd. ha sido preseleccionado.

La selección final se hará en base a una entrevista que tendrá lugar en nuestra casa matriz de Avenida Miramar 48, Valencia 46008, el miércoles 25 del presente a las 16.00 horas.

Le rogamos que confirme por escrito y a la brevedad posible su asistencia a dicha entrevista.

Le saluda atentamente.

Agustín Arenas J.

Director de Personal

con referencia a	*with reference to*
su carta del 2 del corriente	*your letter of the 2nd of this month*
tenemos mucho gusto en anunciarle	*we have great pleasure in informing you*
Vd. ha sido preseleccionado	*you have been shortlisted*
en base a una entrevista	*on the basis of an interview*
que tendrá lugar (tener lugar)	*which will take place (to take place)*
el miércoles 25 del presente	*on Wednesday 25th of this month*
le rogamos que confirme por escrito	*please confirm in writing*
a la brevedad posible	*as soon as possible*
su asistencia	*your attendance*
a dicha entrevista	*at the said interview*

Explicaciones

1   Su carta del 2 del corriente. *Your letter of the 2nd of this month.*
This expression, which is also found in the plural – **su carta del 2 de los corrientes** – has an equivalent in the phrase: **su carta del 2 del presente**.
Notice also the use of this last word in **el miércoles 25 del presente**. In both cases, it refers to the present or current month.

2   Le rogamos que confirme (confirmar). *Please* or *kindly confirm.*
Once again we find the verb **rogar** followed by a present subjunctive. For its formation and uses see Unit 13.

3   A la brevedad posible. *As soon as possible.* Similar expressions are **lo antes posible**, **lo más pronto posible**.

2   Confirmando la asistencia a una entrevista (Confirming attendance at an interview).

Muy señor mío:

Acuso recibo de su atenta carta del pasado día 15, en la que me anuncia mi preselección para el cargo de director de producto que he solicitado en su empresa, y me informa sobre la entrevista que se realizará el día 25 a las 16.00 horas.

Al respecto, deseo expresar a Vd. que tendré mucho gusto en asistir a ella en la fecha y hora indicadas.

Le saluda muy atentamente.

acuso recibo de su atenta carta	*I acknowledge receipt of your (kind) letter*
del pasado día 15	*of the 15th (just gone)*
al respecto	*in this respect*
deseo expresar a Vd. que	*I wish to express to you that*
tendré mucho gusto en asistir	*I'll have great pleasure in attending*
en la fecha y hora indicadas	*on the date and time indicated*

Explicaciones

1   **Acuso recibo de su atenta carta**. *I acknowledge receipt of your (kind) letter*. The word **atenta** is sometimes found in abbreviated form as **atta.**: **su atta. carta**. A similar word in this context would be **amable** (*kind*): **Acuso recibo de su amable carta**.

2   **Del pasado día 15**. *Of the 15th*. **Pasado** (*past*) may also be used in abbreviated form: **del pdo. día 5**.

Práctica

1   Study this sentence:
La entrevista tendrá lugar en la Avenida Miramar 48, el miércoles 25 del presente a las 16.00 horas.

Write similar sentences with this information, using the 24 hour clock.

(*a*)   La reunión/Calle de Las Camelias 55/viernes 12 mayo/6 de la tarde.

(*b*)   La conferencia/Avenida Almagro 31, 4º/lunes 3 del corriente/7.30 de la tarde.

(*c*)   Las conversaciones/Plaza del Rey 12/martes 17 del mes próximo/8 de la tarde.

las conversaciones	*talks*

2   Your boss will be attending a meeting in Mexico City, and as his written Spanish is not very good, he has written a letter in English announcing his attendance and you've been asked to translate it.

Dear señor González,

Thank you for your letter of 15 November in which you announce the meeting which will take place at your office in Mexico City on 10 December at 11.00 am.

I'm pleased to be able to confirm that I will attend this meeting and that I will arrive in Mexico City on the 9th at 7.00pm. I have already made a reservation at the Hotel Moctezuma.

Yours sincerely,

Note: certain phrases, such as *Thank you for your letter of* . . . do not translate directly into Spanish. Use similar expressions found in this and previous units of the book to convey the same ideas.

Sección B

Ricardo Márquez and María del Carmen Cortínes were interviewed for the position of product manager. These are extracts from the two interviews.

Diálogo 1

Entrevistadora	Señor Márquez, en su solicitud Vd. dice que actualmente trabaja como subdirector de producto en COMAISA y que ingresó en la empresa en el año 1987. Antes estuvo Vd. en Electrónica Hispana donde fue jefe del departamento de marketing. ¿Por qué decidió Vd. dejar esa firma?
R. Márquez	Pues, lo que ocurrió fue que hubo una reestructuración general dentro de la compañía y la filial de Zaragoza se cerró, por lo tanto perdí mi empleo.
Entrevistadora	¿Recibió Vd. algún tipo de ayuda económica durante el tiempo que estuvo desempleado?
R. Márquez	Sí, efectivamente, dada mi antigüedad dentro de la empresa me dieron una pequeña indemnización. Además, tuve derecho a prestaciones por desempleo. Afortunadamente esta situación se resolvió pronto y en marzo de 1987 me ofrecieron el puesto de subdirector de producto en COMAISA.
Entrevistadora	Bueno, hablemos ahora sobre sus actividades en esta última empresa . . .

ingresó en la empresa (ingresar)	*you joined the company (to join)*
antes estuvo Vd. en . . .	*previously you were at . . .*
fue jefe	*you were director*
¿por qué decidió Vd. dejar . . .? (decidir)	*why did you decide to leave (to decide)*
lo que ocurrió fue que . . . (ocurrir)	*what happened was that . . . (to happen)*
hubo una reestructuración (haber)	*there was a reorganisation (to have)*
dentro de la compañía	*within the company*
la filial de Z. se cerró (cerrar)	*the Z. branch was closed (to close)*
por lo tanto	*therefore*
perdí mi empleo (perder)	*I lost my job (to lose)*

¿recibió Vd. . . .? (recibir)	*did you receive . . .? (to receive)*
algún tipo de ayuda económica	*some kind of economic assistance*
durante el tiempo que estuvo desempleado	*during the time you were unemployed*
efectivamente	*in fact*
dada mi antigüedad dentro de la empresa	*given the length of time I had been with the company*
me dieron una pequeña indemnización	*they gave me a small redundancy payment*
tuve derecho a	*I was entitled to (literally I had the right to)*
(las) prestaciones por desempleo	*unemployment benefit*
afortunadamente	*fortunately*
esta situación se resolvió pronto (resolverse)	*this situation soon solved itself (to solve, resolve)*
me ofrecieron el puesto de (ofrecer)	*I was offered the job of (to offer)*
hablemos ahora sobre . . . (hablar)	*now let's speak about . . . (to speak)*
último(a)	*last*

Explicaciones

1 Me dieron una indemnización. *They gave me a redundancy payment.* In cases of redundancy, employees are normally entitled to the equivalent of 20 days' salary for each year they have worked within the organisation, apart from specific settlements which may have been agreed with the company. To end a contract, a month's notice must be given if the employee has been with the firm for less than a year, two months if he has been engaged between one and two years, and three months if he has worked for more than two years. During this period of notice the employee is entitled to six hour's paid leave per week in order to look for another job.

2 Prestaciones por desempleo. *Unemployment benefit.* In Spain, you can claim unemployment benefit: (*a*) if you lose your job involuntarily, that is, for dismissal or redundancy (**despido** o desempleo) rather than resignation (renuncia); (b) if you have paid social security contributions (si se ha cotizado a la Seguridad Social) for at least six months in the four years preceding dismissal or redundancy. The number of contributions paid during that four-year period will help to establish the length of time a person is entitled to receive unemployment benefit. The unemployed who do not meet these requirements may claim ayudas asistenciales (*maintenance benefits*) which, apart from an unemployment subsidy, give them and their families the right to receive medical attention.

Diálogo 2

Entrevistador	Señorita Cortínes, ¿en qué año terminó Vd. sus estudios de Administración de Empresas?
M. Cortínes	Los terminé en julio de 1978.
Entrevistador	Pero, según su historial de trabajo, Vd. obtuvo su primer empleo en 1979. ¿Qué hizo Vd. después de terminar sus estudios universitarios?
M. Cortínes	Pues, como la mayoría de las empresas hoy en día exigen el conocimiento de uno o más idiomas, me fui a Inglaterra durante seis meses para hacer un curso intensivo de inglés.
Entrevistador	¿Y cómo califica Vd. su dominio del idioma?
M. Cortínes	Bueno, la verdad es que lo entiendo y lo escribo bastante bien y lo hablo con cierta facilidad.
Entrevistador	¿Habla Vd. algún otro idioma?
M. Cortínes	Sí, hablo algo de francés. Lo estudié en el instituto, en Gerona, donde hice mis estudios de bachillerato.
Entrevistador	Bien, señorita Cortínes, veamos ahora otra cosa . . .

¿en qué año terminó Vd.? (terminar)	*what year did you finish? (to finish)*
los terminé en 1978	*I finished them in 1978*
según	*according to*
Vd. obtuvo su primer empleo (obtener)	*you got your first job (to get)*

¿qué hizo Vd. después de . . .?	*what did you do after . . .?*
sus estudios universitarios	*your university education*
como la mayoría de las empresas hoy en día exigen	*as most companies nowadays require*
el conocimiento de uno o más idiomas	*knowledge of one or more languages*
me fui a Inglaterra	*I went to England*
hacer un curso intensivo de inglés	*to do an intensive English course*
¿y cómo califica Vd. . . .? (calificar)	*how do you assess . . .? (to assess)*
su dominio del idioma	*your knowledge of the language*
lo entiendo y lo escribo (entender, escribir) bastante bien	*I understand it and write it (to understand, to write) quite well*
lo hablo con cierta facilidad	*I speak it with some fluency*
¿habla Vd. algún otro idioma?	*do you speak any other language?*
hablo algo de francés	*I speak some French*
lo estudié en el instituto (estudiar)	*I studied it at school (to study)*
donde hice mis estudios de bachillerato	*where I studied for my secondary school examinations*

Explicaciones

1 Notice the gender of **el idioma** (masculine), *the language*. A less colloquial word with the same meaning is **la lengua**.

2 **Lo entiendo** (e > ie, **entender**), *I understand it*. This stem-changing verb is more colloquial and much more frequent than **comprender** (*to understand*). Here are some useful sentences with the verb **entender**:

> ¿Entiende Vd. el español (o el castellano)? *Do you understand Spanish (or Castilian)?*
>
> Perdone, pero no le entiendo. *I'm sorry but I don't understand (you).*
>
> No entiendo esta palabra. *I don't understand this word.*

Gramática

1   *The preterite tense*

(*a*)   *Usage.* To refer to actions which were completed in the past we normally use the preterite tense, which is equivalent to the English simple past tense. Both the perfect tense and the preterite may be used to refer to recent events, but the perfect tense is used more often, particularly in Spain. Study these sentences, both of which are correct:

> Hoy ha venido un cliente de Australia.   *A customer from Australia has come today.*
> Hoy vino un cliente de Australia.   *A customer from Australia came today.*

However, if we are referring to a specific time in the past, such as **ayer** (*yesterday*), **anteayer** (*the day before yesterday*), **la semana pasada** (*last week*), **el mes/año pasado** (*last month/year*), **el 24 de abril** (*24th April*), etc., the preterite and not the perfect tense must be used:

> Vino ayer.   *He came yesterday.*
> Llegaron el lunes pasado.   *They arrived last Monday.*

(*b*)   *Formation.* There are two sets of endings for the preterite tense: one for **-ar** verbs and another one for verbs in **-er** and **-ir**. For example:

terminar *(to finish)*			
termin**é**	*I finished*	termin**amos**	*we finished*
termin**aste**	*you finished (fam.)*	termin**asteis**	*you finished (fam.)*
termin**ó**	*you/he/she/it finished*	termin**aron**	*you/they finished*

perder *(to lose)*			
perd**í**	*I lost*	perd**imos**	*we lost*
perd**iste**	*you lost (fam.)*	perd**isteis**	*you lost (fam.)*
perd**ió**	*you/he/she/it lost*	perd**ieron**	*you/they lost*

	decidir *(to decide)*		
decidí	*I decided*	decid**imos**	*we decided*
decid**iste**	*you decided (fam.)*	decid**isteis**	*you decided (fam.)*
decid**ió**	*you/he/she/it decided*	decid**ieron**	*you/they decided*

¿En qué año terminó Vd. sus estudios?   *When did you finish your studies?*

Perdí mi empleo.   *I lost my job*

¿Por qué decidió Vd. dejar esa firma?   *Why did you decide to leave that firm?*

(*c*)   *Irregular preterite forms.* Some verbs have an irregular preterite. Here is a list of the most important ones.

andar *(to walk)*	*anduve, anduviste, anduvo, anduvimos, anduvisteis, anduvieron.*
estar *(to be)*	*estuve, estuviste, estuvo, estuvimos, estuvisteis, estuvieron.*
haber *(to have, aux.)*	*hube, hubiste, hubo, hubimos, hubisteis, hubieron.*
obtener *(to get)*	*obtuve, obtuviste, obtuvo, obtuvimos, obtuvisteis, obtuvieron.*
tener *(to have)*	*tuve, tuviste, tuvo, tuvimos, tuvisteis, tuvieron.*
saber *(to know)*	*supe, supiste, supo, supimos, supisteis, supieron.*
dar *(to give)*	*di, diste, dio, dimos, disteis, dieron.*
decir *(to say)*	*dije, dijiste, dijo, dijimos, dijisteis, dijeron.*
hacer *(to do, make)*	*hice, hiciste, hizo, hicimos, hicisteis, hicieron.*
querer *(to want)*	*quise, quisiste, quiso, quisimos, quisisteis, quisieron.*

venir (*to come*)	*vine, viniste, vino, vinimos, vinisteis, vinieron.*
traer (*to bring*)	*traje, trajiste, trajo, trajimos, trajisteis, trajeron*
ir (*to go*) and	*fui, fuiste, fue*
ser (*to be*)	*fuimos, fuisteis, fueron*

Antes estuvo Vd. en Electrónica Hispana. *Previously you were in Electrónica Hispana.*
Vd. obtuvo su primer empleo en 1979. *You got your first job in 1979.*
¿Qué hizo Vd. después? *What did you do afterwards?*

In the second dialogue, notice the use of the reflexive verb **irse** (*to go, leave*).

Me fui a Inglaterra.	*I went to England.*
Me fui en diciembre.	*I left in December.*

(*d*) *Spelling changes in the preterite tense.* Some verbs need a change in the spelling in the first person singular to enable the final consonant of the stem to keep the same sound as in the infinitive. For example:

llegar (*to arrive*)	llegué (*I arrived*)
pagar (*to pay*)	pagué (*I paid*)
buscar (*to look for*)	busqué (*I looked for*)
sacar (*to get, e.g. tickets*)	saqué (*I got*)

A spelling change may also occur either because of an accent in the infinitive or because there would otherwise be more than two vowels together.

caer (*to fall*)	caí, caíste, cayó, caímos, caísteis, cayeron.
leer (*to read*)	leí, leíste, leyó, leímos, leísteis, leyeron.
oir (*to hear*)	oí, oíste, oyó, oímos, oísteis, oyeron.

2 Algo de *(some)*

Notice the use of **algo de** (*some*) with uncountable nouns.

> Hablo algo de francés.   *I speak some French.*
> ¿Queda algo de papel?   *Is there any paper left?*

In the negative we would use **nada de**.

> No hablo nada de francés.   *I don't speak any French.*
> No queda nada de papel.   *There isn't any paper left.*

3 Lo que *(what)*

Notice the use of **lo que** in these sentences.

> Lo que ocurrió fue que hubo una reestructuración.   *What happened is that there was a reorganisation.*
> ¿Sabes lo que pasó?   *Do you know what happened?*

Práctica

1 You have interviewed Ricardo Márquez and María del Carmen Cortínes and after the interview you are asked some information about the two candidates by one of your superiors (**uno de sus jefes**). Study the dialogues again and then answer these questions.

(*a*)   ¿En qué año ingresó el señor Márquez en COMAISA?
(*b*)   ¿Y dónde trabajó antes?
(*c*)   ¿Qué cargo ocupó?
(*d*)   ¿Por qué perdió su empleo?
(*e*)   ¿Y la señorita Cortínes en que año terminó sus estudios de Administración de Empresas?
(*f*)   ¿Habla inglés?
(*g*)   ¿Dónde lo estudió?
(*h*)   ¿Habla algún otro idioma?

2 In the course of a preliminary interview, Maricarmen Cortínes had to provide this information about herself.

Entrevistador	¿Cómo se llama Vd.?
M. Cortínes	Me llamo María del Carmen Cortínes Dávila.
Entrevistador	¿Cuál es la fecha de su nacimiento?

M. Cortínes	El 23 de julio de 1961.
Entrevistador	¿Dónde nació?
M. Cortínes	Nací en Lérida.
Entrevistador	¿Está Vd. soltera o casada?
M. Cortínes	Estoy soltera.
Entrevistador	¿Cuál es su dirección, por favor?
M. Cortínes	Vivo en la calle Santillana, 43, en Bilbao.
Entrevistador	¿Y cuál es su número de teléfono?
M. Cortínes	Es el 223 65 19.

la fecha de nacimiento	*date of birth*
nacer	*to be born*
estar soltero/casado	*to be single/married*

Now imagine that you are the person being interviewed. Answer the questions in the dialogue above with information about yourself.

3   Answer the interviewer's questions about your education and career. You may use the dialogues on pages 121 and 123 as a guideline.

(*a*)   ¿Dónde hizo Vd. sus estudios de bachillerato? ¿Cuándo los terminó?

(*b*)   ¿Dónde hizo sus estudios universitarios? ¿Cuándo los terminó?

(*c*)   ¿Cuándo obtuvo Vd. su primer trabajo?

(*d*)   ¿Dónde trabajó Vd. por primera vez?

(*e*)   ¿Qué puesto ocupó?

(*f*)   ¿Cuándo comenzó Vd. a estudiar español?

(*g*)   ¿Cómo califica Vd. su dominio del idioma?

(*h*)   ¿Habla Vd. otros idiomas? ¿Cuál(es)?

(*i*)   ¿Dónde lo(s) estudió?

los estudios de bachillerato	*secondary education*
los estudios universitarios	*university education*
por primera vez	*for the first time*
ocupar un puesto	*to occupy a post or position*

4   Here is some information about Roberto Toledo, an economist (**un economista**) from Burgos, Spain.

(*a*)   Put the infinitives in the passage in the correct form of the preterite tense.

Roberto Toledo (nacer) en Burgos el 12 de octubre de 1965. Roberto (hacer) sus estudios de Enseñanza General Básica en Burgos, donde (realizar) también sus estudios de bachillerato, los que (terminar) en 1977. En 1978 (ingresar) en la Universidad de Madrid donde (estudiar) económicas. Cinco años después (obtener) su licenciatura y (conseguir) su primer trabajo en Valladolid donde (ser) contratado como asistente en el departamento comercial de una empresa de transportes. Roberto (casarse) en 1984 y tiene dos hijos.

Enseñanza General Básica (E.G.B.)	*primary education in Spain*
realizar	*to do*
casarse	*to get married*
los hijos	*children*

(*b*)   Now imagine that Roberto Toledo is writing about himself. Rewrite the passage above in the first person singular, beginning like this:

Me llamo Roberto Toledo, nací en Burgos . . .

5   Put the infinitives in the correct form of the preterite tense.

(*a*)   Ayer (estar) aquí nuestro representante en Los Angeles.
(*b*)   El (venir) a España a una reunión general de la compañía.
(*c*)   El lunes (haber) una reunión con todo el personal.
(*d*)   La gerencia les (dar) información sobre la nueva línea de productos.
(*e*)   Después de la reunión todos nosotros (ir) a una cena.
(*f*)   La cena (estar) estupenda.

(*g*)   Los invitados (traer) a sus esposas y esposos.
(*h*)   Yo (irse) a casa a eso de las 12.00.

una cena	*a dinner*
los invitados	*guests*

11   Making social contacts

Sección A

Diálogo

Ricardo Márquez has been selected for the position of product manager at Agromecánica Internacional in Valencia. On his first day in the job he meets some of the people in the company. Notice the use of the familiar form between colleagues, even when they haven't met before.

Elena	Hola, buenos días. ¿Tú eres el nuevo director de producto?
Ricardo	Sí, soy yo.
Elena	Encantada de conocerte. Soy Elena Barros, trabajo en relaciones públicas.
Ricardo	Mucho gusto, Elena. Yo soy Ricardo Márquez.
Elena	Enhorabuena por tu nombramiento.
Ricardo	Muchas gracias.
Elena	Estarás contento, ¿no?
Ricardo	Sí, desde luego. Tenía mucho interés en conseguir este puesto. Además, Valencia me gusta mucho.
Elena	¿Y dónde vivías antes?
Ricardo	Vivía en Madrid. Trabajaba allí en una empresa que fabrica maquinaria industrial. Yo era el subdirector de producto.
Elena	Bueno, te acostumbrarás muy pronto aquí. El ambiente es muy agradable. Yo estoy muy a gusto.
Ricardo	¿Cuánto tiempo llevas en la empresa?
Elena	Pues, llevo aquí más de cuatro años. Antes estaba en una compañía de publicidad. Era una empresa pequeña y la verdad es que allí no tenía mucho futuro. Por eso decidí cambiarme.

Ricardo	Seguramente has hecho bien.
Elena	Creo que sí. Oye, ¿te han presentado al resto del personal?
Ricardo	Bueno, acabo de conocer a Carmen, mi secretaria, y también he hablado con mi jefe. El estaba aquí cuando llegué esta mañana. Parece muy amable.
Elena	Sí, sí, es muy simpático. Te llevarás muy bien con él. Ven, te presentaré a la gente de mi sección.

encantada de conocerte	*pleased to meet you (fam.)*
las relaciones públicas	*public relations*
enhorabuena por tu nombramiento	*congratulations on your appointment*
estarás contento, ¿no? (estar contento/a)	*you must be happy (to be happy)*
desde luego	*certainly*
tenía mucho interés en	*I was very interested in*
¿y dónde vivías antes? (vivir)	*and where did you live before? (to live)*
vivía en Madrid	*I used to live (was living) in M.*
trabajaba allí	*I used to work (was working) there*
yo era el subdirector	*I was the assistant manager*
te acostumbrarás muy pronto aquí	*you will very soon feel at home here*
el ambiente es muy agradable	*the atmosphere is very pleasant*
yo estoy muy a gusto	*I like it a lot*
¿cuánto tiempo llevas en la empresa?	*how long have you been with the company?*
llevo aquí más de cuatro años	*I've been here for more than 4 years*
antes estaba en una compañía de publicidad	*previously I was with a publicity firm*
era una empresa pequeña	*it was a small company*
no tenía mucho futuro	*I didn't have a great future*
por eso decidí cambiarme (cambiarse)	*that's why I decided to move (to move)*

seguramente has hecho bien	*you've certainly done the right thing*
oye	*listen (fam.)*
¿te han presentado al resto del personal?	*have you been introduced to the rest of the staff?*
acabo de conocer a Carmen	*I have just met Carmen*
él estaba aquí cuando llegué	*he was here when I arrived*
parece muy amable	*he seems to be very pleasant*
es muy simpático	*he's very nice*
te llevarás muy bien con él	*you'll get on very well with him*
ven	*come (fam.)*
te presentaré a la gente de mi sección	*I'll introduce you to the people in my department (division)*

Explicaciones

1   Encantada de conocerte. *Pleased to meet you.* In a formal situation you would say **encantado(a) de conocerle(la)**. In either situation the word **encantado(a)** would be sufficient. Remember that **encantado** changes gender according to the sex of the person who uses it (**o** for masculine, **a** for feminine). **Le** (masc.) and **la** (fem.) refer to the person you are being introduced to. (See also Unit 1.)

2   Estarás contento, ¿no? *You must be happy.* This is an example of the future tense used in expressing probability. Here are some other examples:

Serán alrededor de las 6.00, ¿no?   *It must be around 6.00, isn't it?*
Supongo que hablarás muy bien español.   *I suppose you speak Spanish very well.*

3   Desde luego. *Certainly.* This expression is similar in meaning but slightly less frequent than **por supuesto** (*of course*).

4   Te acostumbrarás muy pronto aquí. The verb here is **acostumbrarse**, a reflexive verb. Study these other examples:

No me acostumbro en Madrid.   *I can't get used to Madrid.*
¿Se acostumbra Vd. aquí?   *Are you settling in here?*

5 **Yo estoy a gusto**. I like it here. The expression here is **estar a gusto (con alguien** o **en algún lugar)** – *to be comfortable* or *at ease* (with someone or in a place).

6 **Seguramente**. This word translates into English as *probably* or *surely, for sure*.

> Seguramente has hecho bien (hacer bien).   *You've surely done the right thing (to do the right thing).*

7 **Oye**. *Listen*. This is a familiar imperative form used as a sentence opening or to call someone's attention. In Unit 8 you came across the formal equivalent **oiga**. For the imperative forms see Unit 12.

8 **Amable, simpático**. *Pleasant* or *nice*. Both words are used only with reference to people. The second one is much more frequent than the first.

9 **Te llevarás muy bien con él**. *You'll get on very well with him*. The expression here is **llevarse bien/mal con alguien** (*to get on well/badly with someone*). Study these other examples:

> ¿Cómo te llevas con Juan?   *How do you get on with Juan?*
> Carlos y Paloma no se llevan muy bien.   *Carlos and Paloma don't get on very well.*

Gramática

1 *The imperfect tense*

(*a*)   *Usage*. To say what we used to do, what we were doing or to describe something with reference to the past, we use the imperfect tense.

> Vivía en Madrid.   *I used to live (was living) in M.*
> Estaba en una compañía de publicidad.   *I was with a publicity firm.*
> Era una empresa pequeña.   *It was a small company.*

(*b*)   *Formation*. There are two sets of endings for the imperfect tense: one for **-ar** verbs and one for verbs in **-er** and **-ir**. Examples:

trabajar (*to work*)

trabaj**aba**	*I used to work/ was working*	trabaj**ábamos**	*we used to work/ were working*
trabaj**abas**	*you used to work/ were working (fam.)*	trabaj**abais**	*you used to work/ were working (fam.)*
trabaj**aba**	*you, he, she used to work/you were/he, she was working*	trabaj**aban**	*you, they used to work/were working*

tener (*to have*)

ten**ía**	*I used to have*	ten**íamos**	*we used to have*
ten**ías**	*you used to have (fam.)*	ten**íais**	*you used to have (fam.)*
ten**ía**	*you/he/she used to have*	ten**ían**	*you/they used to have*

vivir (*to live*)

viv**ía**	*I used to live*	viv**íamos**	*we used to live*
viv**ías**	*you used to live (fam.)*	viv**íais**	*you used to live (fam.)*
viv**ía**	*you/he/she used to live*	viv**ían**	*you/they used to live*

Trabajaba allí. *I used to work there.*

Tenía mucho interés en este puesto. *I was very interested in this job.*

¿Dónde vivías? *Where did you live?*

2 *Irregular imperfect forms*

There are only three irregular verbs in the imperfect tense:

ir (*to go*)	**ser** (*to be*)	**ver** (*to see*)
iba	era	veía
ibas	eras	veías
iba	era	veía
íbamos	éramos	veíamos
ibais	erais	veíais
iban	eran	veían

Ibamos mucho a España. *We used to go to Spain a lot.*
Yo era el subdirector. *I was the assistant manager.*
Veía a los clientes por la mañana. *I used to see the customers in the morning.*

3 *Preterite tense versus imperfect tense*

The preterite and the imperfect tenses are often found together in narrative contexts. The preterite normally relates a sequence of actions, or actions which are limited by time. The imperfect is used for description, or to refer to habitual or repeated actions in the past where the time when these began or ended is not considered important. Study these examples:

Yo viví en Madrid durante cinco años. Llegué allí en 1970. En aquel tiempo era secretaria en una firma de abogados donde ganaba muy poco, pero el ambiente me gustaba y por eso continué allí hasta que me fui a Sevilla en1975.

una firma de abogados	*a lawyer's firm*
ganaba muy poco	*I used to earn very little*

Cuando salí de casa esa mañana eran casi las 9.30. Hacía sol y había poca gente en la calle. Mientras esperaba el metro en la

estación compré el periódico y leí los anuncios de empleo.
Quería cambiar de actividad, estaba cansado de lo que hacía . . .

---

eran casi las 9.30	*it was almost 9.30*
hacía sol	*it was sunny*
había poca gente en la calle	*there were few people in the street*
mientras esperaba el metro	*while I was waiting for the metro*
leí los anuncios de empleo	*I read the job advertisements*
quería cambiar	*I wanted to change*
estaba cansado de lo que hacía	*I was tired of what I was doing*

---

4   Llevar *in time expressions*

Llevar is often used in the present tense to indicate duration of time.

¿Cuánto tiempo llevas en la empresa?   *How long have you been with the company?*
Llevo aquí más de cuatro años.   *I've been here for more than four years.*

Llevar may also be used with a present participle to say how long you have been doing something.

Llevan mucho rato discutiendo.   *They've been arguing for a long while.*
Llevamos una hora esperando.   *We've been waiting for an hour.*

Although less frequently, **llevar** may also be used in the imperfect tense to say how long you had been in a place or had been doing something.

Ella llevaba un año en Nueva York.   *She had been in New York for a year.*
Llevábamos media hora hablando.   *We had been talking for half an hour.*

5   Hacer *in time expressions*

Duration of time is also often indicated with the construction
hace + *time* + **que** + *present tense of verb*:

> ¿Cuánto tiempo hace que trabajas aquí?   *How long have you
> been working here?*
> Hace dos años que trabajo aquí.   *I've been working here for two
> years.*
> Trabajo aquí desde hace dos años.   *I've been working here for
> two years.*

Like **llevar, hacer** may also be used in the imperfect tense:

> Hacía mucho tiempo que yo estaba en esa empresa.   *I had been
> with that company for a long time.*
> Hacía un año que no salíamos de vacaciones.   *We hadn't been
> on holiday for a year.*

6   Acabar de + **infinitive** (*to have just* + *past participle*)

This construction is used to refer to actions which have or had just
been completed, and it may be used in the present or the imperfect
tense.

> Acabo de conocer a Carmen.   *I've just met Carmen.*
> Acabamos de terminar.   *We have just finished.*
> Yo acababa de llegar cuando ella llamó.   *I had just arrived when
> she called.*

Práctica

1   Study the dialogue again and then give the information
requested below about Elena Barros.

(*a*)   ¿En qué sección de Agromecánica Internacional trabaja
Elena Barros?

(*b*)   ¿Cuánto tiempo lleva en la empresa?

(*c*)   ¿Dónde trabajaba antes?

(*d*)   ¿Por qué decidió cambiarse?

(*e*)   ¿Qué piensa Elena sobre el ambiente de la nueva empresa?

2   Elena Barros is being asked about the publicity firm where she used to work. Look at this information and then answer for Elena.

Nombre de la empresa:	Publicidad Albufera Hnos.
Director gerente:	Manuel Albufera Castro.
Plantilla:	60 empleados.
Relaciones públicas:	Elena Barros Guzmán.
Sueldo:	2 millones de pesetas anuales.
Vacaciones:	4 semanas por año.

anual(es), por año	*per year*
Hnos. (hermanos)	*Bros.*

(a)   ¿Cómo se llamaba la empresa donde trabajabas?
(b)   ¿Quién era el director gerente?
(c)   ¿Cuántos empleados había en la plantilla?
(d)   ¿Qué cargo ocupabas tú?
(e)   ¿Cuánto ganabas?
(f)   ¿Cuántas semanas de vacaciones tenías por año?

3   You have been posted to a Spanish speaking country. On your first day at work you meet some of your new colleagues who, as expected, ask you all sorts of questions about your life and work back home. Answer with reference to your own past or present situation, or give an imaginary account of your past life.

(a)   ¿En qué ciudad vivías?
(b)   ¿Y dónde trabajabas?
(c)   ¿Qué cargo ocupabas?
(d)   ¿Vivías cerca del trabajo?
(e)   ¿Tenías coche?
(f)   ¿Ibas al trabajo en el coche?
(g)   ¿Cuál era tu horario de trabajo?
(h)   ¿Cuántas vacaciones al año tenías?
(i)   ¿Dónde pasabas las vacaciones?
(j)   ¿Ganabas mucho dinero?
(k)   ¿Estabas contento con tu trabajo?
(l)   ¿Qué tal era tu jefe?

4   You have been living for three years in a Spanish speaking country, and during the last two years you have been working for Mexoil, an oil company. Six months ago you moved into a new house. Your Spanish has improved considerably, but naturally you continue studying it. During a social evening at home you are asked the standard questions by people you've just met. Answer them by referring to the information above.

(*a*)   ¿Cuánto tiempo lleva Vd. en este país?
(*b*)   ¿Hace cuánto tiempo que trabaja en Mexoil?
(*c*)   ¿Lleva Vd. mucho tiempo en esta casa?
(*d*)   Vd. habla muy bien el español. ¿Cuánto tiempo lleva estudiándolo?

You are introduced to someone who's new in the town and who's been working for Mexoil in another country.

(*e*)   Ask how long he/she has been in the city.
(*f*)   Ask how long he/she has been working abroad.

en el extranjero	*abroad*

5   Say you have just had, or done what you are being offered.
Ejemplo: ¿Quiere Vd. un café? (tomar)
           Gracias, pero acabo de tomar.

(*a*)   ¿Quiere Vd. un cigarrillo? (fumar).
(*b*)   ¿Quiere Vd. un bocadillo? (comer).
(*c*)   ¿Quiere Vd. un té? (tomar).
(*d*)   ¿Quiere Vd. quedarse a la cena? (cenar).
(*e*)   ¿Quiere Vd. su desayuno? (desayunar).
(*f*)   ¿Quiere Vd. el periódico? (leerlo).

un cigarrillo	*a cigarette*
fumar	*to smoke*
tomar	*to have, drink*
un bocadillo	*a sandwich*
quedarse a la cena	*to stay for dinner*
su desayuno	*your breakfast*

Sección B

1   Ricardo Márquez has been with the company for some time now. On a visit to a trade fair (**una feria de muestras**) in Venezuela he was invited by a colleague to visit his home and meet his family. On his return to Spain, Ricardo sent the following letter thanking his host.

---

carta de agradecimiento   *a thank you letter*

Estimado señor Maturana:

Por medio de la presente quisiera agradecerle todas sus atenciones durante mi estancia en Caracas.

Ha sido muy grato para mí haber compartido algunos momentos con Vd. y su familia y espero poder atenderle de igual manera durante su próxima visita a España.

Le saluda cordialmente,

Ricardo Márquez R

Ricardo Márquez

---

por medio de la presente	*I am writing to (literally, By this letter . . .)*
quisiera agradecerle	*I would like to thank you for*
todas sus atenciones	*giving up your time (literally, all your attentions)*
durante mi estancia	*during my stay*
ha sido muy grato para mí	*it has been a pleasure for me*
haber compartido (compartir)	*to have shared, spent (to share)*

espero poder atenderle	*I hope to be able to return your hospitality (literally, attend you)*
de igual manera	*in the same way*
durante su próxima visita	*during your next visit*
le saluda cordialmente	*yours cordially*

Explicaciones

The following expressions in the letter above can be considered as set phrases and could be used in other contexts:

por medio de la presente; quisiera agradecerle(s); ha sido muy grato para mí (para nosotros); espero (esperamos) poder; le(s) saluda cordialmente.

2 On her desk this afternoon Elena Barros found the following note from Ricardo.

Elena:
He pasado por tu despacho pero, según me dijo tu secretaria, estabas en la gerencia.
Esta noche van a venir unos amigos a cenar a casa. Si estás libre, ¿por qué no vienes tú también? La cena será a eso de las 9.00. Espero verte.
Ricardo

he pasado por (pasar por)	*I called in/dropped in (to call in, drop in)*
tu despacho	*your office*
según me dijo tu secretaria	*according to what your secretary said*
estabas en la gerencia	*you were in the manager's office*
si estás libre	*if you are free*
¿por qué no vienes tú también?	*why don't you come too?*
la cena será a eso de las 9.00	*dinner will be at about 9.00*
espero verte	*I hope to see you (fam.)*

Explicaciones

Notice the word order *verb + subject* in these sentences:

> Según me dijo tu secretaria.
> Van a venir unos amigos.
> ¿Por qué no vienes tú?

The emphasis here is on the action (the verb) rather than the person (the subject).

Gramática

1 *Prepositions:* **por, para, de**

Note the use of these prepositions:

> por medio de la presente
> he pasado por tu despacho
> ha sido muy grato para mí
> de igual manera
> a eso de las 9.00

Further uses of **por** and **para** are described in Unit 7.

2 *Use of infinitive*

Notice the use of the infinitive in these sentences:

ha sido muy grato haber compartido
espero poder atenderle
espero verte

Práctica

1 You've just returned from a business trip in Madrid where you were invited by a Spanish colleague to visit his home and meet his wife. Write a letter similar to the one on page 142 thanking him for the invitation and saying that you hope to be able to return his hospitality in the same way on his next visit to your country.

2 You've dropped in to see a Spanish speaking colleague in his/her office to invite him/her to a party at your home. Your colleague was not in so you decided to leave a note.

Say you called in at the office but you were told that he/she was at a meeting. Say you are having a party at your home and that you hope to see him/her there with his girlfriend/her boyfriend. The party will be at 8.00 pm.

(el) novio	*boyfriend*
(la) novia	*girlfriend*

12 Giving directions, instructions and advice

Sección A

An international food fair (**Feria Alimentaria**) is held at the Palacio de Congresos in Barcelona every year in March. Businessmen come from all over Spain and other countries to visit the various stands. Getting to the fair by public transport and finding one's way around it is the main theme of the dialogues which follow.

Diálogo 1

Hans Schenk has come from Frankfurt. At his hotel he asks how to get to the fair.

H. Schenk	Buenos días. ¿Sabe Vd. dónde es la Feria Alimentaria?
Recepcionista	Sí, señor. Es en el Palacio de Congresos. ¿Quiere Vd. un taxi?
H. Schenk	No, gracias. Prefiero ir en metro o en autobús si es posible.
Recepcionista	Pues, el metro le deja allí mismo. Vaya Vd. hasta Paseo de Gracia y coja la línea tres del metro en dirección a Zona Universitaria.
H. Schenk	¿Dónde tengo que bajarme?
Recepcionista	Bájese en la estación Plaza de España.
H. Schenk	Paseo de Gracia está cerca de aquí, ¿no?
Recepcionista	Sí, es la segunda calle a la izquierda y la estación está justo en la esquina.
H. Schenk	Muchas gracias.
Recepcionista	De nada, señor.

el metro le deja allí mismo	the underground leaves you right there
vaya Vd. hasta	go as far as
coja la línea tres	take line number three
en dirección a	in the direction of
¿dónde tengo que bajarme?	where do I have to get off?
bájese en	get off at
está cerca de aquí, ¿no?	it's near here, isn't it?
es la segunda calle a la izquierda	it's the second street on the left
está justo en la esquina	it's right at the corner

Explicaciones

¿Sabe Vd. dónde es la Feria Alimentaria? *Do you know where the food fair is?* Notice the use of **ser** rather than **estar** in this sentence (**¿dónde es?**). This is because we are talking about an event which is taking place somewhere rather than about the location of a building or a place, as in **¿Dónde está el Palacio de Congresos?**

Diálogo 2

Michael Pride has come from Birmingham and he has hired a car. At the corner of Rector Triadó and Sant Nicolau he asks someone for directions.

| **M. Pride** | Perdone, ¿puede decirme dónde está el Palacio de Congresos, por favor? |
| **Transeúnte** | Sí, mire Vd. Siga por Sant Nicolau hasta Tarragona |

que está dos calles más abajo, luego doble Vd. a la derecha y continúe hasta el final. Allí verá Vd. una plaza, y al otro lado de la plaza está el Palacio de Congresos.

M. Pride   Muy amable, gracias.
Transeúnte   De nada.

¿puede decirme . . .?	*can you tell me . . .?*
mire Vd.	*look*
siga por (seguir)	*go (continue) along (to continue)*
está dos calles más abajo	*it's two streets further down*
luego doble Vd. a la derecha (doblar)	*then turn right (to turn)*
continúe hasta el final (continuar)	*continue to the end (to continue)*
allí verá Vd. una plaza	*you'll see a square there*

| al otro lado | on the other side |
| muy amable | very kind |

Explicaciones

Notice the use of **Vd**. after the verb in **mire Vd.**, **doble Vd.**. The use of **Vd**. softens the command form.

Diálogo 3

*Guillermo Gálvez has come from Málaga. At the fair he asks the way to the dairy products stand (***el pabellón de los productos lácteos y sus transformados***).*

G. Gálvez   Por favor, ¿cuál es el pabellón de los productos lácteos?

Portero   (*Looking at a map of the fair*). Es el número dos, señor. Entre Vd. por el pabellón que está aquí a la izquierda, que es el de los productos congelados. El sector que Vd. busca está detrás de ése, al fondo.

G. Gálvez   Gracias.

Portero   No hay de qué.

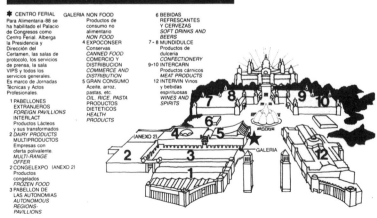

SECTORES. ALIMENTARIA-88, SALON DE SALONES

✿ CENTRO FERIAL
Para Alimentaria-88 se
ha habilitado el Palacio
de Congresos como
Centro Ferial. Alberga
la Presidencia y
Dirección del
Certamen, las salas de
prensa, la sala
de prensa, la sala
protocolo, los servicios
VIPS y todos los
servicios generales.
Es marco de Jornadas
Técnicas y Actos
Profesionales.

1 PABELLONES
EXTRANJEROS
FOREIGN PAVILLIONS
INTERLACT
Productos Lácteos
y sus transformados
2 DAIRY PRODUCTS
MULTIPRODUCTOS
Empresas con
oferta polivalente.
*MULTI-RANGE
OFFER*
2 CONGELEXPO (ANEXO 2)
Productos
congelados
FROZEN FOOD
3 PABELLON DE
LAS AUTONOMIAS
*AUTONOMOUS
REGIONS-
PAVILLIONS*

GALERIA NON FOOD
Productos de
consumo no
alimentario
NON FOOD
4 EXPOCONSER
Conservas
CANNED FOOD
COMERCIO Y
DISTRIBUCION
*COMMERCE AND
DISTRIBUTION*
5 GRAN CONSUMO
Aceite, arroz,
pastas, etc.
OIL, RICE, PASTA
PRODUCTOS
DIETETICOS
*HEALTH
PRODUCTS*

6 BEBIDAS
REFRESCANTES
Y CERVEZAS
*SOFT DRINKS AND
BEERS*
7 - 8 MUNDIDULCE
Productos de
dulceria
CONFECTIONERY
9-10 INTERCARN
Productos cárnicos
MEAT PRODUCTS
12 INTERVIN Vinos
y bebidas
espirituosas
*WINES AND
SPIRITS*

entre Vd. por (entrar)	*go in through (to go in)*
el pabellón que está aquí	*the stand which is here*
a la izquierda	*on the left*
los productos congelados	*frozen food*
el sector que Vd. busca	*the section you are looking for*
(buscar)	*(to look for)*
está detrás de ése	*it is behind that*
al fondo	*at the back*

Diálogo 4

Karen Rose has come from Texas to visit the fair. At the information desk (**en información**) *she asks where she can find a telephone and she also asks about the toilets* (**los servicios**).

Ms Rose	Buenas tardes. ¿Hay algún teléfono público por aquí?
Empleada	Sí, suba Vd. por esa escalera automática hasta el primer piso y continúe por el pasillo hasta el fondo. Los teléfonos están al lado de la cafetería.
Ms Rose	¿Y los servicios dónde están, por favor?
Empleada	Están arriba también, enfrente de los teléfonos.
Ms Rose	Gracias.
Empleada	De nada.

¿hay algún teléfono público por aquí?	*is there a public telephone around here?*
suba Vd. (subir)	*go up (to go up)*
por esa escalera automática	*by that escalator*
hasta el primer piso	*to the first floor*
continúe por el pasillo	*continue along the corridor*
hasta el fondo	*to the end*
al lado de la cafetería	*next to the cafeteria*
están arriba también	*they are also upstairs*
enfrente de los teléfonos	*opposite the telephones*

Explicaciones

To ask about the toilets in a public place you would say **¿dónde están los servicios/está el servicio?** or **¿dónde están los lavabos/está el lavabo?** The word **servicios** is used in Spain and Latin America while **lavabo** is used frequently in Spain but is not known in some Latin American countries. In someone's home you would ask **¿dónde está el baño?**

This is the first time Karen Rose has used a public telephone in Spain and she has to look at the instructions overleaf first.

llamadas urbanas	*local calls*
deposite monedas (depositar)	*insert coins (to put in)*
descuelge (descolgar)	*lift up (to lift up)*
el microteléfono	*the receiver*
espere el tono de marcar	*wait for the dialling tone*
marque (marcar) el número deseado	*dial the number you want (to dial)*
no utilice (utilizar) . . . pues	*do not use . . . as (to use)*
puede cortarse la comunicación	*the communication may be cut off*
un valor mínimo igual a	*a minimum value equal to*
efectuar llamadas	*to make calls*
al oir la correspondiente señal	*on hearing the corresponding signal*
el prefijo de acceso	*the code which puts you through*
un segundo (tono) más agudo	*a second louder (tone)*
a continuación componga (componer)	*next dial (to dial)*
el indicativo del país	*the code for the country*
con el que desee comunicar	*with which you wish to speak*
el indicativo de la localidad	*the area code*
el del abonado deseado	*that of the subscriber you want*

Instrucciones Para el Uso Del Teléfono Público en España

Llamadas urbanas
Deposite monedas de 5 pesetas, descuelgue el microteléfono, espere el tono de marcar y marque el número deseado.

Llamadas internacionales
1. No utilice monedas de 5 pesetas pues puede cortarse la comunicación.
2. Deposite inicialmente un valor mínimo igual a 200 pesetas para efectuar llamadas a países de Régimen Europeo y de 400 pesetas para países de Régimen Extraeuropeo, descuelgue el microteléfono y al oir la correspondiente señal, marque el prefijo de acceso a internacional, 07.
3. Espere un segundo (tono) más agudo y a continuación componga el número internacional marcando sucesivamente
    * el indicativo del país con el que desee comunicar
    * el indicativo de la localidad
    * y finalmente el (número) del abonado deseado

Veamos un ejemplo:
Vd. quiere hablar con el abonado 081 741 1326 de Londres, para lo cual maracará de la siguiente forma:

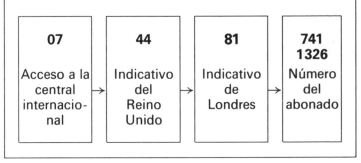

07	**44**	**81**	**741 1326**
Acceso a la central internacional	Indicativo del Reino Unido	Indicativo de Londres	Número del abonado

Gramática

1 *The imperative*

To give directions and instructions we normally use the imperative (e.g. *go* as far as Paseo de Gracia, *take* line number three). In Spanish we use different imperative forms depending on who we are talking to (formal or familiar) and whether we are speaking to one or more than one person (singular or plural).

(*a*) *Formal imperative forms* (*positive and negative*) To form the command or imperative we use the stem of the first person singular of the present tense followed by the corresponding endings. For example:

Infinitive	Present tense	Formal imperative	
entrar	entro	entre (*sing.*)	*go in*
		entren (*pl.*)	*go in*
coger	cojo	coja (*sing.*)	*take*
		cojan (*pl.*)	*take*
subir	subo	suba (*sing.*)	*go up*
		suban (*pl.*)	*go up*

The negative formal command is formed by placing **no** before the verb:

no entre(n)	*don't go in*
no coja(n)	*don't take*
no suba(n)	*don't go up*

(*b*) *Irregular formal imperatives* As the imperative is formed with the stem of the first person singular of the present tense, verbs which are irregular in the present tense are also irregular in the imperative. For example:

Infinitive	Present tense	Imperative	
conducir	conduzco	conduzca(n)	*drive*
cerrar	cierro	cierre(n)	*close*
volver	vuelvo	vuelva(n)	*return*
seguir	sigo	siga(n)	*follow*
hacer	hago	haga(n)	*do, make*
poner	pongo	ponga(n)	*put*

Ir, **saber** and **ser** form the imperative in a different way.

ir vaya(n) *go*	**saber** sepa(n) *know*	**ser** sea(n) *be*

Verbs ending in **-car** and **-gar** change their spelling. Examples:

buscar busque(n) *look for*	**pagar** pague(n) *pay*

(*c*) *Familiar imperative forms (positive)* Familiar commands have different positive and negative forms.

Infinitive	Present tense	Positive familiar imperative	
entrar	entro	entra (*sing.*)	*go in*
		entrad (*pl.*)	*go in*
coger	cojo	coge (*sing.*)	*take*
		coged (*pl.*)	*take*
subir	subo	sube (*sing.*)	*go up*
		subid (*pl.*)	*go up*

Notice that the singular forms are the same as the third person singular of the present tense.

(*d*) *Familiar imperative forms (negative)*

Infinitive	Present tense	Negative familiar imperative	
entrar	entro	no entres (*sing.*)	*don't go in*
		no entréis (*pl.*)	*don't go in*
coger	cojo	no cojas (*sing.*)	*don't take*
		no cojáis (*pl.*)	*don't take*
subir	subo	no subas (*sing.*)	*don't go up*
		no subáis (*pl.*)	*don't go up*

(*e*) *Irregular familiar imperatives* Some verbs form the singular positive familiar imperative in an irregular way:

decir	di	*to say*	salir	sal	*to go out*
hacer	haz	*to do, make*	ser	sé	*to be*
ir	ve	*to go*	tener	ten	*to have*
oir	oye	*to hear*	venir	ven	*to come*
poner	pon	*to put*			

Plural forms are regular.

2 *Pronouns with imperative*

Pronouns must go at the end of the positive form but before the negative one. Positive imperatives which carry a pronoun may need to add an accent. Examples:

baje (*go down*)	bájese (*get off*)	no se baje (*don't get off*)
diga (*tell, say*)	dígame (*tell me*)	¡no me diga! (*don't say!*)

Práctica

1 *Ask for directions*

Look at this sentence:

¿Puede decirme dónde está el Palacio de Congresos, por favor?

Now, in a similar way, ask how to get to these places.

(*a*) The Bank of Spain.
(*b*) The chamber of commerce.
(*c*) The station.

(*d*) The tourist office.
(*e*) The Hotel Don Carlos.
(*f*) The nearest petrol station.

---

la . . . más próxima   *the nearest*

---

2 *Give directions (I)*

You are representing your country at the Feria Alimentaria and are wearing an identification tag which gives you free access to the premises with which you are now very familiar. While you are talking to someone at the entrance people come up to you to ask where some of the stands are. Look at the map of the fair on page 149 and then answer their questions using sentences and expressions like these:

Entre Vd. (por el pabellón número X/por esa puerta).
Siga/continúe Vd. hasta el fondo/el final.
Está en el pabellón número X.
Está a la derecha/a la izquierda/al lado de . . ./detrás de . . ./entre . . ./al fondo/al final, etcétera.

(*a*) ¿Sabe Vd. dónde está el pabellón de los productos cárnicos?
(*b*) ¿Puede decirme dónde están los productos de dulcería?
(*c*) Por favor, ¿dónde está el stand de las conservas?
(*d*) Perdone, la sección de vinos ¿dónde está?
(*e*) ¿El pabellón de las autonomías, por favor?
(*f*) ¿Dónde están los pabellones extranjeros, por favor?

3 *Give directions (II)*

A business associate from a Spanish speaking country is going to visit you at home. Give him/her directions on how to get to your place by public transport from the airport (**el aeropuerto**), the railway station (**la estación de ferrocarriles**), the underground station (**la estación de metro**) or the nearest bus stop (**la parada de autobús más próxima**). You may need some of these words and phrases:

> Al llegar a . . .
> Coja el tren/el autobús número X/el metro/la línea . . .
> Bájese en . . .
> Siga todo recto (hasta . . .)
> Siga/continúe por esa calle/la calle X (hasta . . .)
> Doble a la derecha/a la izquierda.
> Cruce la calle/la plaza/el parque.
> Al final/(dos) calles más abajo/más arriba/a (dos) calles de allí, etcétera.

al llegar	*on arriving*
el parque	*park*
más abajo/más arriba	*further down/further up*

4   *Give instructions*

You are in Spain with a Spanish speaking colleague from Chile who wants to telephone his family back home. He doesn't know how to use a Spanish public phone and he's forgotten his reading glasses. Look at the instructions for international calls on page 152 and tell him what to do. Use the familiar form, beginning like this:

> 'No utilices monedas de 5 pesetas . . .'.

Sección B

Study these telex messages which give different kinds of information, instructions and advice.

1. REFERENTE VIAJE REPRESENTANTE DIA 18
   LAMENTAMOS INFORMAR IMPOSIBLE VIAJAR
   DEBIDO PROBLEMAS LABORALES STOP PROPONEMOS
   DIA 30 DEL CORRIENTE STOP ROGAMOS
   CONFIRMACION INMEDIATA DE SER ACEPTABLE STOP
   CANCELE RESERVA HOTEL

2. POR FAVOR DESPACHE HOY PEDIDO No AX
   5/42176/BD STOP NECESITAMOS MERCANCIAS
   URGENTEMENTE
3. REFERENTE CONSULTA SOBRE COMPRA ACCIONES
   MASON LTD. ACONSEJAMOS PROCEDER SIN DEMORA
   STOP INFORME RECIBIDO ALTAMENTE POSITIVO

referente (a)	*with reference (to)*
lamentamos (lamentar)	*we regret (to regret)*
debido (a)	*due (to)*
problemas laborales	*industrial disputes*
proponemos (proponer)	*we propose (to propose)*
despache (despachar)	*dispatch (to dispatch)*
el pedido	*order*
las acciones	*shares*
aconsejamos (aconsejar)	*we advise (to advise)*
proceder sin demora	*to proceed without delay*
el informe	*report*
altamente	*highly*

Explicaciones

To give advice we may use the imperative. For example:

Compre las acciones.	*Buy the shares*
Venda esas divisas.	*Sell that currency.*

Alternatively, we may use the verb **aconsejar** (*to advise*) or **recomendar**
(**e > ie**, *to recommend*) which are normally followed by a subjunctive.
For example:

Le aconsejo que las compre.	*I advise you to buy them.*
Le recomiendo que las venda.	*I recommend that you sell them.*

Notice that the present subjunctive shares the same form with the
formal imperative. (**compre, venda**). For a full study of the subjunctive
see Units 13–16.

Práctica

1   *Translating a telex into English*
You are working for an import/export firm in your country and as you are one of the few people in the company who knows Spanish you are often asked to translate letters and telexes from Spanish into English. Translate telexes 1, 2 and 3 above.

2   *Understanding a telex*
To be able to understand the information contained in a telex, very often you not only need to know something about the context but you should also be aware of words and phrases which have been omitted. Certain omissions unfortunately may lead to misinterpretation. Practice writing the telexes above in full form.

3   *Replying to a telex in Spanish*
You have been asked to send a telex in reply to telex 1 above. This is the full message you have to convey. Rewrite it omitting all the words and phrases which are unnecessary for understanding the message (e.g. auxiliary verbs, possessive adjectives, articles, prepositions, etc.).

HE RECIBIDO SU TELEX REFERENTE AL VIAJE DE
SU REPRESENTANTE. LA NUEVA FECHA PROPUESTA
PARA LA VISITA ES ACEPTABLE. LA RESERVA DE
HOTEL HA SIDO CAMBIADA PARA EL DIA 30. LE
RUEGO QUE CONFIRME EL AEROPUERTO Y LA HORA
DE LLEGADA.

4   *Translating a telex into Spanish*
You have been asked to translate the following telex into Spanish.

PLEASE SEND REPORT ON INELECTRICA S. A.
IMMEDIATELY. BOARD OF DIRECTORS WANTS TO
CONSIDER INVESTMENT IN THE COMPANY IN NEXT
MEETING.

la junta directiva	*board of directors*
considerar	*to consider*
la inversión	*investment*

13 Buying and selling

Sección A

Diálogo

Plásticos Vizcaya S.A., the manufacturers of plastic products in Bilbao, needs to buy office furniture. This is a telephone conversation between one of the employees at the company and a salesman at a furniture factory (**una fábrica de muebles**).

Vendedor	García Hnos., ¿diga?
Empleado	Buenos días. Le llamo de Plásticos Vizcaya, una empresa de aquí de Bilbao. Hemos recibido su catálogo de muebles de oficina y quisiéramos saber cuáles son las condiciones de pago.
Vendedor	Bueno, normalmente hacemos un descuento del doce por ciento por compras al por mayor y un descuento adicional del dos por ciento si el pago se efectúa en el plazo de treinta días después de despachado el pedido.
Empleado	Y en cuanto a la forma de pago, ¿qué tipo de documentos aceptan Vds.?
Vendedor	Pues, el pago se puede hacer con cheque o por medio de una letra bancaria. Con una letra a treinta días, por ejemplo, todavía tendrán Vds. derecho al descuento adicional del dos por ciento.
Empleado	¿Y cuánto tiempo tardan en despachar un pedido?
Vendedor	Normalmente unos dos o tres días, a no ser que haya problemas de existencias con algún artículo determinado. Pero si Vds. nos envían el pedido dentro de esta semana, les despacharemos todo en cuanto nos llegue. En este momento tenemos un

gran surtido de todos los artículos que aparecen en el catálogo.

Empleado	Es que se trata de cosas que necesitamos con urgencia, de manera que queremos que las envíen lo antes posible. Le mandaré el pedido esta misma tarde.
Vendedor	Perfectamente. Cuando Vd. quiera.
Empleado	Hasta luego. Muchas gracias.
Vendedor	De nada. Hasta luego.

---

las condiciones de pago	*terms of payment*
por compras al por mayor	*on wholesale purchases*
un descuento adicional	*an additional discount*
si el pago se efectúa (efectuar)	*if payment is made (to make, effect)*
en el plazo de 30 días	*within 30 days*
después de despachado el pedido	*after the order has been despatched*
y en cuanto a la forma de pago	*and as regards the form of payment*
¿qué tipo de documentos . . .?	*what kind of documents . . .?*
¿. . . aceptan Vds.? (aceptar)	*. . . do you accept? (to accept)*
se puede hacer con cheque	*it can be made by cheque*
por medio de una letra bancaria	*by means of a bill of exchange*
con una letra a treinta días	*with a bill at 30 days sight*
todavía tendrán Vds. derecho a	*you'll still be entitled to*
¿y cuánto tiempo tardan?	*and how long do you take?*
a no ser que haya problemas de existencias	*unless there are problems with stocks*
con algún artículo determinado	*of a certain article*
si Vds. nos envían el pedido	*if you send us the order*
dentro de esta semana	*before the end of this week*
les despacharemos todo	*we'll despatch you everything*
en cuanto nos llegue	*as soon as it arrives (in our office)*
tenemos un gran surtido	*we have a large stock*
los artículos que aparecen (aparecer)	*the articles which appear (to appear)*

se trata de cosas que	*they are things which (lit. it*
(tratarse de)	*has to do with things) (to*
	have to do with)
de manera que	*so that*
queremos que las envíen	*we want you to send them*
le mandaré (mandar)	*I'll send you (to send)*
esta misma tarde	*this very afternoon*
cuando Vd. quiera	*whenever you want*

Explicaciones

1   Al por mayor. *Wholesale*. Other expressions related to wholesale trade are:

comercio al por mayor	*wholesale trade*
mayorista	*wholesaler*
vender algo al por mayor	*to sell something wholesale*
venta al por mayor	*wholesale*

For retail trade it may be useful to learn the following phrases:

al por meno o **al detalle** (o **detall**)	*retail*
comerciante al por menor o **detallista** o	*retailer*
minorista	
vender al por menor o **al detalle** (o **detall**)	*to retail*

2   Es que se trata de cosas que necesitamos con urgencia. The phrase **es que**, which has no direct translation in English, is normally used as a sentence opening when you want to give an explanation for

Note: **al detall** is a Gallicism for **al por menor**. For other expressions related to trade see the Glossary on pages 297–301.

something you have said or done, as in the sentence above, or when you wish to excuse yourself, as in the following examples:

¿Por qué llega Vd. tan tarde? *Why are you (do you arrive) so late?*
Es que perdí el tren. *I missed the train.*
¿Por qué no vino Vd. ayer? *Why didn't you come yesterday?*
Es que estaba enfermo. *I was ill.*

Gramática

1   *The subjunctive*

The tenses revised so far in this book (e.g. the present, the future, the preterite, the imperfect) all form part of the indicative mood. But there is another set of tenses in Spanish which correspond to the subjunctive mood. Spanish uses a wider range of subjunctive tenses than French, in the spoken as well as in the written language.

When to use the subjunctive
The subjunctive is not normally used by itself. It usually forms part of a subordinate clause introduced by **que**, which is dependent on a main clause. For example:

Queremos   que las envíen lo antes posible.
main clause   *subordinate clause*

Certain verbs in the main clause – for instance, verbs which are used in indirect commands (**querer**, *to want*), verbs which indicate hope (**esperar**, *to hope*), wishing (**desear**, *to wish*), or doubt (**dudar**, *to doubt*) – call for the use of the subjunctive in the subordinate clause, provided that the subject of the verb in the main clause is different to that in the subordinate clause.

(Nosotros) queremos que (ustedes) las envíen. *We want you to send them.*

Otherwise, we must use an infinitive, and therefore change the meaning, as in:

(Nosotros) queremos enviarlas. *We want to send them.*

2 *The subjunctive tenses*

Present day Spanish normally uses the following subjunctive tenses:

> present subjunctive
> imperfect subjunctive
> perfect subjunctive
> pluperfect subjunctive

Another tense, the future subjunctive, which we are not studying in this book, is normally used in legal documents.

3 *The present subjunctive (I)*

As in the formation of the imperative, the present subjunctive uses the stem of the first person singular of the present indicative tense, i.e. **enví**o (**enviar**, *to send*), **vend**o (**vender**, *to sell*), **recib**o (**recibir**, *to receive*). You drop the **-o** and add the subjunctive endings: one set of endings for first conjugation verbs and another for the second and third conjugation. The first and third person singular of the present subjunctive are the same as the formal commands (see Unit 12).

enviar	**vender**	**recibir**
(*to send*)	(*to sell*)	(*to receive*)
envíe	venda	reciba
envíes	vendas	recibas
envíe	venda	reciba
enviemos	vendamos	recibamos
enviéis	vendáis	recibáis
envíen	vendan	reciban

> Queremos que las envíen lo antes posible. *We want you to send them as soon as possible.*
> Espero que vendamos las mercancías. *I hope we sell the goods.*
> Dudo que las recibamos a tiempo. *I doubt that we'll receive them on time.*

4 *Irregular forms of the present subjunctive*

Verbs which are irregular in the first person singular of the present tense indicative are also irregular in the present subjunctive. For example:

Infinitive	Present indicative	Present subjunctive
tener	tengo	tenga, tengas, tenga tengamos, tengáis, tengan

Other verbs are irregular in a different way:

dar (*to give*)	dé, des, dé demos, deis, den
estar (*to be*)	esté, estés, esté, estemos, estéis, estén
haber (*to have, aux.*)	haya, hayas, haya, hayamos, hayáis, hayan
ir (*to go*)	vaya, vayas, vaya, vayamos, vayáis, vayan
saber (*to know*)	sepa, sepas, sepa, sepamos, sepáis, sepan
ser (*to be*)	sea, seas, sea, seamos, seáis, sean

5 *The subjunctive after conjunctions*

Certain conjunctions always call for the use of the subjunctive, even when there is no other verb present. Here are some of the most important:

con tal (de) que (Vd. quiera)	*provided that (you want)*
a menos que (no sea possible)	*unless (it's not possible)*
a no ser que (haya problema)	*unless (there are problems)*

en caso de que (no vengas)	*in case (you don't come)*
suponiendo que (no acepten)	*supposing that (they don't accept)*
para que (lo compres)	*so that (you buy it)*
no es que (no pueda)	*it's not that (I can't)*
sin que (él lo sepa)	*without (him knowing about it)*

6   *The subjunctive in time clauses*

Certain expressions of time, when the action has not yet taken place, require the use of the subjunctive. For example:

en cuanto (llegue)	*as soon as (it arrives)*
tan pronto como (lo reciba)	*as soon as (I receive it)*
cuando (Vd. me pague)	*when (you pay me)*
hasta que (terminemos)	*until (we finish)*
después (de) que (se vayan)	*after (they leave)*
antes (de) que (salgan)	*before (they leave)*
aunque (llueva)	*even if (it rains)*

For other uses of the present subjunctive see Unit 14.

Práctica

1   Study the order form overleaf, sent by Plásticos Vizcaya S.A.

(*a*)   ¿Cuántas mesas pidieron?
(*b*)   ¿Cuánto vale cada mesa?
(*c*)   ¿Cuántos sillones de dirección pidieron?
(*d*)   ¿Cuánto cuesta cada sillón?
(*e*)   ¿Cuál es el precio de las mesas de reunión?
(*f*)   ¿En qué dirección deberán entregarse las mercancías?

deberán entregarse	*must be delivered*

PEDIDO n° R 584721

n/referencia _PI/Vz_

s/referencia _M/N_

Fecha Bilbao, 30 de abril de 1992.

Muebles Norte

Calle San Sebastián, 120

Bilbao 08870

10 mesas de 1.60 × 0.80	REF. 420	Pts 28.000 /u.
14 sillones de dirección	REF. 315	Pts 19.600 /u.
3 mesas de reunión	REF. 218	Pts 45.000 /u.
5 sillas mecanógrafa	REF. 430	Pts 7.831 /u.
4 armarios	REF. 340	Pts 17.080 /u.

Lugar de entrega Calle Central, 14, Polígono
Industrial Dos Caminos, Bilbao.

Plazo de entrega 7 de mayo de 1992

Forma de pago L/ 30 d.

Gloria Aguirre R.

Gloria Aguirre R.

Jefa de Compras

n/referencia (nuestra ref.)	*our reference*
s/referencia (su ref.)	*your reference*
lugar de entrega	*place of delivery*
plazo de entrega	*deliver by*
L/30 d. (Letra de cambio a 30 días)	*bill of exchange at 30 days sight*
la jefa de compras	*purchasing manager*

2   Study the dialogue again and then answer these questions.

(a)   ¿Qué descuento hace la fábrica de muebles por compras al por mayor?

(b)   ¿En qué caso hacen un descuento adicional?

(c)   ¿Qué tipo de documentos aceptan?

(d)   ¿Cuánto tiempo tardan en despachar un pedido?

3   Your company in Spain requires office supplies and as you need them urgently, you have decided to telephone the suppliers to find out what their terms are and if they have everything you need. It is the first time you have done business with them. Here is a list of the items you require:

> Papel para máquina de escribir DIN–A–4
> Sobres corrientes de color blanco de diferentes tamaños
> Carpetas
> Blocs de taquigrafía
> Cinta adhesiva
> Bolígrafos
> Lápices
> Gomas
> Grapas
> Clips

el papel para máquina de escribir	*typing paper*
los sobres corrientes de diferentes tamaños	*ordinary envelopes of various sizes*
las carpetas	*files*
los blocs de taquigrafía	*shorthand pads*
la cinta adhesiva	*Sellotape*
los bolígrafos	*ball point pens*
las gomas	*rubbers*
las grapas	*staples*

Empleado	¿Dígame?
Vd.	*Good afternoon. Say you are phoning from González*

	y Cía. You need office supplies and you would like to know whether they give special discounts on wholesale purchases.
Empleado	Pues, normalmente hacemos un descuento del diez por ciento por compras al por mayor.
Vd.	*Ask if there is any additional discount if payment is made immediately after you receive the goods.*
Empleado	No, solamente hacemos el descuento del diez por ciento.
Vd.	*Say you need the goods urgently and you want them to despatch the order as soon as they receive it. Ask if that is possible.*
Empleado	Bueno, generalmente despachamos los pedidos el mismo día que los recibimos, a menos que no tengamos existencias suficientes. ¿Qué es lo que quiere Vd.?
Vd.	*Tell him what you want, not mentioning quantities at this stage.*
Empleado	Pues, tenemos un gran surtido de todo eso, excepto carpetas que no nos quedan muchas. ¿Cuántas desea Vd.?
Vd.	*Say you want a hundred files. Ask if they've got enough.*
Empleado	Sí, me parece que sí.
Vd.	*Say in that case you'll send them the order today and that you hope the goods will arrive before Friday.*
Empleado	No se precocupe Vd. Se las despacharemos inmediatamente.
Vd.	*Thank the employee and say goodbye.*
Empleado	De nada. Hasta luego.

---

no nos quedan muchas (quedar)	*we don't have many left (to be left)*
no se preocupe Vd. (preocuparse)	*don't worry (to worry)*

4   Put the infinitives in the correct form of the present subjunctive.

(*a*)   Queremos que Vds. (traer) las mercancías hoy.

(*b*)   Espero que ellos (despachar) el pedido lo antes posible.

(*c*)   Dudo que ellos (tener) todo lo que necesitamos.

(*d*)   Se lo compraremos a ellos a menos que nosotros (conseguir) un mejor precio.

(*e*)   Te venderé mi coche usado con tal de que (tú) me lo (pagar) al contado.

(*f*)   Quiero que Vd. (llamar) a la papelería y que (preguntar) si les quedan carpetas.

conseguir un mejor precio	*to get a better price*
el coche usado	*second hand car*
la papelería	*stationer's*

5   Choose the correct form of the verb: the present indicative or the present subjunctive.

(*a*)   Cuando (voy, vaya) a la oficina normalmente lo hago en el coche.

(*b*)   Hablaré con Vd. después de que ellos (se van, se vayan).

(*c*)   Nos quedaremos aquí hasta que (terminamos, terminemos).

(*d*)   Cuando mi jefe (vuelve, vuelva) de España le pediré un aumento de sueldo.

(*e*)   Aunque su sueldo (es, sea) bajo, siempre gasta mucho dinero.

(*f*)   Normalmente hacemos el balance en cuanto (termina, termine) el año.

un aumento de sueldo	*a salary increase*
gastar dinero	*to spend money*
(sueldo) bajo	*low (salary)*
hacer el balance	*to draw up the balance sheet*

Sección B

1 Respuesta a una consulta sobre precios y condiciones de pago (*Reply to a request for information about prices and terms*).

Muy señor mío:

En respuesta a su carta del 6 del corriente, tenemos mucho agrado en adjuntar nuestro último catálogo y lista de precios.

Los precios que se indican son para pedidos al por menor. Las compras al por mayor llevan un 12% de descuento, además de un 2% adicional si el pago se hace dentro de los 30 días después de efectuada la entrega.

Nuestras condiciones de pago habituales son pago al contado o letra bancaria a la presentación de la factura. En circunstancias especiales podemos aceptar letras a 60 y 90 días vista.

Debido a la gran demanda que existe en estos momentos le agradeceremos que haga el pedido lo más pronto posible.

Quedamos a sus gratas órdenes.

---

tenemos mucho agrado en adjuntar	*we have pleasure in enclosing*
nuestro último catálogo y lista de precios	*our latest catalogue and price list*
llevan un 12% de descuento	*they carry a 12% discount*
después de efectuada la entrega	*after delivery has been made*
las condiciones de pago	*terms of payment*
el pago al contado	*cash payment*

la letra bancaria	*bank draft*
a la presentación de la factura	*when you receive the invoice*
letras a 60 y 90 días vista	*drafts at 60 and 90 days' sight*
debido a la gran demanda	*due to great demand*
le agradeceremos que haga el pedido (agradecer)	*we should be grateful if you would place the order (to be grateful)*
lo más pronto posible	*as soon as possible*

Explicaciones

1 Notice the closing phrase **Quedamos a sus gratas órdenes** for which there is no exact equivalent in English. The nearest direct translation would be *We remain at your service.*

2 To refer to terms of payment, we use a limited range of expressions. Here is a list of the most important:

el pago al contado o en metálico	*cash payment*
hacer o efectuar un pago	*to make a payment*
pagar a cuenta	*to pay on account*
el pago adelantado o anticipado	*payment in advance*
el pago a plazos	*payment in instalments/ deferred payment*
el pago contra entrega	*cash on delivery*
la letra bancaria	*bill of exchange*
la letra a la vista	*sight draft*
la carta de crédito	*letter of credit*
el crédito a corto plazo	*short-term credit*
el crédito a largo plazo	*long-term credit*
a crédito	*on credit*
la apertura de crédito	*opening of credit*
abrir un crédito	*to open a credit account*

2 Haciendo un pedido (*Placing an order*)

Muy señores míos:

Acuso recibo de su catálogo y lista de precios
enviados con fecha 10 del pasado y les ruego que me
envíen los siguientes géneros:

20 radios de transistores	AV-341
25 despertadores	CX-729
15 relojes de hombre	DA-402
15 relojes de mujer	DA-408

Dada la urgencia con que necesito estos artículos, les
agradeceré que hagan el envío antes del día 30 de
octubre.

El pago se hará al contado, previa presentación de la
factura por duplicado.

Atentamente.

---

enviados con fecha 10 del pasado	*sent on the 10th of last month*
les ruego que me envíen	*please send me*
los géneros	*articles, merchandise*
el despertador	*alarm clock*
el reloj	*watch*
dada la urgencia	*given the urgency*
les agradeceré que hagan el envío	*I should be grateful if you would send the consignment*
por duplicado	*in duplicate*

Explicaciones

Hacer un envío. *To forward a consignment.* Other related words and phrases are:

enviar/mandar	*to send*
despachar	*to dispatch*
la entrega	*delivery*
efectuar la entrega	*to deliver*
para entrega inmediata	*for immediate delivery*
entregar	*to deliver*

Gramática

The present subjunctive (II)

Notice the use of the present subjunctive in the following sentences:

Le agradeceremos que haga el pedido lo más pronto posible.
Les agradeceré que hagan el envío antes del día 30 de octubre.
Les ruego (que) me envíen los siguientes artículos.

Agradecer (*to be grateful*) and **rogar** (*to ask*) convey formality and politeness and in this context they are interchangeable, although the first is in the future tense and the second in the present tense indicative. Remember that **rogar** is a stem-changing verb (**o→ue, ruego, ruegas**, etc.) while **agradecer** is irregular in the first person singular of the present tense (**agradezco**, *I'm grateful*).

Práctica

1 Study letter 1 above and make sure you have understood its contents before you place your order:

(*a*)   Are these prices on retail or wholesale purchases?
(*b*)   What discounts are there?
(*c*)   What are the different terms of payment?
(*d*)   Why do they want you to order as soon as possible?

2   Your company has received an order in Spanish (letter 2 above) and you have been asked to translate it into English.

3   A colleague of yours was drafting a letter in Spanish to send to a customer in a Spanish speaking country. As his/her Spanish is not very good he/she asked you to complete the letter by filling in some missing words and sentences.

Muy señor mío:

(We acknowledge receipt of) su carta del 18 de mayo y tenemos mucho gusto en (enclosing our new price-list).

Nuestras condiciones normales de pago son (cash), pero en circunstancias especiales (we accept drafts at 30 or 60 days' sight). (Cash payments) tienen un (discount) del 2 por ciento.

Quedamos a su disposición para cualquier información que necesite.

Atentamente.

---

quedamos a su disposición para cualquier información que necesite	*Literally, we remain at your disposal for any information you may need*

14   Import and export

Sección A

Diálogo

Calzados Levante S.A. is exporting some of its products to McDowell Shoes of London. This is part of a conversation between Carlos Blasco of Levante S.A. and John Clarke who represents McDowell's.

C. Blasco	Buenos días, señor Clarke. Encantado de verle.
J. Clarke	Buenos días.
C. Blasco	Pasemos a mi despacho. Siéntese, por favor.
J. Clarke	Gracias.
C. Blasco	¿Desea tomar un café?
J. Clarke	No, muchas gracias, acabo de tomar.
C. Blasco	¿Había estado Vd. en Valencia antes?
J. Clarke	En Valencia exactamente, no. Había estado de vacaciones en Gandía con mi familia, pero eso fue hace mucho tiempo.
C. Blasco	Pues, me alegro mucho de que esté aquí, ya que es mejor que discutamos este negocio personalmente. Como le había dicho ya cuando hablamos por teléfono, no creo que haya ningún problema en efectuar la entrega de lo que Vds. nos piden en la fecha que sugieren.
J. Clarke	Sí, queremos que nos llegue la totalidad de las mercancías a fines de octubre a más tardar para que podamos incluir los nuevos modelos en las ventas de Navidad. Estoy seguro de que se venderán muy bien.
C. Blasco	Así lo espero. Este tipo de calzado ha tenido mucha aceptación y estamos exportando a varios países de

la Comunidad Europea. Ahora, señor Clarke, supongo que Vds. estarán conformes con el valor FOB que yo les había señalado.

J. Clarke Bueno, en eso estamos de acuerdo. Lo que quiero que discutamos es la forma de pago. Vd. había propuesto una letra de cambio a noventa días . . .

encantado de verle	*pleased to see you*
pasemos a mi despacho	*let's go into my office*
¿había estado Vd. en Valencia antes?	*have you been to Valencia before?*
de vacaciones	*on holiday*
eso fue hace mucho tiempo	*that was a long time ago*
me alegro mucho de que esté aquí	*I'm very glad you are here*
ya que es mejor que discutamos	*as it is better to discuss*
este negocio	*this business*
como le había dicho ya	*as I had already told you*
cuando hablamos por teléfono	*when we spoke on the phone*
no creo que haya ningún problema	*I don't think there'll be any problem*
en la fecha que sugieren (sugerir)	*on the date you suggest (to suggest)*
queremos que nos llegue la totalidad de las mercancías	*we want the whole of the merchandise to reach us*
a fines de octubre	*at the end of October*
a más tardar	*at the latest*
para que podamos incluir	*so that we may include*
en las ventas de Navidad	*in the Christmas sales*
estar seguro/a de	*to be sure*
se venderán muy bien	*they will sell very well*
así lo espero	*I hope so*
tener (mucha) aceptación	*to be (very) successful*
supongo que Vds. estarán conformes (estar conforme)	*I suppose you are satisfied (to be satisfied)*
yo le había señalado (señalar)	*I had indicated to you (to indicate)*
FOB (Franco a Bordo)	*Free On Board*
en eso estamos de acuerdo	*we agree on that*

lo que quiero que discutamos	*what I want us to discuss*
Vd. había propuesto	*you had proposed (to*
(proponer)	*propose)*
una letra de cambio	*a bill of exchange*

Explicaciones

1 *The Incoterms.* In an export transaction, the price of the goods may or may not include its transportation to its destination. Buyer and seller must come to an agreement about their responsibilities in this matter. These agreements are guided by the Incoterms, which are a series of norms and terms established by the International Chamber of Commerce and expressed normally through abbreviations. When a quotation is given, these abbreviations usually follow the price to indicate what is included in it. For example: Pts 2 000 000 FAS (Free Alongside Ship), shows that the exporter is reponsible for placing the goods alongside the ship in the country of origin. The cost of transporting these to their destination will be borne by the importer. Here is a list of the most frequent Incoterms with their Spanish translation:

Goods left at an agreed point in the country of origin:

EXW	(*Ex Works*)	En fábrica
FOR	(*Free On Rail*)	Franco-Vagón
FAS	(*Free Alongside Ship*)	Franco-Costado del buque

Goods are shipped according to the contract terms and the documents are sent to the buyer or his agent:

FOB	(*Free On Board*)	Franco a Bordo
C&F	(*Cost and Freight*)	Coste y Flete
CIF	(*Cost Insurance Freight*)	Coste Seguro Flete

In air transport the following Incoterms are normally used:

FOA	*FOB Airport*	FOB Aeropuerto de Embarque

DDP	*Delivery Duty Paid*	Entrega Derechos pagados
OCP	*Freight or Carriage paid to*	Flete o Porte pagado hasta punto destino
CIP	*Freight Carriage and Insurance paid to*	Flete Transporte y Seguro pagados hasta punto destino

Sources: *Cómo exportar*, por Francesc Santacana i Martorell, Instituto de la Pequeña y Mediana Empresa Industrial, 2ª edición, Madrid, 1987.
Expansión Comercial, No. 37 (Instituto Nacional de Fomento de la Exportación, Madrid).

Gramática

1   *The present subjunctive (III)*

Study the use of the present subjunctive in these sentences:

Me alegro mucho de que esté aquí.   *I'm very glad you are here.*
Es mejor que discutamos este negocio personalmente.   *We'd better discuss this business personally.*
No creo que haya ningún problema.   *I don't think there'll be any problem.*

Verbs of emotion such as **alegrarse** (*to be glad*), **estar contento** (*to be happy*), **sentir** (*to be sorry*) call for the use of the subjunctive in the subordinate clause:

Me alegro de que vengas.   *I'm glad you are coming.*
Estoy contento de que ella vuelva.   *I'm glad she's coming back.*
Siento que no podáis ir.   *I'm sorry you can't go.*

Impersonal expressions with the verb **ser**, such as **es mejor, es importante, es posible, es imposible, es conveniente**, etc. also require a subjunctive verb in the subordinate clause.

Es mejor que no se lo diga.   *You'd better not tell him.*
Es importante que Vd. esté allí.   *It's important that you should be there.*
Es posible que lo vendamos.   *It's possible that we may sell it.*

When there is doubt, as in **no creo que . . .** , we must use a subjunctive verb in the subordinate clause:

No creo que ellos lo sepan.   *I don't think they know about it.*
No creo que tengamos tiempo.   *I don't think we have time.*

But if the main clause with **creer** is affirmative, this must be followed by an indicative verb in the subordinate clause:

Creo que ellos lo saben.   *I think they know it.*
Creo que tenemos tiempo.   *I think we have time.*

Here are other examples of the use of the present subjunctive found in the dialogue. They follow the rules studied in Unit 13.

Queremos que nos llegue la totalidad de las mercancías a fines de octubre.
Para que podamos incluir los nuevos modelos en las ventas de Navidad.
Lo que quiero que discutamos es la forma de pago.

2   *The pluperfect indicative tense – usage and formation*

To say what we *had done* or what *had happened* (I had been on holiday, I had already told you), we use the pluperfect indicative tense. This is formed with the imperfect tense of **haber** (see Unit 11) followed by a past participle which is invariable, as for the perfect tense (see Unit 9).

había estado	*I had been*	habíamos estado	*we had been*
habías estado	*you had been (fam.)*	habíais estado	*you had been (fam.)*
había estado	*you/he/she/ it had been*	habíamos estado	*you/they had been*

Había estado de vacaciones en Gandía.   *I had been on holiday in Gandía.*
Como le había dicho ya.   *As I had already told you.*
Las condiciones que yo le había señalado.   *The terms which I had indicated to you.*

3   *Use of the pluperfect with the preterite*

In time clauses, the pluperfect is often linked to the preterite, as shown in the examples below.

Cuando la llamé ya se había marchado.   *When I phoned her she had already left.*

El avión había despegado cuando llegamos.   *The plane had taken off when we arrived.*

4   *Let's + verb*

The imperative form equivalent to the English phrase *Let's* takes the same ending as the formal command for **Vd.** (see Unit 12) plus **-mos**.

pasar	*to come in*	Pasemos.	*Let's go in.*
comer	*to eat*	Comamos.	*Let's eat.*
subir	*to go up*	Subamos.	*Let's go up.*

Práctica

1   Study the dialogue again and then answer these questions.

(*a*)   ¿Había estado antes en Valencia John Clarke?

(*b*)   ¿Para cuándo quiere él la totalidad de las mercancías? ¿Por qué?

(*c*)   ¿A qué países está exportando Calzados Levante S.A.?

(*d*)   ¿Está conforme John Clarke con las condiciones?

(*e*)   ¿Qué forma de pago había propuesto Carlos Blasco?

2   Your company is exporting goods to a Latin American country and you are preparing yourself to discuss terms with a Spanish speaking customer. You've made a summary in English of things you'll need to discuss during the meeting. How will you express the same ideas in Spanish?

(a) There has been a strike in the factory and we haven't got enough stocks at the moment. If the company is willing to wait, we can deliver by the end of May at the latest. I hope this is acceptable.

(b) Our products have been very successful in Latin America and we are now exporting to a number of countries, among them Mexico, Argentina and Chile.

(c) Our company normally delivers CIF.

(d) Payment can be made through a bill of exchange at 90 days.

Here are some words and expressions you may need:

una huelga	*a strike*
estar dispuesto a	*to be willing to*
ser aceptable	*to be acceptable*

3   Choose the correct tense: the present indicative or the present subjunctive:

(a)   Me alegro de que nos (podamos, podemos) conocer personalmente.

(b)   No creo que nuestra compañía (está, esté) en condiciones de pagar.

(c)   Creo que (podamos, podemos) enviar las mercancías a mediados de mayo.

(d)   Quiero que (analizamos, analicemos) cuidadosamente esta situación.

(e)   Estoy seguro de que (aceptan, acepten) nuestras condiciones.

(f)   Es probable que la huelga (termine, termina) mañana.

a mediados de	*in the middle of*
cuidadosamente	*carefully*

4 Put the infinitives in the correct form of the pluperfect indicative.

Ejemplo: Yo no (estar) aquí antes.
        Yo no había estado aquí antes.

(a) Yo les (escribir), pero ellos no me (contestar).
(b) La secretaria (poner) la factura entre mis papeles.
(c) Cuando llegué el banco todavía no (abrir).
(d) Los inspectores (descubrir) un fraude dentro de la empresa.
(e) La firma (hacer) todo lo posible por solucionar el conflicto laboral.
(f) Yo nunca (asistir) a una reunión del Consejo Directivo.

descubrir un fraude	*to discover a fraud*
el conflicto laboral	*industrial action*

5 Suggest a course of action, as in the example.
Ejemplo: Es necesario analizar esta situación.
        Analicemos esta situatión.

(a) Es necesario discutir este problema.
(b) Es conveniente aumentar la producción.
(c) Es mejor pedir un crédito.
(d) Es preferible hablar con el gerente.
(e) Es fundamental vender todas las mercancías.
(f) Es esencial hacer publicidad.

Sección B

Read this text which looks at the way small and medium sized companies are joining forces to find a wider and more stable market for their products overseas.

El comercio de exportación

La comercialización. Una de las primeras y principales preocupaciones de una empresa que desee hallar un mercado para sus productos en el extranjero, es la de encontrar los canales de comercialización apropiados. La comercialización puede realizarse de muy diversas maneras: indirectamente, por ejemplo, a través de agentes que actúan independientemente o en representación de un comprador determinado; directamente, a través de representantes o de agentes que operan como intermediarios entre el exportador y el comprador extranjero. Un gran número de pequeñas y medianas empresas (por ejemplo, Calzados Levante S.A. en la Sección A) tratan directamente con el comprador. Pero, el mantener una presencia constante dentro de Europa o en cualquier otro mercado exterior puede resultar difícil y costoso, si no imposible, para muchas firmas pequeñas. Para resolver este problema y encontrar un mercado más amplio y más estable para sus productos en el exterior, muchas pequeñas y medianas empresas están empezando a aunar esfuerzos y a constituir consorcios de exportación. En el párrafo siguiente se define más específicamente lo que es un consorcio de exportación y las condiciones básicas que deben existir para su formación.

Los consorcios de exportación. El consorcio de exportación es la agrupación de cierto número de pequeñas y medianas empresas cuyo propósito es lograr, por un lado, una mayor especialización productiva, y por otro, conseguir una proyección internacional mediante servicios comerciales comunes. Para formar un consorcio las empresas integrantes deben de tener en cuenta varios conceptos básicos:

(*a*) Unidad de criterios. Es lo más importante: una política comercial coherente, homogénea. Es importante que los consorcios estén dispuestos a esperar pacientemente el fruto de la acción comercial en el exterior, que debe ser gradual.

(*b*) Complementaridad. Es importante que la oferta sea complementaria. Los productos deben de ser afines, pero distintos, para evitar que haya posibilidad de competencia entre ellos.

(*c*) Voluntad de modernización. La voluntad de formar parte de un consorcio de exportación debe implicar cierta predisposición al cambio de mentalidad, tanto en lo relativo a los aspectos puramente comerciales como en lo que respecta a los aspectos productivos: receptividad a la innovación, disposición favorable frente a las exigencias del mercado, énfasis en la calidad, etcétera.

Source (adapted): *Expansión Comercial*, No. 36 (Instituto Nacional de Fomento de la Exportación, Madrid).

hallar	*to find*
los canales	*channels*
actúan (actuar)	*they act (to act)*
los intermediarios	*middlemen*
pequeñas y medianas empresas	*small and medium sized companies*
tratar con	*to deal with*
puede resultar difícil y costoso	*may be difficult and costly*
aunar esfuerzos	*to join forces*
el consorcio de exportación	*export consortium*
el párrafo	*paragraph*
cuyo propósito	*whose purpose*
por un lado/por otro	*on the one hand/on the other*
mediante	*through*
las empresas integrantes	*the member companies*
tener en cuenta	*to take into account*
la unidad	*unity*
estar dispuesto a	*to be willing to*
la complementariedad	*compatibility*
la oferta	*offer, tender; supply*
afín	*similar, related*
evitar	*to avoid*
la voluntad	*will*
implicar	*to imply*
la mentalidad	*mentality*
en lo relativo a/en lo que respecta a	*as regards*
frente a	*with regard to (literally, in the face of)*
las exigencias	*demands*

Explicaciones

1   This passage contains many words related to trade and export. Many of them are similar to English and will be easy to recognise, but it may not always be easy to remember them when you actually want to use them. Study the text again and make a list of all such words. It may help you to remember them later if you classify them according to their functions, for example, verbs or words which indicate some form of action, e.g. **exportar**, abstract nouns or words which denote an activity, e.g. **la exportación**, nouns which refer to people and their occupations, e.g. **el exportador**.

2   To avoid unnecessary repetition within a text we often make use of synonyms which, if not exactly equivalent in all their meanings, may be considered as synonyms within a given context. Here are some examples found in **El comercio de exportación**:

> hallar (*to find*) un mercado para sus productos . . .
> encontrar (*to find*) los canales de comercialización . . .
> para muchas firmas (*firms, companies*) pequeñas . . .
> muchas pequeñas y medianas empresas (*firms, companies*) . . .

Gramática

1   Study the use of the *present subjunctive* in these sentences.

> Es importante que los consorcios estén dispuestos a esperar.   *It is important that the consortiums should be willing to wait.*
> Es importante que la oferta sea complementaria.   *It is important that the products be complementary.*
> Para evitar que haya posibilidad de competencia entre ellos.   *To avoid the possibility of competition between them.*

For an explanation of **es importante que + subjunctive** refer to Section A of this unit. For **para + subjunctive** refer to Unit 13.

2   *The infinitive used as a noun*

The infinitive in Spanish may function as a noun, either by itself or preceded by the definite article **el**. For example:

> Mantener una presencia constante dentro de Europa puede resultar costoso.
> El mantener una presencia constante dentro de Europa puede resultar costoso.
> *Maintaining a constant presence within Europe may be costly.*
> El exportar este tipo de productos no es fácil.
> Exportar este tipo de productos no es fácil.
> *Exporting this type of products is not easy.*

3 Cuyo *(Whose)*

Cuyo translates into English as *whose* and it changes with gender (masculine/feminine) and number (singular/plural).

> El consorcio de exportación es la agrupación de empresas cuyo propósito es lograr ... *The export consortium is an association of firms whose aim is to manage ...*
> El agente es una persona cuya actividad consiste en ... *An agent is a person whose activity consists of ...*

Nota: The English construction *whose is/are?* translates into Spanish as **¿de quién es/son?**

¿De quién es este coche?	*Whose is this car?*
¿De quién son esos libros?	*Whose are those books?*

Práctica

1 Study the text again and then answer these questions.

(*a*) ¿Cuál es una de las principales preocupaciones de una empresa que desee exportar sus productos?

(*b*) ¿Qué canal de comercialización utilizan muchas empresas pequeñas y medianas?

(*c*) ¿Qué desventaja tiene este tipo de comercialización?

(*d*) ¿Cuál es el propósito de los consorcios de exportación?

(*e*) ¿Cuáles son los tres conceptos básicos que deben tenerse en cuenta para formar un consorcio de exportación?

la desventaja	*disadvantage*

2 Complete the passage below with the most appropriate word from the list.

> exportaciones, representantes, canales, agentes, objetivos, productos, exportadores

Uno de los . . . fundamentales de cualquier exportador es hallar los . . . de comercialización más adecuados para sus . . . Las . . . se pueden realizar de manera indirecta, a través de . . . que representan al comprador o que operan independientemente. Cuando la comercialización se realiza de manera directa, los . . . pueden utilizar los servicios de sus propios . . . o los de un agente que puede actuar como intermediario en la transacción.

3   Match each word in column A with a word of similar meaning from column B.

A	B
(*a*) el extranjero	(*i*) formar
(*b*) a través de	(*ii*) ser
(*c*) constituir	(*iii*) conseguir
(*d*) lograr	(*iv*) el exterior
(*e*) resultar	(*v*) operar
(*f*) actuar	(*vi*) mediante

4   Complete this table with the missing words. Follow the first example.

exportar	la exportación	el exportador
importar		
	la venta	
		el comprador
comerciar		
	la representación	
producir		
		el consumidor

5   Use **cuyo, cuyos, cuya** or **cuyas**, as appropriate.

(*a*)   Este es un organismo del Estado . . . objetivo es promover la exportación.

(*b*)   La Seguridad Social es una organización . . . finalidad es conseguir el bienestar de los trabajadores.

(*c*)   La principal firma local es Química Manresa, uno de . . . directores es un conocido mío.

(*d*)   Estos son problemas . . . solución nos concierne a todos.

promover	*to promote*
la finalidad	*objective*
el bienestar	*welfare*
un conocido	*an acquaintance*
concernir	*to concern*

6   Transform these sentences, following the example.

Ejemplo: La contratación de menores es ilegal.
          Contratar menores es ilegal.

(*a*)   La creación de nuevos empleos es fundamental.

(*b*)   La reactivación de la economía es esencial.

(*c*)   La modernización del transporte es imprescindible.

(*d*)   La construcción de nuevas carreteras es una tarea urgente.

(*e*)   El aumento de las exportaciones es uno de nuestros objetivos.

(*f*)   La reducción del paro es una de nuestras preocupaciones.

imprescindible	*essential*
la tarea	*task*

15 Making complaints and apologising

Sección A

Diálogo

It is the end of October and the goods ordered by McDowell's have not arrived at their destination. John Clarke telephones Carlos Blasco in Spain to complain about the delay.

Recepcionista	Calzados Levante, ¿dígame?
J. Clarke	Buenos días. ¿Podría hablar con el señor Blasco por favor?
Recepcionista	¿De parte de quién?
J. Clarke	Soy John Clarke de McDowell's en Londres.
Recepcionista	Sí, un momento, por favor. *(Coming back to John Clarke)* ¿Oiga?
J. Clarke	Sí, dígame.
Recepcionista	La extensión del señor Blasco está comunicando. ¿Quiere Vd. esperar un momento? No cuelgue, por favor
J. Clarke	Sí, esperaré. *(After a moment señor Blasco answers the phone)*
C. Blasco	¿Sí, dígame?
J. Clarke	Señor Blasco, buenos días. Soy John Clarke, de McDowell's en Londres.
C. Blasco	Ah sí, buenos días señor Clarke. ¿Cómo está Vd.?
J. Clarke	Bien, gracias. Mire señor Blasco, le llamo para decirle que el pedido que hemos hecho aún no ha llegado. Vd. me prometió que me llegaría a más

	tardar a fines de octubre y ya estamos a 6 de noviembre.
C. Blasco	Lo siento muchísimo, señor Clarke, pero lo que ha ocurrido es que ha habido una huelga del personal de nuestra fábrica que ha retrasado todos nuestros envíos. Afortunadamente el conflicto ya se ha solucionado y estamos despachando todo lo que está pendiente.
J. Clarke	Vd. comprenderá que esta situación nos perjudica enormemente. Yo le agradecería que enviase lo que pueda en este momento y el resto dentro de los próximos quince días. Ahora, si no recibiésemos nada en el plazo de una semana tendríamos que anular el pedido.
C. Blasco	No se preocupe Vd., señor Clarke. Yo mismo me encargaré de su envío. Créame que lo lamento mucho, pero no esperaba que esto ocurriera. No nos había sucedido nunca una cosa así.
J. Clarke	Bueno, muchísimas gracias, señor Blasco. ¿Podría Vd. llamarme por teléfono mañana por la tarde para decirme qué es lo que han enviado? Tiene Vd. mi teléfono, ¿no?
C. Blasco	Sí, sí lo tengo. Le llamaré mañana después de las 4.00.
J. Clarke	Perfectamente. Hasta luego, gracias.
C. Blasco	De nada. Hasta luego.

¿podría hablar con . . .?	*could I speak to . . .?*
está comunicando	*it is engaged (telephone only)*
no cuelgue (colgar)	*don't hang up (to hang up)*
Vd. me prometió (prometer)	*you promised me (to promise)*
que me llegaría	*that it would reach me*
ya estamos a 6 de noviembre	*it's already the 6th of November*
lo siento muchísimo	*I'm very sorry*
lo que ha ocurrido	*what has happened*
ha habido una huelga	*there has been a strike*
ha retrasado (retrasar)	*it has delayed (to delay)*

afortunadamente	*fortunately*
ya se ha solucionado (solucionar)	*it has already been solved (to solve)*
todo lo que está pendiente	*everything that is outstanding*
nos perjudica (perjudicar)	*it affects us (to affect, harm)*
yo le agradecería que enviase	*I'd be grateful if you would send*
lo que pueda	*whatever you are able to*
dentro de los próximos	*within the next*
si no recibiésemos nada	*if we don't receive anything*
en el plazo de una semana	*within a week*
tendríamos que anular	*we will have to cancel*
no se preocupe Vd. (preocuparse)	*don't worry (to worry)*
yo mismo me encargaré (encargarse)	*I will look after (it) myself (to look after)*
créame que	*believe me that*
lo lamento (lamentar) mucho	*I'm very sorry (to regret)*
no esperaba que esto ocurriera	*I didn't expect this to happen*
no nos había sucedido (suceder) nunca una cosa así	*nothing like this had ever happened to us (to happen)*
¿podría Vd. llamarme por teléfono?	*could you telephone me?*
qué es lo que han enviado	*what (it is that) you have sent*

Explicaciones

1   **Estamos a 6 de noviembre**. *It's the 6th of November*. An alternative way of expressing a date is **Es el 6 de noviembre**. To ask what date it is we may say **¿A cuánto estamos?** or **¿Cuántos estamos?** (*What's the date?*), **¿Cuál es la fecha de hoy?** (*What's the date today?*)

2   Although the range of expressions to make complaints can be extremely varied and colourful depending on the nature of the grievance and the people involved, it may be useful to know a few phrases which, if used in time, may solve more than one problem.

Notice the two key words used in them: **quejarse** (*to complain*) or **la queja** (*complaint*).

> Quisiera quejarme de (algo o alguien). *I would like to complain about (something or somebody)*.
> Voy a quejarme a (alguien). *I'm going to complain to (somebody)*.
> Tengo una queja. *I have a complaint*.
> Presentaré una queja. *I will lodge a complaint*.

A synonym of **queja** is **reclamación**, and the corresponding verb is **reclamar**.

> Hacer una reclamación. *To make a complaint*.
> Voy a reclamar a la gerencia. *I'm going to complain to the management*.

And if you have nothing to complain about, you may say:

> No me puedo quejar. *I can't complain*.

3 To apologise there is a more limited number of expressions. Here are the most important:
Sentir (e→ie, *to be sorry*)

> Lo siento mucho. *I'm very sorry*.
> Siento no haber llegado a tiempo. *I'm sorry I'm late (literally, not to have arrived on time)*.

Lamentar (*to be sorry*)

> Lo lamentamos mucho. *We're very sorry*.
> Lamento mucho lo que ha pasado. *I'm sorry about what has happened*.

Perdonar o **disculpar** (*to excuse, to pardon*)

> Perdone. *I'm sorry* or *Excuse me*.
> Disculpe. *I'm sorry* or *Excuse me*.

Gramática

1 *The conditional tense*

(*a*) *Use and formation.* To say what we *would do* or what *would happen* (e.g. we would cancel the order) we use the conditional tense. Like the future tense it is formed with the infinitive, to which the endings are added. The endings of the three conjugations are the same as those of the imperfect tense of **-er** and **-ir** verbs (see Unit 11). Here is an example:

---

llegar (*to arrive*)

llegaría	*I would arrive*	llegaríamos	*we would arrive*
llegarías	*you would arrive (fam.)*	llegaríais	*you would arrive (fam.)*
llegaría	*you/he/she/ it would arrive*	llegarían	*you/they would arrive*

-er and **-ir** verbs are conjugated in the same way as **llegar**. For example:

vender (*to sell*)	vendería, venderías, vendería . . .
recibir (*to receive*)	recibiría, recibirías, recibiría . . .

2 *Irregular conditional forms*

Verbs which have irregular stems in the future tense (see Unit 8) also have them in the conditional. The endings are the same as those of regular verbs:

decir (*to say*)	diría, dirías, diría, diríamos . . .
haber (*to have*)	habría, habrías, habría, habríamos . . .
hacer (*to do, make*)	haría, harías, haría, haríamos . . .
poner (*to put*)	pondría, pondrías, pondría, pondríamos . . .

querer (*to want*)	querría, querrías, querría, querríamos ...
saber (*to know*)	sabría, sabrías, sabría, sabríamos ...
salir (*to go out*)	saldría, saldrías, saldría, saldríamos ...
tener (*to have*)	tendría, tendrías, tendría, tendríamos ...
venir (*to come*)	vendría, vendrías, vendría, vendríamos ...

3 *The imperfect subjunctive*

(*a*) *Uses*. The uses of the imperfect subjunctive are those of the subjunctive as a whole (see Units 13 and 14). It is used in the subordinate clause when the main verb is in the past or conditional (e.g. preterite, conditional, pluperfect). Compare these sentences:

Espero que esto no ocurra. *I hope this doesn't happen.*

Esperaba que esto no ocurriese. *I was hoping this wouldn't happen.*

El quiere que envíe todo hoy. *He wants me to send everything today.*

El quería que enviase todo hoy. *He wanted me to send everything today.*

(*b*) *Formation*. The imperfect subjunctive can be formed in two ways. The first is directly derived from the third person plural of the preterite. *For example:*

Infinitive	*Preterite* (*3rd person pl.*)	*Imperfect subjunctive* (*1st/3rd person sing.*)
enviar	enviaron	enviara
vender	vendieron	vendiera
recibir	recibieron	recibiera
decir	dijeron	dijera
tener	tuvieron	tuviera
ir/ser	fueron	fuera

Note that verbs which are irregular in the preterite are also irregular in the imperfect subjunctive. Here is the imperfect subjunctive of three regular verbs:

enviar	**vender**	**recibir**
enviara	vendiera	recibiera
enviaras	vendieras	recibieras
enviara	vendiera	recibiera
enviáramos	vendiéramos	recibiéramos
enviarais	vendierais	recibierais
enviaran	vendieran	recibieran

The imperfect subjunctive has an alternative set of endings which are less frequently used than the first. Again, **-er** and **-ir** verbs share the same endings:

enviase	vendiese	recibiese
enviases	vendieses	recibieses
enviase	vendiese	recibiese
enviásemos	vendiésemos	recibiésemos
enviaseis	vendieseis	recibieseis
enviasen	vendiesen	recibiesen

4 *The imperfect subjunctive with the conditional tense*

The imperfect subjunctive is often found associated with a verb in the conditional tense. For example:

> Yo le agradecería que enviase lo que pueda. *I'd be grateful if you would send whatever you can.*
>
> Nos gustaría que nos mandase todo hoy. *We'd like you to send us everything today.*

5 *The imperfect subjunctive in clauses introduced by* **si** *(if)*

The imperfect subjunctive is also found in conditional clauses introduced by **si** *(if)* followed by another clause with a verb in the conditional tense. For example:

Si no recibiésemos las mercancías tendríamos que anular el pedido. *If we didn't receive the goods we would have to cancel the order.*

Si no las enviase yo buscaría otro fabricante. *If he didn't send them I would look for another manufacturer.*

But notice the use of the present indicative followed by a future tense in

Si no recibimos las mercancías tendremos que anular el pedido. *If we don't receive the goods we'll have to cancel the order.*

Si no las envía yo buscaré otro fabricante. *If he doesn't send them I'll look for another manufacturer.*

6   *The absolute superlative*

Notice the use of the ending **-ísimo** whose function is to emphasise or, when added to an adjective, to stress a quality or characteristic. Words which finish in **-co** and **-go** change their spelling when they form the absolute superlative.

---

mucho – muchísimo   difícil – dificilísimo
poco – po**qu**ísimo   largo – lar**gu**ísimo

Práctica

1   Your company has ordered some goods from a Spanish manufacturer and you have been asked to telephone the Spanish manager, señor Maleza, to complain about the delay in dispatching the order.

Sr. Maleza	¿Dígame?
Vd.	*Ask whether you could speak to señor Maleza.*
Sr. Maleza	Al aparato.

Vd.	*Identify yourself and your company and say that you are phoning about the order that you had placed. Say he promised he would send the goods at the end of the month at the latest and they haven't arrived yet.*
Sr. Maleza	Lo siento muchísimo, pero ha habido un pequeño incendio en la fábrica y se han quemado algunas de las mercancías. Pero ya se han hecho las reparaciones necesarias y la fábrica está funcionando normalmente otra vez.
Vd.	*Say you are very sorry about what happened but you can't wait any more. You need the merchandise before the winter sales start. Ask whether he can dispatch at least half of the goods now and the rest later on. Otherwise you will have to buy somewhere else. You didn't expect this to happen.*
Sr. Maleza	Mire, haremos todo lo posible por enviarles la totalidad de las mercancías esta semana. Si para el día 15 no les han llegado, llámeme Vd. por teléfono. En todo caso, les haremos un pequeño descuento por las molestias que esto les ha causado.
Vd.	*That's fine. Thank señor Maleza and say goodbye.*
Sr. Maleza	De nada. Perdone Vd. Adiós.

al aparato	*speaking*
un pequeño incendio	*a small fire*
se han quemado (quemarse)	*they have been burned (to get burned)*
las reparaciones	*repairs*
está funcionando (funcionar)	*it's working (to work, function)*
otra vez	*again*
haremos todo lo posible por	*we'll do everything possible to*
las molestias	*troubles*

Here are some phrases you may need:

las rebajas de invierno	*winter sales*
al menos	*at least*
la mitad de	*half of*
más tarde	*later on*
de lo contrario	*otherwise*
en otra parte	*somewhere else*

2   You are on a business trip in a Spanish speaking country. After spending the first night in your hotel you have several complaints to make. The receptionist doesn't speak English so you'll have to use your Spanish. Here's what you want to say. How would you say it in Spanish?

Vd.	*Good morning.*
Recepcionista	Buenos días. ¿Ha dormido bien?
Vd.	*No, you haven't slept well. You want to complain about the room he's given you. It's too noisy and you didn't sleep at all last night. Besides, the water in the bathroom was cold and there weren't enough blankets on your bed. You didn't expect this to happen in a 4-star hotel.*
Recepcionista	Lo siento mucho, pero Vd. me pidió que le diese una habitación a la calle.
Vd.	*Say you want him to give you another room, one at the back if possible.*
Recepcionista	Sí, tenemos una en la parte de atrás del edificio, pero es una habitación más pequeña. Si no le importa puedo darle ésa.
Vd.	*Fine. You'll take the other room. You hope this is better than the other.*
Recepcionista	Bien, le pediré al mozo que le lleve las maletas a la otra habitación y que ponga más mantas en su cama.

a la calle	*facing the street*
si no le importa (importar)	*if you don't mind (to mind)*
el mozo	*porter*

Here are some words and phrases you may need:

demasiado ruidosa	*too noisy*
nada, en absoluto	*at all*
suficientes mantas	*enough blankets*
la cama	*bed*
un hotel de 4 estrellas	*a 4-star hotel*
en la parte de atrás (o una habitación interior)	*at the back*
dormido (dormir)	*slept (to sleep)*

3   *¿Qué diría Vd.?* (*What would you say?*)
Match each of the situations below with the most appropriate Spanish sentence.

1   Apologising for bumping into a stranger in the street.

2   Apologising for your faulty Spanish.

3   Apologising for being late.

4   Apologising to a friend for something wrong you've done.

5   Apologising for being absent.

6   Apologising for not having heard what someone said.

(*a*)   Siento no haber podido venir.
(*b*)   Lo siento, pero perdí el tren de las 9.00.
(*c*)   Perdone.
(*d*)   Perdone Vd., ¿cómo dijo?
(*e*)   Espero que disculpen Vds. mis errores.
(*f*)   Lamento mucho lo ocurrido. Te prometo que no volverá a suceder.

4 Fill in the blank spaces below with the correct verb from the list:
sería, respondiese, podría, fuese, hubiese, llevara

(*a*)   ¿ . . . despertarme Vd. a las 7.00?
(*b*)   . . . tan amable de llamarme un taxi.
(*c*)   No esperaba que . . . tanta gente en el hotel.
(*d*)   Me gustaría que me . . . la carta lo antes posible.
(*e*)   Quisiera que me . . . el desayuno a la habitación.
(*f*)   Preferiría que no . . . Vd. a Venezuela.

5   Choose the correct tense.

(*a*)   La gerencia no quería que yo (tome, tomase, tomaría) las vacaciones en julio.
(*b*)   Si tuviese la oportunidad me (cambie, cambiara, cambiaría) de trabajo.
(*c*)   Me dijo que me quedara hasta que (termino, terminase, terminaría).
(*d*)   Le pediré que nos (llame, llamase, llamaría) a las 7.00.
(*e*)   Me (gusta, gustase, gustaría) que me acompañases.
(*f*)   Me dijeron que era probable que nuestro jefe (renuncia, renunciase, renunciaría).

acompañar	*to accompany*
renunciar	*to resign*

Sección B

1   Read these extracts from letters of complaints.

> Estimado Sr. Valdivia:
>
> Lamento tener que informarle que los géneros que Vd. nos envió no corresponden a los que habíamos pedido . . .

los géneros	*products, goods*

Estimada Sra. Miranda:

La presente tiene por objeto recordarle que hasta la fecha no hemos recibido su cheque de pago de la factura R-463287 de fecha 7 de noviembre. Le agradeceríamos que lo enviase con la mayor brevedad, ya que de lo contrario nos veremos obligados a entregarlo a nuestro departamento jurídico.

recordar	*to remind*
hasta la fecha	*to date*
con la mayor brevedad	*as soon as possible*
nos veremos obligados a	*we shall be forced to*
(verse obligado a)	
el departamento jurídico	*legal department*

2   Read these extracts from letters of apology.

Estimado Sr. Donoso:

Acuso recibo de su carta del pasado 22 de febrero y le ruego que acepte Vd. mis disculpas por el error cometido en el despacho de su pedido AX 510843 de fecha 30 de enero.

Lamento mucho las molestias que esto puede haberle causado y esperamos remediar esta situación con la mayor brevedad . . .

las disculpas	*apologies*
el error cometido	*the errors made*
remediar	*to remedy*

Distinguida señora:

En contestación a su atta. carta del 18 del corriente, sentimos mucho que los productos que les hemos enviado estuviesen en malas condiciones. Esta situación se ha debido, sin duda, a demoras en el transporte, puesto que al salir de nuestros almacenes las mercancías estaban en perfecto estado.

en malas condiciones	*in bad condition*
se ha debido	*it has been due*
sin duda	*no doubt*
las demoras	*delays*
puesto que	*since, as*
los almacenes	*warehouse*
en perfecto estado	*in perfect condition*

Práctica

Write extracts of letters following the instructions below.

1   You are working for a bookshop in your country that specialises in foreign language books. The company has ordered 50 Spanish dictionaries (Diccionario SOPESA) and you have only received 35. Write a letter of complaint to SOPESA in Spain explaining the situation.

diccionarios de español	*Spanish dictionaries*

2   You arrived back in Spain after a business trip to Latin America and you discovered that your suitcase had been lost. The airline people promised to trace it but after a week and several phone calls it hasn't appeared. Write to señora Rosario Villalba, the general manager of AEROHISPANIA explaining the situation. You may need some of these words and phrases:

descubrí que . . .	*I discovered that . . .*
se había perdido	*it had been lost*
el personal de la línea aérea	*the airline staff*
buscar	*to trace, look for*
aparecer	*to appear*

3   You've been off sick from your office for two weeks and on your return you find a lot of correspondence on your desk which needs answering. One of the letters is from señor Patricio Lazcano who wrote on September 11th. Apologise for the delay in replying to his letter and explain why you hadn't done so before.

You may need some of these words and phrases:

responder a una carta	*to reply to a letter*
estar enfermo(a)	*to be ill*
estar ausente	*to be absent*

16 Banking, insurance and transport

Sección A

Study the following tables which give information about

(*a*)   The documents which the exporter normally has to present to the bank which is dealing with the export transaction.

(*b*)   Insurance and the types of risks usually covered.

(*c*)   Shipment.

1

DOCUMENTOS BANCARIOS

Los documentos que el exportador entrega al banco varían en función de la forma de pago que se haya establecido. La relación de documentos más frecuentes pedidos por el comprador y entregados al banco por el exportador son:

* Factura comercial (que puede exigirse legalizada o visada por el Consulado).
* Conocimiento de embarque (transporte marítimo).
* Carta de porte (transporte terrestre, fluvial o aéreo).
* Póliza de seguro.
* Certificados de origen, calidad y/o peso, y sanitario.

2

SEGUROS

La contratación de una póliza de seguro por parte del exportador, está condicionada por:

* Los riesgos derivados del transporte de la mercancía desde el lugar de expedición hasta el destino, de los cuales no responde la compañía de transporte.
* La modalidad de entrega acordada entre el comprador y el exportador, por ejemplo CIF (Cost Insurance Freight – Coste Seguro Flete).

Riesgos

Riesgos comerciales	Rescinción de contrato, impago por parte del comprador . . .
Riesgos políticos	Retención de transferencia, decisiones gubernamentales que impidan el cumplimiento de contrato de exportación . . .
Riesgos extraordinarios	Guerras, revoluciones, catástrofes, terremotos . . .

3

DOCUMENTOS DE EMBARQUE

Según el tipo de transporte que se haya decidido utilizar, éstos son básicamente los siguientes:

Transporte	*Documentación de embarque*
Marítimo	El conocimiento de embarque constituye: * el contrato de transporte * el recibo de las mercancías por parte de la naviera * el título de propiedad de la mercancía
Terrestre Por carretera	La carta de porte por carretera constituye: * el contrato de transporte * el recibo de la mercancía por parte del transportista
Por ferrocarril	La carta de porte del ferrocarril constituye: * el contrato de transporte * el recibo de la mercancía
Aéreo	La carta de porte aérea constituye: * el contrato de transporte * el recibo de la mercancía

Source: *Cómo exportar*, por Francesc Santacana i Martorell, Instituto de la Pequeña Mediana Empresa Industrial, 2ª edición, Madrid, 1987.

entregar	*to hand in*
variar	*to vary*
en función de	*according to*
la relación	*list*
pedidos (e > i, pedir)	*requested*
la factura comercial	*commercial invoice*
legalizada	*legalised*
visada	*endorsed by the consul*
el conocimiento de embarque	*bill of lading*
la carta de porte	*consignment note*
terrestre/fluvial/aéreo	*land/river/air (adjectives)*
la póliza de seguro	*insurance policy*
el certificado de origen,	*certificate of origin, quality*
calidad y/o peso	*and/or weight*
el certificado sanitario	*disinfection certificate*
la contratación	*contract*
por parte del (exportador)	*on the part of (the exporter)*
está condicionada por	*is worked out according to*
los riesgos	*risks*
el lugar de expedición	*point of dispatch*
responder	*to be responsible*
la modalidad de entrega	*method of delivery*
acordada (acordar)	*agreed (to agree)*
la rescinción de contrato	*cancèllation or anulment of a contract*
el impago	*non-payment, default*
la retención de transferencia	*impoundment of shipment*
las decisiones gubernamentales	*governmental decisions*
que impidan (impedir)	*which may prevent (to prevent)*
el cumplimiento	*fulfilment*
la documentación	*papers*
el recibo	*receipt*
la naviera	*shipping company*
el título de propiedad	*title deed, proof of title*

Explicaciones

1 When we are dealing with imported goods, the invoice sent by the exporter is referred to as **una factura comercial** (*a commercial invoice*). An invoice giving information about the value of the goods and the business terms is called **una factura pro-forma** (*pro forma invoice*). The invoice which is endorsed by a consul is referred to as **una factura consular** (*a consular invoice*).

2 *Consignment notes* or *waybills* are referred to as **cartas de porte**. Thus, an air consignment note is **una carta de porte aérea**.

3 The *certificate of origin* – **el certificado de origen** – states the country of origin of the goods which are being imported.

Gramática

The perfect subjunctive tense

Study this sentence:

> Los documentos que el exportador entrega al banco varían en función de la forma de pago que se haya establecido. *The documents which the exporter hands in to the bank vary according to the method of payment which has been decided on.*

When a clause carrying a subjunctive tense refers to the past (e.g. **que se haya establecido**), we need to use the perfect subjunctive. The perfect subjunctive is made up of the present subjunctive of **haber** plus a past participle, which is invariable (for regular past participles see Unit 5, for irregular ones see Unit 9).

haya hayas haya hayamos hayáis hayan	mandado *sent* establecido *established* recibido *received*

Here are other examples of the use of the perfect subjunctive.

> Espero que me hayan mandado lo que he pedido. *I hope they have sent me what I have ordered.*
>
> Me alegro de que hayamos establecido contacto con ellos. *I'm glad we have established contact with them.*
>
> Siento que no haya recibido el paquete. *I'm sorry you haven't received the parcel.*

Práctica

1 You are working for a company with a branch in a Spanish speaking country. A new English speaking colleague has joined the export department, and as his Spanish is not very good he has asked you to translate the information on **Documentos bancarios (1)** for him.

2 You are working for an insurance company (**una compañía de seguros**) in your country and you have been asked to translate into English the following letter from a firm in Argentina.

Muy señores nuestros:

Les agradeceríamos que nos informasen sobre lo que costaría asegurar contra todo riesgo un cargamento de ocho cajas de artículos de cuero cuya factura asciende a U.S. $36.000 (treinta y seis mil dólares).

Las mercancías serán transportadas por vía marítima desde Buenos Aires a Nueva York en el barco Reina del Plata de propiedad de la Compañía Atlántica.

Les rogamos responder a nuestra consulta lo antes posible.

Les saluda atentamente.

---

asegurar	*to insure*
contra todo riesgo	*against all risks,*
	comprehensively
un cargamento	*a shipment*
las cajas	*cases*
los artículos de cuero	*leather articles*
ascender	*to amount to*
el barco	*boat*

3 Reply to each of these questions and statements, using the word or phrase in brackets followed by the appropriate form of the perfect subjunctive.

Ejemplo: El banco no ha recibido los documentos. (Siento . . .)
    Siento que no los haya recibido.

(*a*) ¿Ha llegado el paquete? (No creo . . .)
(*b*) ¿Han respondido a la carta? (Espero . . .)
(*c*) ¿Han enviado la factura? (Dudo . . .)
(*d*) Han asegurado las mercancías. (Me alegro . . .)
(*e*) El cónsul ha firmado los documentos. (Nos alegramos . . .)
(*f*) Se ha perdido la factura comercial. (Siento mucho . . .)

4 Study the advertisement overleaf. It lists seven risks companies can cover themselves against by getting a **seguro multirriesgo** (*multi–risk insurance*).

un cortocircuito	*short circuit*
un descuido	*negligence*
un reventón	*burst, explosion*
los desagües	*drainpipes*
los números rojos	*in the red, overdrawn*
verse afectado	*to be affected*
el robo	*theft*
perjudicar	*to damage/to cause damage*
apoderarse de	*to seize*
almacenados	*stored*
el manejo	*handling*
la caída	*fall*

su empresa funciona

la avería mecánica	*mechanical fault*
averiarse	*to break down*
en plena producción	*in mid-production*
el camión	*lorry*
sufrir un accidente	*to have an accident*

Now imagine the following unfortunate situations happening in your own company. Would you be covered against them by this **seguro multirriesgo**? If so, indicate the corresponding risk number for each situation.

(*a*)   Alguien ha entrado a la fábrica durante la noche y se ha llevado unos documentos de mucho valor.

(*b*)   Una pieza muy importante de una máquina se ha dañado y la producción se ha paralizado.

(*c*)   Los trabajadores de su fábrica se han declarado en huelga.

(*d*)   Un defecto en la instalación eléctrica ha hecho que se incendie toda una sección.

(*e*)   Las precipitaciones de este invierno han causado grave daño a las instalaciones de su fábrica.

(*f*)   Las autoridades han cerrado su fábrica porque no cumple con las condiciones de seguridad necesarias. Naturalmente, la producción se ha paralizado.

| las condiciones de seguridad | *safety conditions* |

5   Now answer these questions about yourself, your company, house and car.

(*a*)   ¿Tiene Vd. una empresa? ¿Está asegurada? ¿Cubre el seguro algunos de los siete riesgos señalados en el anuncio? ¿Qué otros riesgos cubre?

(*b*)   ¿Tiene Vd. asegurada su casa? ¿El edificio y el mobiliario? ¿Qué cubre el seguro?

(c)   ¿Tiene Vd. asegurado su coche? ¿Es obligatorio el seguro de coches en su país? ¿Qué cubre este seguro?

(d)   ¿Tiene Vd. un seguro de vida?

estar asegurado	*to be insured*
el seguro cubre (cubrir)	*the insurance covers*
el edificio	*building*
el modiliario	*household furniture*
el seguro de coches	*car insurance*
el seguro de vida	*life assurance*

Sección B

Diálogo

Sarah Lambert, an executive who is frequently sent by her company to Spain, is making enquiries about a transfer at a Spanish bank.

Empleado   Buenos días.

S. Lambert   Buenos días. Quisiera saber si ha llegado una transferencia de Londres a nombre de Sarah Lambert.

Empleado   ¿Cómo ha dicho que se llama?

S. Lambert   Sarah Lambert. L-A-M-B-E-R-T. Lambert.

Empleado   Un momento, por favor. Veré si la hemos recibido. (*After a moment.*)
Lo siento, pero no nos ha llegado nada. ¿Cuándo la pidió Vd.?

S. Lambert   Hace diez días más o menos. ¿Está seguro de que no hay nada?

Empleado   Sí, sí, no hay absolutamente nada a su nombre.

S. Lambert   ¡Qué raro! Les pedí que hiciesen la transferencia por télex. Debería haber llegado.

Empleado   Pues, si la hubiesen enviado por télex ya la habríamos recibido. ¿Quiere Vd. pasar por aquí mañana o pasado? Para entonces quizá ya haya llegado.

S. Lambert	Sí, pasaré mañana otra vez. Pero antes quisiera averiguar qué tipos de cuentas existen para no residentes.
Empleado	Bueno, tenemos varios tipos de cuentas. En moneda extranjera, por ejemplo, que pueden ser a la vista o a plazo.
S. Lambert	¿Cuál es la diferencia entre las dos?
Empleado	Pues, en una cuenta a la vista Vd. puede sacar dinero cuando lo desee, mientras que en la cuenta a plazo sólo puede hacerlo en las fechas de vencimiento del depósito. Vd. puede abrir una cuenta a un mes, a tres meses, a seis meses . . .
S. Lambert	¿Y qué intereses pagan Vds. por cuentas a plazo?
Empleado	Los intereses varían, pero en el caso de la libra esterlina, por ejemplo, en este momento se está pagando alrededor del ocho por ciento anual por depósitos a un mes, y el seis por ciento aproximadamente en el caso del dólar. Pero como le digo, los intereses están fluctuando constantemente. Ahora, la ventaja que tienen las cuentas en moneda extranjera es que no hay retención de impuestos y los saldos son transferibles al exterior.
S. Lambert	¿Qué otros tipos de cuentas existen para no residentes?
Empleado	Bueno, también tenemos cuentas en pesetas convertibles, que pueden ser a la vista, de ahorro o a plazo.
S. Lambert	¿Esto quiere decir que es posible cambiar las pesetas a libras esterlinas o dólares, por ejemplo?
Empleado	A cualquiera de las monedas que se cotizan en España. Ahora, si Vd. tiene un apartamento o una casa en España y quiere que el banco pague sus gastos de agua, luz o gas, por ejemplo, le convendría abrir una cuenta en pesetas ordinarias. Pero en este tipo de cuenta los saldos no son convertibles y los intereses son bastante bajos.
S. Lambert	¿Puedo tener dos o tres cuentas diferentes?
Empleado	Naturalmente. Puede Vd. abrir una cuenta en moneda extranjera y otra en pesetas, por ejemplo.

	Le daré un folleto informativo y así Vd. podrá decidir lo que más le conviene. Y si decide abrir una cuenta tendrá que traer su pasaporte.
S. Lambert	Bueno, lo pensaré. Muy amable, gracias. Hasta luego.
Empleado	De nada. Hasta luego.

una transferencia	*a transfer*
a nombre de	*in the name of*
¡qué raro!	*how strange!*
debería haber llegado	*it should have arrived*
si la hubiesen enviado . . .	*if they had sent it . . .*
ya la habríamos recibido	*we would have received it already*
mañana o pasado (mañana)	*tomorrow or the day after (tomorrow)*
para entonces	*by then*
quizá ya haya llegado	*it may have arrived perhaps*
quisiera averiguar	*I would like to find out*
la cuenta	*account*
en moneda extranjera	*in foreign currency*
a la vista	*deposit account (immediate withdrawal)*
a plazo	*deposit account (withdrawal upon notice)*
puede sacar dinero	*you can withdraw money*
cuando lo desee	*whenever you wish*
mientras que	*whilst*
las fechas de vencimiento	*dates of maturity*
abrir una cuenta	*to open an account*
los intereses	*interest*
la libra esterlina	*pound sterling*
como le digo	*as I say*
fluctuar	*to fluctuate*
constantemente	*constantly*
la ventaja	*advantage*
la retención de impuestos	*tax deduction*
los saldos son transferibles al exterior	*balances may be transferred abroad*
en pesetas convertibles	*in convertible pesetas*

(cuentas) de ahorro	*savings accounts*
querer decir	*to mean*
cambiar (las pesetas) a	*to change (pesetas) into*
las monedas que se cotizan (cotizar)	*currencies quoted/sold (to quote)*
los gastos de agua, luz o gas	*water, electricity or gas expenses*
le convendría (convenir)	*it would be convenient for you (to be convenient)*
en pesetas ordinarias	*in domestic pesetas*
lo que más le conviene	*which is more convenient for you*
lo pensaré	*I'll think about it*

Explicaciones

1   Cuentas en moneda extranjera. *Foreign currency accounts.*
Another word frequently used when referring to foreign currency is
divisas. To open an account in foreign currency, the **divisas** (e.g. **libras
esterlinas, dólares, marcos alemanes, francos franceses**) must come in
the form of a cheque, a draft, a transfer or any document which shows
that the money has come from overseas. For this reason, Spanish
banks do not accept bank notes (**billetes**) when opening this type of
account. You may, however, change your pounds, dollars, etc. into
pesetas and open an account in **pesetas ordinarias**.

2   Cheques (**cheques** o **talones**). In Spain you'll normally hear the
word **el talón** instead of **el cheque**, although banks have now officially
adopted the second word.

Cheques are not normally crossed in Spain as they are in Great
Britain, for example, but you may cross the cheque yourself if you
wish. A cheque may carry a name, in which case it may only be cashed
by that person upon presentation of his or her D.N.I. (**documento
nacional de identidad**, *identity card*). But if instead of a name you write
in the word **portador** (*bearer*), the cheque may be cashed by anyone.

Here is a specimen cheque from a Spanish bank.

Banco Hispano Americano   0049/ 0190   4 3   0010073356

9098   SUCURSAL DE SITGES
JESUS 13   PTES./PTS. 60.000 =

Pagueu per aquest xec a/Páguese por este cheque a   *Enrique Baeza Martínez*
Pessetes/Pesetas   *Sesenta mil*

                    Diecisiete   de *Octubre*   del/de 198 **9** .
            Data en lletres/Fecha en letra

Serie   04 Nº   4.634.032

                                    Manuel Muñoz L.

⑃4634032⑈0049⑈ 0190⑆ 0010073356⑆

Nota: Notice the use of Catalan and Spanish in the above cheque, e.g.
Pagueu per aquest xec a/Páguese por este cheque a (*Pay this cheque to*).

Gramática

1   *The pluperfect subjunctive tense*
Look at this sentence:

> Si la hubiesen enviado por télex ya la habríamos recibido.   *If
> they had sent it by telex we would have received it already.*

Conditional clauses such as *if I had done it . . .* , *if you had told me . . .*
are conveyed in Spanish with the pluperfect subjunctive tense. This is
formed with the imperfect subjunctive of **haber** plus a past participle,
which is invariable.

hubiera/hubiese hubieras/hubieses hubiera/hubiese hubiéramos/hubiésemos hubierais/hubieseis hubieran/hubiesen	comprado (comprar) querido (querer) ido (ir)

Here are other examples of the use of the pluperfect subjunctive in conditional sentences:

> Si yo hubiese tenido dinero suficiente lo habría comprado. *If I had had enough money I would have bought it.*
> Le habríamos nombrado director si él hubiese querido. *We would have appointed him director if he had wanted.*

2   The conditional perfect tense

Look at this sentence:

> Ya lo habríamos recibido. *We would have received it already.*

To say what we *would have done* or what *would have happened*, we use the conditional perfect tense. This is formed with the conditional of **haber** followed by a part participle, which is invariable.

habría habrías habría habríamos habríais habrían	aceptado vendido recibido	(aceptar) (vender) (recibir)

Here are other examples of the use of the conditional perfect tense.

> ¿Habría Vd. aceptado el cargo de director gerente? *Would you have accepted the position of managing director?*
> Yo habría vendido la propiedad. *I would have sold the property.*
> Si me hubiesen ofrecido dinero creo que no lo habría recibido. *If they had offered me money I don't think I would have taken it.*

3   The conditional perfect versus the pluperfect subjunctive

In colloquial speech the conditional perfect is often substituted for the pluperfect subjunctive (normally the **-ara/-iera** endings), with exactly the same meaning. Compare these sentences;

> Ya lo habríamos recibido. ⎫ *We would have received it*
> Ya lo hubiéramos recibido. ⎭ *already.*

¿Qué habría hecho Vd.? ¿Qué hubiera hecho Vd.?	*What would you have done?*
Si la hubiesen enviado ya nos habría llegado. Si la hubiesen enviado ya nos hubiera llegado.	*If they had sent it it would have reached us already.*

Nota: In the *if* clause, the pluperfect and the conditional perfect are not interchangeable.

Práctica

1 You are working for a Spanish bank and you've been asked to translate the following text into English. It is part of an information leaflet for English speaking customers.

> *Cuentas en moneda extranjera.* Pueden ser a la vista o a plazo y cifradas en cualquier divisa cotizada en el mercado español. Sus saldos son libremente transferibles al exterior, si Vd. así lo desea. Los intereses que ofrecemos son los más altos del mercado, teniendo el aliciente de no existir retención de impuestos.
>
> *Cuentas en pesetas convertibles.* Pueden ser a la vista, de ahorro o a plazo y sus saldos pueden convertirse en cualquier otra de las monedas cotizadas. Como las anteriores, están exentas de retención de impuestos, siendo su rentabilidad muy elevada.

cifradas	*denominated*
cotizada	*quoted/sold*
el aliciente	*incentive*
están exentas de	*they are not subject to*
rentabilidad muy elevada	*high profitability*

2   You are buying an apartment in Spain and you need a bank account to pay for some of your expenses. Complete your part of this conversation with a bank clerk.

Vd.	*Good afternoon.*
Empleado	Buenas tardes. ¿Qué desea?
Vd.	*Say you would like to open a current account in Spain.*
Empleado	¿Es Vd. residente en España?
Vd.	*No, you are not a resident, but you come here often on business and holiday. Now you are buying an apartment, so it would be convenient for you to have an account to pay for some of your expenses. You already have one in sterling but you would like to have one in pesetas, if possible.*
Empleado	Bueno, si es sólo para sus gastos y no piensa tener en la cuenta una cantidad grande de dinero, quizá le convendría abrir una en pesetas ordinarias.
Vd.	*Ask whether the bank can pay your electricity, water and telephone bills, for example. It would be much more convenient for you if the bank could pay for them directly.*
Empleado	Sí, naturalmente. Para eso tiene Vd. que dar una orden por escrito a cada compañía – a la Compañía Telefónica, a la Compañía de Gas, por ejemplo – para que envíen sus recibos aquí. Ellos tienen unos formularios especiales para eso.
Vd.	*Fine, you would like to open an account now if possible. Ask whether you can open it with fifty thousand pesetas.*
Empleado	Sí, sí, desde luego. ¿Tiene Vd. su pasaporte, por favor?
Vd.	*Here you are.*
Empleado	Gracias. Un momento, por favor. Le traeré un formulario para que lo rellene.

una cuenta corriente	*a current account*
una orden	*an order*
por escrito	*in writing*

los recibos	*bills*
el formulario	*form*
rellenar	*to fill in*

3 Sarah Lambert opened a bank account in pesetas. This slip shows the first payment she made into her new account.

| Entrega en efectivo | **Banco Hispano Americano** |

Sucursal	Número de cuenta Corriente 124053
	Número de cuenta de Ahorros
Paseo de Gracia,	Número de cuenta de Ahorro Activo
Barcelona	

Entrega para abonar a: Titulares **Sarah E. Lambert**

3 0 0 5 8 9
Fecha en cifra

Pesetas

Billetes y metálico | **4 5 0 0 0 =**

Entrega realizada por: **Sarah E. Lambert**

(a) ¿En qué banco tiene su cuenta Sarah Lambert?
(b) ¿En qué sucursal?
(c) ¿Cuál es el número de su cuenta corriente?
(d) ¿Cuánto dinero ingresó?
(e) ¿Lo ingresó en cheque?
(f) ¿En qué fecha lo ingresó?

la sucursal	*branch*
ingresar	*to deposit*
los billetes	*bank notes*
el metálico	*coins*

Nota: The expression **pagar en metálico** means to pay (in) cash.

4   Now answer these questions about yourself.

(*a*)   ¿Tiene Vd. cuenta corriente?

(*b*)   ¿En qué banco la tiene? ¿En qué sucursal?

(*c*)   ¿Cuál es el número de su cuenta corriente?

(*d*)   ¿Tiene Vd. cuenta de ahorros?

(*e*)   ¿Qué interés le paga actualmente?

5   Make up conditional sentences following the example.

Ejemplo: Si ellos (enviar) el paquete por avión éste ya (llegar).

          Si ellos hubiesen enviado el paquete por avión, éste ya habría (o hubiera) llegado.

(*a*)   Si yo (tener) dinero, (comprar) aquel apartamento.

(*b*)   Si nosotros (tener) vacaciones, (ir) a España.

(*c*)   Si ella (continuar) en la empresa, (llegar a ser) directora.

(*d*)   Si Vd. (llamar) antes, la (encontrar) aquí.

(*e*)   Si tú (solicitar) ese trabajo, lo (conseguir).

(*f*)   Si él (pedir) un aumento de sueldo, el jefe (aceptar).

llegar a ser	*to become*
un aumento de sueldo	*a pay rise*

Unidad 17

1 La geografía de España

This introductory text gives some general information about the geography of Spain and the country's population.

El territorio español

España ocupa el tercer lugar de Europa en extensión después de Rusia y Francia. Su superficie es de 504.782 kilómetros cuadrados e incluye: los territorios peninsulares, las islas Canarias, que están situadas frente a la costa de Africa Occidental, las islas Baleares – en el Mediterráneo – y Ceuta y Melilla, en el norte de Africa.

El relieve, los ríos y el clima

España es un país montañoso. En su parte central está la Meseta, una extensa altiplanicie que tiene una altura media de 660 metros y que está dividida en dos por una cadena de montañas. Al norte y al sur de la Meseta Central existen otros sistemas montañosos.

España no tiene grandes ríos. Cinco son los principales: el Duero, el Tajo, el Guadiana, el Guadalquivir y el Ebro. Los cuatro primeros desembocan en el Atlántico y el Ebro en el Mediterráneo. Sólo el Guadalquivir es en parte navegable.

España tiene una gran variedad de climas, pero en general predomina el clima seco en la mayor parte del país. Las regiones con precipitaciones más abundantes son Cantabria y Galicia. En la costa mediterránea predomina el clima templado. En el interior, las temperaturas son extremas, con inviernos muy fríos y veranos muy calurosos.

La población

España tiene una población de 38.996.156 (1990) habitantes y una densidad de 74,5 habitantes por kilómetro cuadrado. Las regiones más pobladas son Madrid, Cataluña, Andalucía y la Comunidad Valenciana. En ellas habita más del 50 por ciento de los españoles. En general, existe una mayor concentración de población en la costa que en el interior. Después de Madrid, la ciudad más grande de España es Barcelona. Otras grandes ciudades son Bilbao, Valencia y Sevilla.

España ocupa el tercer lugar	*Spain occupies third place*
la superficie	*area*
el relieve	*relief*
los ríos	*rivers*
es un país montañoso	*it is a mountainous country*
la meseta	*plateau*
la altiplanicie	*high plateau*
la altura media	*average altitude*
una cadena de montañas	*a chain of mountains*
desembocar en	*to flow into*
el clima seco/templado	*dry/temperate climate*

las precipitaciones	*rainfall*
la población	*population*
las regiones más pobladas	*the most populated regions*

Responda en inglés (*Answer in English*)

1 Which European countries are larger than Spain?
2 Which are the Spanish territories?
3 What is the Meseta and where is it?
4 How is the Meseta divided?
5 What is the Spanish climate like in general?
6 What is the climate like in Cantabria and Galicia? Along the Mediterranean coast? In the interior?
7 Which are the most populated regions in Spain?
8 How does the coast compare with the interior in terms of population?

2 *La economía española (1)*

*This is part of a talk given by a Spanish industrialist (**un industrial**) to a group of visiting businessmen from abroad.*

'España es hoy una nación industrial y moderna. Es, efectivamente, uno de los países más industrializados del mundo. Sin embargo, en el contexto de Europa Occidental España es, junto a Grecia y Portugal, uno de los países menos desarrollados.

Desde el 1 de enero de 1986 España es un miembro más de la Comunidad Económica Europea. La entrada de España en el Mercado Común obliga al país a realizar una serie de adaptaciones para hacer frente a la competencia de las naciones europeas más desarrolladas. Entre los problemas que es necesario resolver está el gran desequilibrio económico que existe entre las distintas regiones. Hay regiones ricas en recursos naturales, con una gran concentración industrial y un alto nivel de vida. Hay regiones pobres, donde las oportunidades de trabajo son mínimas y las condiciones de vida son muy precarias.

En el interior del país la región más industrializada es Madrid. En la periferia, el País Vasco y Cataluña son los dos centros tradicionales de la industria española. Entre las provincias de desarrollo medio están Valencia, Zaragoza, Valladolid, Sevilla y Cádiz y entre las zonas menos favorecidas encontramos a Galicia, Extremadura y parte de Andalucía . . .'.

sin embargo	*however*
junto a	*together with*
menos desarrollados	*least developed*
el desequilibrio	*imbalance*
los recursos naturales	*natural resources*
el nivel de vida	*standard of living*
las condiciones de vida	*living conditions*
desarrollo medio	*average development*

Responda en español (*Answer in Spanish*)

1 ¿Desde cuándo forma parte España de la Comunidad Económica Europea?

2 ¿Cuál es uno de los problemas que es necesario resolver?

3 ¿Cuál es la región más industrializada del interior?

4 Aparte de Madrid, ¿cuáles son los dos centros más industrializados?

5 ¿Cuáles son las regiones de menor desarrollo económico?

Unidad 18

1 La economía española (2)

This text looks at the following sectors of the Spanish economy: agriculture, fishing, mining and energy

La agricultura

La agricultura es uno de los sectores de la economía española que requiere urgente modernización. En general, ésta se caracteriza por una baja productividad en relación con la media europea y una concentración excesiva en ciertos cultivos, especialmente el olivo, la vid y los cítricos. A esto hay que agregar la deficiente distribución de la tierra: una fragmentación desmesurada en el norte y una concentración excesiva de ésta en el centro y en el sur. El ingreso de España en la Comunidad Económica Europea (CEE) y la competencia por parte de los países comunitarios hacen aún más urgente la necesidad de reformar este sector de la economía.

La pesca

España tiene una larga tradición pesquera y su flota es una de las mayores del mundo. A pesar de esto, España importa pescado para hacer frente al gran consumo interno. Como consecuencia de su entrada en el Mercado Común, el país debe limitar el volumen de pesca en las aguas territoriales de otras naciones comunitarias. Al mismo tiempo, España se compromete a la reducción gradual de su flota pesquera.

La minería

La gran cantidad de recursos minerales con que cuenta España constituye la base de una industria minera muy importante, dedicada a la explotación de hierro, cinc, plomo, mercurio, cobre, etc. Una buena parte de los yacimientos están situados en zonas próximas a la periferia de la Meseta. En la actualidad, España importa más de lo que exporta.

La energía

España no cuenta con grandes recursos energéticos e importa la mayor parte del petróleo que necesita para cubrir sus necesidades. Con el fin de reducir su consumo y ahorrar divisas se está fomentando la utilización de energía alternativa, por ejemplo carbón, gas natural, energía de origen hidroeléctrico y energía nuclear.

la baja productividad	*low productivity*
la media europea	*the European average*
los cultivos	*crops*
el olivo, la vid, los cítricos	*olives, grapes, citrus fruits*
a esto hay que agregar	*to this we have to add*
la tierra	*land*
desmesurada	*excessive*
el ingreso	*entry*
la tradición pesquera	*fishing tradition*
la flota (pesquera)	*fishing fleet*
a pesar de esto	*in spite of this*
para hacer frente al consumo	*to meet consumption*
el Mercado Común	*the Common Market*
las naciones comunitarias	*the countries of the EEC*
al mismo tiempo	*at the same time*
España se compromete a	*Spain agrees to*
los recursos minerales	*mineral resources*
el hierro, cinc, plomo, mercurio	*iron, zinc, lead, mercury*
los yacimientos	*deposits (minerals)*
los recursos energéticos	*energy resources*
para cubrir sus necesidades	*to cover her needs*
con el fin de	*in order to*
ahorrar divisas	*to save foreign currency*
el carbón	*coal*

Responda en inglés

1   What are the general characteristics of Spain's agricultural sector?
2   What does the text say about land distribution in Spain?
3   What does the text say about Spain's fishing tradition and fleet?
4   In what way has the country's entry into the European Community affected its fishing industry?
5   What does the text say about Spain's mineral resources?
6   Where are most Spanish mineral deposits situated?
7   Is Spain rich in energy resources? Explain.
8   What is being done to reduce oil consumption? Why?

2   *La mujer española en el trabajo*

*Señora María Isabel Lara, managing director of a Spanish company talks to a journalist (**un/a periodista**) about the difficulties of promotion for Spanish women at work.*

Periodista	Señora Lara, ¿cree Vd. que las oportunidades de promoción para la mujer española en el mundo laboral son en general las mismas que para los hombres?
Sra. Lara	No, definitivamente no. La mujer española encuentra muchos más obstáculos que el hombre para acceder a puestos superiores. Las mujeres necesitamos hacer un esfuerzo mucho mayor y demostrar una gran capacidad para llegar a cargos de responsabilidad. Del total de empresarios que hay actualmente en España sólo un 10 por ciento son mujeres. Esto nos da una idea clara de la situación.
Periodista	¿Existen diferencias en lo que respecta al tipo de empresas en que trabajan de preferencia hombres y mujeres?
Sra. Lara	Bueno, sí. En esto el hombre tiene también el campo mucho más abierto. En general, es más frecuente encontrar a la mujer en empresas pequeñas y no en grandes compañías. El sector del comercio y el

sector servicios ocupan también un gran número de mujeres. En otros sectores, sin embargo, tales como la industria y la construcción, la participación femenina es muy limitada.

Periodista   ¿Cree Vd. que esta situación puede cambiar en el futuro?

Sra. Lara   A mí me parece que sí. De hecho, hoy en día hay mayor conciencia en nuestra sociedad sobre la necesidad de romper los moldes tradicionales que limitan nuestra participación en la vida económica de la nación. Y no sólo a nivel de organizaciones feministas, sino también a nivel general. En este sentido, creo yo, el Instituto de la Mujer y las organizaciones feministas de todo el país tienen una gran responsabilidad y un papel muy importante que cumplir.

el mundo laboral	*the labour market*
acceder a puestos superiores	*promotion to top jobs*
hacer un esfuerzo	*to make an effort*
el campo	*field*
a mí me parece que sí	*I think so*
de hecho	*in fact*
romper	*to break*
los moldes tradicionales	*the (traditional) mould*
a nivel de	*at the level of*
en este sentido	*in this sense*
un papel . . . que cumplir	*a role . . . to fulfil*

¿Verdadero o falso? (*True or false?*)

Correct any false statements.

1   En lo que respecta a promoción, hay igualdad entre el hombre y la mujer españoles.

2   El 90 por ciento de los empresarios españoles son hombres.

3   Las mujeres trabajan principalmente en grandes empresas.

4   En el comercio y los servicios la participación femenina es muy limitada.

5   La industria y la construcción emplean a muy pocas mujeres.

Unidad 19

1 *El comercio*

The following text deals with the general patterns of Spanish home and foreign trade.

El comercio interior

En España, la venta al detalle (o al por menor) de productos alimenticios se realiza principalmente a través de pequeños comercios donde se da una relación más personal entre cliente y vendedor. Sin embargo, con la entrada de España en la Comunidad Económica Europea esta situación empieza a cambiar. Los pequeños comercios miran con temor y desconfianza la aparición de grandes cadenas de supermercados que pueden ofrecer productos a precios mucho más competitivos. Algunos grandes consorcios extranjeros, especialmente franceses, empiezan a invertir en el sector alimentario español, ofreciendo una línea de productos más rica y más variada.

La comercialización de los bienes de consumo duraderos, tales como ropa, electrodomésticos, muebles, se realiza en buena parte a través de grandes almacenes, al menos en lo que respecta a las grandes ciudades. Desde hace algunos años se observa una proliferación de este tipo de establecimientos, aunque su número es aún muy inferior al que se da en otras ciudades europeas.

En lo que se refiere a bienes de equipo, la venta de productos tales como maquinarias y medios de transporte se lleva a cabo normalmente sin la participación de intermediarios. La concesión de créditos o formas especiales de financiación son habituales en este tipo de comercio.

El comercio exterior

El comercio exterior español pasa por un rápido proceso de

transformación cuya característica principal es el aumento de las exportaciones de productos manufacturados, en especial material de transporte. No obstante, el comercio agrícola sigue teniendo gran peso y la exportación de frutas frescas – particularmente cítricos – constituye una importante fuente de divisas. Los mercados de exportación para España son fundamentalmente los países de la CEE y los Estados Unidos, que a su vez son también los principales proveedores, además de otros entre los que se encuentran México, Irán y los países árabes.

la venta al detalle (o **al por menor**)	*retail trade*
los productos alimenticios	*food products*
a través de pequeños comercios	*through small shops*
miran con temor y desconfianza	*they look with fear and distrust*
las cadenas de supermercados	*supermarket chains*
los consorcios extranjeros	*foreign groups*
el sector alimentario	*the food sector*
los bienes de consumo duraderos	*durable consumer goods*
los grandes almacenes	*department stores*
al menos en lo que respecta a	*at least as regards*
los establecimientos	*establishments*
en lo que se refiere a	*as regards*
los bienes de equipo	*capital goods*
los medios de transporte	*means of transport*
llevar a cabo	*to carry out*
los intermediarios	*middlemen*
pasar por	*to go through*
sigue teniendo gran peso	*it continues to play a major role/to be important*
las frutas frescas	*fresh fruit*
una fuente de divisas	*a source of foreign exchange*
a su vez	*in their turn*
los proveedores	*suppliers*

Responda en inglés

1 What are the characteristics of retail trade in Spain?
2 What is happening as a result of Spain's entry into the EEC? What has been the reaction of small traders?
3 Where are durable consumer goods normally sold?
4 What has been happening in recent years?
5 What are the characteristics of the capital goods trade?
6 What change is taking place in foreign trade?
7 Which are the main exporting and importing countries in Spain's foreign trade sector?

2 *Nuevas tecnologías*

This is part of a talk on new technology in Spanish firms given by a computer expert to a group of trainee executives.

'En primer lugar quiero referirme brevemente a lo que actualmente se conoce con el nombre de ofimática, es decir, la oficina automatizada u oficina integrada.

Las nuevas tecnologías están empujando cada vez más hacia los sistemas más integrados. Hoy en día es raro encontrar elementos aislados en un proceso de trabajo, sin una conexión directa o indirecta con el resto de componentes. La ofimática es la materialización de esta tendencia.

No es otra cosa que la combinación de útiles de oficina, informática y telecomunicaciones, lo que permite aumentar la productividad entre un 20 y un 40 por ciento, al facilitar una mayor y mejor información en el menor tiempo y con procedimientos cada vez más sencillos.

Ahora bien, la tendencia general en los últimos años, como sin duda ustedes saben, es hacia una automatización cada vez mayor de la labor administrativa. El ordenador, por ejemplo, es hoy un elemento habitual en cualquier empresa, como también lo es ya en muchos hogares españoles. Las grandes multinacionales de la informática y del tratamiento de textos están orientando sus esfuerzos hacia la creación de un tipo de oficina donde puedan realizarse todos o casi todos los procesos de trabajo. Para ello, los fabricantes están ampliando la gama de productos que nos ofrecen, entre los que encontramos procesadores de textos, ordenadores personales, terminales impresoras y equipos de comunicaciones, además de componentes de oficina tales como máquinas de escribir y fotocopiadoras.

Entre los adelantos mejor recibidos por las empresas españolas se encuentra la red telefónica Ibercom. Este es un servicio de comunicaciones de empresas en el que se integran desde la telefonía convencional hasta la transmisión de datos a alta velocidad, pasando por la teleinformática y las comunicaciones de textos y gráficos . . .'

Source: Fuente, *Actualidad Económica*, Nos. 1554/1555.

La ofimática	*the 'electronic office'*
empujar	*to push*
cada vez más	*more and more*
los útiles de oficina	*office equipment*
la informática	*computing*
los procedimientos	*procedures*
sencillos	*simple*
el ordenador	*computer*
los hogares	*homes*
el tratamiento de textos	*word processing*
los fabricantes	*manufacturers*
están ampliando	*they are expanding*
la gama de productos	*range of products*
los procesadores de textos	*word processors*
las terminales impresoras	*printers*
los adelantos	*advances*
la red telefónica	*telephone network*
la telefonía convencional	*conventional telephones*
la transmisión de datos	*data transmission*
pasando por	*taking in*

Responda en español

1   ¿Qué es la ofimática?

2   ¿Por qué permite aumentar la productividad?

3   ¿Cuál es la tendencia actual en lo que respecta a la labor administrativa?
4   ¿Cómo será la oficina del futuro?
5   ¿Cómo se llama el nuevo servicio de comunicaciones de empresas?

Unidad 20

1 *El transporte y las comunicaciones*

This text summarizes the main characteristics of transport and communications in Spain today.

Las características del suelo español representan un verdadero obstáculo para las comunicaciones. La red de transportes es deficiente y muy inferior a la de países como Alemania, Francia o Gran Bretaña. Tanto la red ferroviaria como la de carreteras tienen forma radial, con su centro en Madrid y sus extremos en las ciudades principales. Las comunicaciones transversales son escasas y, en general, los servicios son poco adecuados. A excepción del Talgo, un tren moderno y confortable que a mayor velocidad cubre las ciudades más importantes, los ferrocarriles españoles se caracterizan por su lentitud, ya que a menudo no existen comunicaciones directas entre un punto y otro. La Red Nacional de los Ferrocarriles Españoles (RENFE) está invirtiendo grandes sumas de dinero y haciendo grandes esfuerzos para modernizar su anticuado material rodante y crear un servicio rápido, cómodo y eficiente.

A los problemas anteriores hay que agregar el hecho de que las vías españolas no tienen el mismo ancho que las europeas. Esto dificulta las comunicaciones internacionales y es un obstáculo para el transporte de mercancías entre España y otros países europeos. Sólo el Talgo está acondicionado para adaptarse al ancho de las vías europeas, con lo cual no es necesario hacer transbordo al cruzar la frontera entre España y Francia.

En lo que respecta al transporte por carretera, también éste requiere de ampliación y modernización, particularmente en razón del considerable aumento del parque automovilístico. Las deficiencias de la red ferroviaria obligan a muchos españoles a utilizar el automóvil para trasladarse de un punto a otro del país.

El transporte aéreo, cubierto a nivel nacional e internacional principalmente por Iberia, contribuye en parte a paliar los problemas del transporte terrestre. Así, por ejemplo, Iberia une Madrid con Barcelona a través de un excelente puente aéreo que permite un considerable ahorro de tiempo.

el suelo	*soil, land*
verdadero	*real*
la red de transportes	*the transport network*
la red ferroviaria	*the railway network*
las comunicaciones transversales	*communications across the country*
escasas	*scarce*
la lentitud	*slowness*
está invirtiendo (invertir)	*it is investing*
el material rodante	*rolling stock*
el hecho	*fact*
está acondicionado	*it is equipped*
hacer transbordo	*to change (trains)*
la ampliación	*extension*
en razón de	*because of*
el parque automovilístico	*the number of cars (fleet, pool)*
trasladarse	*to move*
cubierto	*covered*
paliar	*to alleviate*
un puente aéreo	*a shuttle*
un ahorro de tiempo	*a saving of time*

Responda en inglés

1 What is the transport network like according to the text?
2 What are the characteristics of the Spanish railway and road network?
3 What is the Talgo?
4 What is RENFE doing?
5 What does the text say about the gauge in Spanish railways?
6 Do you have to change trains if you travel on the Talgo between Spain and France? Why?

7   What is the situation with regard to road transport?
8   What service does Iberia offer between Madrid and Barcelona?

2   *El turismo*

An official from the Spanish Secretaría de Estado para el Turismo (Spanish Tourist Board) talks to a foreign journalist about the importance of the tourist sector for the Spanish economy.

Periodista	¿Qué importancia tiene actualmente el sector turismo dentro de la economía española y a cuánto asciende el número de personas que entran en España anualmente?
Funcionario	Pues, en este momento el turismo representa una fuente de divisas muy importante para España y le ayuda a equilibrar su balanza de pagos. Y en cuanto al número de personas que entra anualmente, éste sobrepasa la población total del país. En los últimos años estamos alcanzando cifras de aproximadamente cincuenta millones.
Periodista	¿De qué países procede la mayor parte de los turistas?
Funcionario	La gran mayoría viene de las naciones de la Comunidad Europea, particularmente de Francia, Portugal, el Reino Unido y Alemania Federal, aunque ahora se aprecia un aumento importante de personas procedentes de países no europeos, como los Estados Unidos y Japón.
Periodista	¿Cuáles son los lugares de mayor concentración turística?
Funcionario	Bueno, la mayor parte del turismo se concentra a lo largo de la costa mediterránea y en los archipiélagos de Baleares y Canarias. En el interior, ciudades como Sevilla, Granada, Córdoba y Madrid, atraen también a muchos visitantes extranjeros.
Periodista	¿Cómo está organizada la red hotelera española?

Funcionario   En España existe una gran variedad de establecimientos hoteleros, con todas las comodidades necesarias para el turista o el hombre de negocios. Sus precios están controlados por la Secretaría de Estado para el Turismo que depende del Ministerio de Transportes, Turismo y Comunicaciones. Hay hoteles de diferentes categorías, hostales, pensiones y casas de huéspedes. Estos tres últimos tipos de servicios son normalmente administrados por familias y generalmente cuentan con un número limitado de habitaciones, casi siempre sin baño privado, tan sólo un lavabo y a veces una ducha. Ahora, para los viajeros más exigentes existe una red de paradores, que son establecimientos hoteleros estatales de alta categoría . . .

equilibrar	*to balance*
la balanza de pagos	*balance of payments*
sobrepasar	*to exceed*
proceder	*to come from*
atraer	*to attract*
los visitantes extranjeros	*foreign visitors*
la red hotelera	*hotel network*
las comodidades	*comfort*
el hostal	*small family run hotel*
la pensión	*boarding house*
la casa de huéspedes	*guest house*
tan sólo un lavabo	*only a washbasin*
la ducha	*shower*
exigentes	*demanding*
una red de paradores	*a network of 'paradors' (State hotels)*
estatales	*state (adjective)*
de alta categoría	*of high standing*

¿Verdadero o falso? *Correct the false statements*

1 El turismo contribuye al equilibrio de la balanza de pagos española.

2 El número de turistas que visita España excede el número de habitantes.

3 El turismo procedente de los Estados Unidos y Japón es superior en número al que viene de los países de la CEE.

4 Las ciudades del interior son las que atraen a la mayoría de los visitantes extranjeros.

5 Los hostales son hoteles de gran tamaño y alta categoría.

Unidad 21

1 *La nueva España*

This text looks at the transition towards democracy in Spain following the death of General Franco in 1975.

La muerte de Franco

En noviembre de 1975 murió el general Francisco Franco, llegado al poder tras una larga y sangrienta guerra civil que se inició en 1936 y terminó en 1939 con el triunfo de las fuerzas nacionales de derecha sobre las republicanas. Franco asumió el poder como jefe de Estado y gobernó el país dictatorialmente durante treinta y seis años. Con su muerte se inició un nuevo período en la historia de España.

El príncipe Juan Carlos

En el año 1969 las Cortes designaron al príncipe Don Juan Carlos, nieto del antiguo rey Alfonso XIII, como sucesor de Franco después de su muerte. Dos días después de morir Franco (20 de noviembre de 1975), Don Juan Carlos de Borbón y Borbón fue proclamado rey de España como Juan Carlos I.

La transición democrática

El nuevo rey adoptó una línea política independiente y democrática y España se transformó en una monarquía parlamentaria con la aceptación de la mayoría de los españoles.

Uno de los primeros actos del rey fue la concesión de una amnistía para ciertos presos políticos. Muchos exiliados volvieron a España después de muchos años de ausencia. La libertad de expresión y la eliminación de la censura permitieron la aparición de muchas nuevas publicaciones. Los partidos políticos fueron legalizados y en 1977 hubo elecciones democráticas por primera vez en cuarenta y un años. Un año después los españoles aprobaron en un referéndum la nueva Constitución.

La Constitución de 1978

La Constitución de 1978 recoge los principios fundamentales de los sistemas democráticos, entre ellos el de la soberanía popular y separación de poderes. En su Título preliminar se hace referencia al Estado y sus valores fundamentales (libertad, justicia, igualdad y pluralismo político), a la organización del Estado (monarquía democrática), a la unidad y diversidad de España, a la lengua oficial del Estado (el castellano) y a las otras lenguas españolas que serán oficiales en las comunidades autónomas con un idioma propio (el catalán en Cataluña, Comunidad Valenciana y Baleares, el gallego en Galicia y el vasco o vascuence en el País Vasco). El Título preliminar hace referencia, además, a las funciones y organización de los partidos políticos, los sindicatos de trabajadores y organizaciones patronales y al papel que tienen las fuerzas armadas.

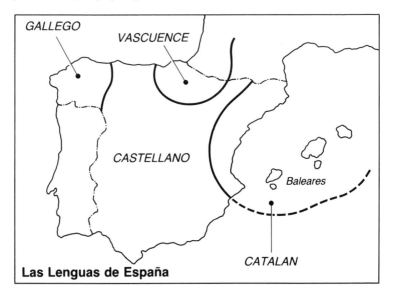

Las Lenguas de España

Los sindicatos

La libertad de los trabajadores para constituir sindicatos permitió el afianzamiento de las centrales sindicales, especialmente de las dos más importantes, la Unión General de Trabajadores (UGT), de tendencia socialista, y Comisiones Obreras (CCOO), de ideología comunista.

murió (morir)	*died*
el poder	*power*
sangrienta	*bloody*
la guerra civil	*civil war*
las fuerzas	*forces*
asumió el poder	*took power*
el jefe del Estado	*head of State*
las Cortes	*the Spanish Parliament*
el nieto	*grandson*
los presos políticos	*political prisoners*
la censura	*censorship*
los partidos políticos	*political parties*
recoge	*it incorporates*
los principios	*principles*
el título	*title*
los valores	*values*
las comunidades autónomas	*self-governing regions*
con un idioma propio	*with their own language*
los sindicatos de trabajadores	*trade unions*
las organizaciones patronales	*employers' associations*
las fuerzas armadas	*armed forces*
el afianzamiento	*strengthening*

Responda en inglés

1   When did General Franco take power?
2   How long did he rule the country?
3   When was Don Juan Carlos proclaimed king of Spain?
4   What political line did he adopt?
5   What was one of his first actions after he became king?

6   When did the first democratic elections take place?
7   Which are the official languages in the different regions, apart from Castilian?
8   Which are the two main trade unions and what are their political ideologies?

2   *El empleo*

This is an interview with a senior Spanish official about unemployment and the measures which are being taken to create new jobs.

Pregunta   Señor Vergara, en primer lugar quisiera preguntarle cuál es la situación en este momento en España en lo que se refiere a desempleo y cuáles son las perspectivas para el futuro.

Respuesta   Bueno, como todos sabemos, la recesión económica de los años setenta, debido al alza de los precios del petróleo, tuvo desastrosas consecuencias no sólo para España sino también para el resto del mundo. Directa o indirectamente, la mayoría de los países se vieron afectados por esta situación. Una de las consecuencias más graves de la crisis fue el aumento del desempleo. En el caso de España esto tuvo características particularmente graves y se registraron cifras de paro superiores al 20 por ciento de la población activa, uno de los porcentajes más altos en el contexto europeo.

   Actualmente se observa una reactivación del mercado del trabajo. Sin embargo, las cifras de paro continúan siendo elevadas, debido en parte a la incorporación masiva de la mujer al mundo del trabajo. En términos relativos, el nivel de desocupación es superior en las mujeres que en los hombres. Pero, sin duda, los principales afectados por esta situación son los jóvenes que buscan por primera vez una ocupación.

Pregunta   ¿Qué medidas se están tomando para crear nuevos puestos de trabajo?

Respuesta   Pues, éste es un problema que requiere varias soluciones. Una de ellas es conseguir la inserción laboral de los jóvenes dentro de las empresas, a través de programas de formación profesional o prácticas pagadas. También se trata de conseguir una mayor estabilidad en el empleo estimulando la contratación indefinida de jóvenes desempleados. Además, está la concesión de incentivos fiscales a las empresas para conseguir la creación de puestos de trabajo . . .

el desempleo	*unemployment*
el alza	*increase*
no sólo . . . sino también	*not only . . . but also*
verse afectado	*to be affected*
registrarse	*to be registered*
el paro	*unemployment*
la población activa	*working population*
la desocupación	*unemployment*
afectados	*affected*
los jóvenes	*the young*
las medidas	*measures*
crear	*to create*
los puestos de trabajo	*jobs*
la inserción laboral	*introduction to employment*
la formación profesional	*vocational training*
prácticas pagadas	*paid training schemes*
se trata de	*we are trying to*
la contratación	*hiring*

Responda en español

1   ¿Cuál fue una de las consecuencias más graves de la crisis de los años setenta?
2   ¿Por qué continúan siendo elevadas las cifras de paro?
3   ¿Quiénes son los más afectados por el paro?
4   ¿Cómo se espera integrar a los jóvenes en las empresas?
5   ¿Cómo se espera conseguir mayor estabilidad en el empleo?

Unidad 22

1 Los impuestos y la Seguridad Social

This text looks at tax, including value added tax, and the Social Security system in Spain today.

Los impuestos

El impuesto que paga cada individuo sobre sus ingresos brutos se conoce en España con el nombre de Impuesto General sobre la Renta de las Personas Físicas (IRPF).

Todos aquellos contribuyentes que tengan unos ingresos brutos superiores a cierta cantidad – que se incrementa cada cierto tiempo – tienen que presentar la declaración de la renta en los meses de mayo y junio de cada año. En el caso de una familia se tomarán en cuenta los ingresos de todos los miembros de la unidad familiar.

Existen distintos tipos de declaraciones de renta según la procedencia de los ingresos y su cantidad: declaración simplificada, declaración ordinaria y declaración de patrimonio. Básicamente, las personas que perciben ingresos más bajos – la gran mayoría de los asalariados, por ejemplo – hacen una declaración simplificada. Los otros dos tipos de declaraciones corresponden a personas con niveles de ingresos superiores.

El Impuesto sobre el Valor Añadido (IVA)

El IVA se comenzó a aplicar en España desde el momento de su adhesión a la Comunidad Económica Europea en enero de 1986. Este impuesto indirecto se aplica a las importaciones, a la prestación de servicios y a la compraventa de bienes. Las exportaciones, las prestaciones sanitarias y los servicios de educación no llevan IVA.

En España se aplican tres tipos de IVA: uno reducido, del 6 por ciento; uno incrementado, del 33 por ciento; otro general, del 12 por ciento. El primero se aplica a productos tales como alimentos, medicamentos, periódicos, revistas, libros y ciertos tipos de vivienda. El segundo a artículos de lujo, por ejemplo, coches, pieles, joyas. El tercero a todos los demás productos y servicios.

La Seguridad Social (SS)

En España la Seguridad Social se financia con las aportaciones de los empresarios y las cotizaciones de los trabajadores. El Estado español contribuye también a su financiación a través de subvenciones que cubren la cuarta parte de los gastos de la Seguridad Social. Las prestaciones que reciben los españoles por su contribución a la Seguridad Social son las siguientes:

* Pensiones: pensión de jubilación, pensión de invalidez, pensión de viudedad, pensión de orfandad y pensiones asistenciales para personas de escasos recursos, que no hayan cotizado, por ejemplo, a la Seguridad Social durante sus años de trabajo.
* Asistencia sanitaria, que cubre aproximadamente al 96 por ciento de los españoles a través del INSALUD. Subvenciona, además, el 60 por ciento de los medicamentos a los trabajadores y sus familias y el 100 por ciento a los pensionistas.
* Subsidios de incapacidad laboral transitoria, en caso de enfermedad o accidente, por ejemplo.
* Subsidio de invalidez provisional.
* Prestaciones por desempleo.

los impuestos	*taxes*
los ingresos brutos	*gross income*
el impuesto sobre la renta	*income tax*
los contribuyentes	*taxpayers*
cada cierto tiempo	*from time to time*

la declaración de la renta	*tax return*
tomar en cuenta	*to take into account*
la procedencia	*source*
percibir	*to receive*
los asalariados	*wage earners*
el Impuesto sobre el Valor Añadido (IVA)	*Value Added Tax (VAT)*
la prestación de servicios	*services*
la compraventa	*buying and selling*
las prestaciones sanitarias	*medical services*
los medicamentos	*medicines*
la vivienda	*housing*
los artículos de lujo	*luxury goods*
las pieles	*furs*
las joyas	*jewellery*
la Seguridad Social	*Social Security*
financiar	*to finance*
las aportaciones	*contributions*
las cotizaciones	*contributions*
las subvenciones	*subsidies*
cubrir	*to cover*
la pensión de jubilación	*retirement pension*
pensión de invalidez	*disability pension*
pensión de viudedad	*widow's pension*
pensión de orfandad	*orphan's allowance*
pensión asistencial	*supplementary benefit*
personas de escasos recursos	*people with very low income*
cotizar	*to contribute*
la asistencia sanitaria	*health care*
subvencionar	*to subsidise*
los pensionistas	*pensioners*
la enfermedad	*illness*
las prestaciones por desempleo	*unemployment benefit*

Responda en inglés

1   What is the IRPF?
2   What people can make a 'declaración simplificada'?
3   When was VAT introduced in Spain?

4 What sort of goods are subject to 33% VAT?
5 How is Spanish Social Security financed?
6 What types of pensions are paid by the Spanish Social Security?
7 What percentage of Spaniards receive health care under INSALUD?
8 To what extent are medicines subsidised?

2 *La legislación laboral*

A Spanish official discusses employment legislation with a group of trainee executives.

Pregunta	¿Cuál es la edad mínima que debe tener un trabajador para que pueda ser contratado por una empresa?
Respuesta	La edad mínima fijada por la ley es de 16 años. Salvo casos excepcionales y con el consentimiento de la autoridad correspondiente, ningún individuo menor de 16 años puede ser contratado. Ahora, en la práctica – como bien sabemos – nos encontramos con jóvenes menores que realizan actividades remuneradas, bien contratados por empresarios sin escrúpulos o bien trabajando en negocios familiares. La mayor explotación del menor se da en el sector de la hostelería y en el campo, especialmente en los meses de verano, debido al incremento del turismo y de las labores agrícolas. Pero este tipo de práctica es ilegal y debe ser sancionada.
Pregunta	¿Qué estipula la ley con respecto a la jornada laboral?
Respuesta	Pues, la ley establece una jornada laboral máxima de 40 horas semanales. Pero esto a menudo está sujeto a convenios entre trabajadores y empresarios, y de hecho en muchas empresas se trabaja menos de 40 horas por semana.
Pregunta	Y en cuanto a las vacaciones, ¿qué duración deberán tener?

Respuesta   Las vacaciones que fija la legislación laboral son de 30 días por año. En esto creo que el español está en una situación más ventajosa que muchos otros europeos. Una gran parte de los trabajadores en otros países de la Comunidad Económica Europea sólo tienen alrededor de 20 días de vacaciones retribuidas.

la edad mínima	*minimum age*
el trabajador	*worker*
fijada por la ley	*established by law*
salvo	*except*
en la práctica	*in practice*
bien . . . o bien	*either . . . or*
el negocio familiar	*family business*
el menor	*minor*
la hostelería	*hotel trade or business*
el campo	*countryside*
sancionada	*penalised*
la jornada laboral	*working week or day*
estár sujeto a	*to be subject to*
los convenios	*agreements*
las vacaciones retribuidas	*paid holidays*

Responda en español

1   ¿Cuál es la edad mínima para empezar a trabajar?
2   ¿En qué sectores hay mayor explotación de menores?
3   ¿En qué época del año hay mayor explotación de menores? ¿Por qué?
4   ¿Cuál es el máximo de horas que se pueden trabajar por semana, según la ley?
5   ¿Qué sucede en la práctica con respecto al número de horas que se trabaja?
6   ¿Cuántos días de vacaciones deben tener los trabajadores españoles, según la ley?

Unidad 23

La economía latinoamericana

(a) Dependencia económica

This text looks at the general economic situation in Spanish speaking Latin America, its main exports and its dependence on the United States and other industrialised nations for the provision of manufactured goods.

La economía de los países latinoamericanos está basada fundamentalmente en la exportación de materias primas a las naciones industrializadas, particularmente a los Estados Unidos y a Europa occidental.

En la América del Sur, los países de la zona atlántica dependen principalmente de la explotación de sus recursos agrícolas y de la ganadería. Argentina exporta trigo y carne; Uruguay, carne; Paraguay, algodón y soja.

En la zona andina, los principales productos de exportación corresponden a: gas natural y estaño en Bolivia; café en Colombia; cobre en Chile; petróleo crudo en Ecuador; cobre, plata y cinc en el Perú; petróleo crudo y derivados en Venezuela.

La economía de los países de América Central (Costa Rica, El Salvador, Guatemala, Honduras, Nicaragua y Panamá) y de las Antillas (Cuba y la República Dominicana) es de carácter agrícola fundamentalmente. Los principales productos de exportación en esta zona son: café, plátanos, algodón, azúcar y tabaco. La excepción es Puerto Rico que exporta esencialmente productos manufacturados.

La energía

México es un país rico en minerales y en recursos energéticos y al igual que Venezuela – el principal exportador de energía en América

Latina – logró un considerable progreso económico gracias al alza de los precios del petróleo en la década del setenta. Sin embargo, para los países importadores de energía – la mayoría en Latinoamérica – el alza de los precios del crudo tuvo desastrosas consecuencias económicas. Pero, la posterior baja de los precios en los años ochenta perjudicó también a México y Venezuela, que habían contraído grandes deudas con la banca internacional a cuenta de sus reservas de petróleo.

El desarrollo industrial

Algunos países, entre ellos la Argentina y México, han conseguido un cierto grado de desarrollo industrial. No obstante, las naciones latinoamericanas dependen casi exclusivamente de los Estados Unidos, de Europa occidental y de los países industrializados de Asia para la obtención de productos manufacturados.

las materias primas	*raw materials*
los recursos agrícolas	*agricultural resources*
la ganadería	*cattle raising*
el trigo	*wheat*
la carne	*meat*
el algodón	*cotton*
el estaño	*tin*
el cobre	*copper*
la plata	*silver*
los derivados	*by-products*
los plátanos	*bananas*
los productos manufacturados	*manufactured products*
el alza	*increase*
perjudicar	*to affect*
contraer una deuda	*to contract a debt*
la banca	*banking, bank*
a cuenta de	*on account of (ie relying upon)*
el desarrollo industrial	*industrial development*

Responda en inglés

1 What are Latin America's main exports?
2 What does Argentina export mainly?
3 What does Venezuela export mainly?
4 What is Central America's economy mainly based on?
5 What effect did the rise in oil prices have in Mexico and Venezuela?
6 What happened in these countries after oil prices came down?
7 Which countries provide Latin America with manufactured products?

(b) La importancia del café para los países en desarrollo

This passage looks at the importance of coffee for Latin America and other developing nations

El café es uno de los típicos cultivos producidos en los países en desarrollo y exportados al mundo civilizado. Ocupa el segundo puesto (tras el petróleo) dentro del comercio de materias primas realizado por países en desarrollo. Se encuentra por delante del cacao, el azúcar, el algodón y el cobre y, para muchas naciones en desarrollo constituye la base de la economía, jugando un papel primordial por su contribución a la entrada de divisas, a los ingresos del Estado y al empleo.

Desde el punto de vista de los ingresos por exportaciones, el café proporciona una gran parte de las divisas que los países necesitan para pagar sus importaciones y atender al servicio de su deuda.

Los ingresos procedentes de la exportación de café constituyen también la fuente principal del presupuesto del Estado, especialmente en Africa.

Y, por último, desde el punto de vista del empleo, el café es un cultivo ideal para los pequeños agricultores, ya que no necesita medios sofisticados para su recolección, almacenamiento o transporte. Más de la mitad de la producción mundial de café se produce en plantaciones de menos de 5 hectáreas, mientras que el número de personas que en América Latina, Asia y el Pacífico viven de su cultivo, supera los 20 millones.

Source: Fuente, *Boletín Económico de Información Comercial Española*, No. 2.122, Madrid.

los países en desarrollo	*developing countries*
por delante de	*ahead of*
desde el punto de vista	*from the point of view*
proporcionar	*to provide*
el servicio de su deuda	*servicing its (their) debt*
el presupuesto	*budget*
por último	*finally*
los pequeños agricultores	*small farmers*
la recolección	*harvest*
el almacenamiento	*storage*
superar	*to exceed*

Responda en inglés

1 Which is the main export of developing nations?
2 What place does coffee occupy among exports from developing countries?
3 In what way does income from coffee exports help these countries?
4 Why is coffee an ideal crop for small farmers, according to the text?

2 *Causas del subdesarrollo latinoamericano*

*A Latin American economist (***un economista***) talks about underdevelopment in the region.*

'Quiero analizar muy brevemente las principales causas del subdesarrollo latinoamericano. El subdesarrollo en nuestra región obedece a una serie de factores, algunos de índole interna, otros de índole externa. Entre los primeros está la falta de integración económica, que hace que los países de América Latina tengan que producir para un mercado muy reducido, lo que no permite abaratar los costos. De ahí que los productos fabricados en Latinoamérica resulten mucho más caros que los manufacturados en los Estados Unidos o Japón, por ejemplo, con mercados mucho más amplios para su producción. Y no se trata sólo de un problema demográfico, sino también del bajo poder adquisitivo de la mayoría de la población del subcontinente. La gran masa latinoamericana vive en condiciones tan precarias que no le permiten tener acceso a muchos de los bienes de consumo.

Otro factor, de carácter interno y externo a la vez, es el del proteccionismo. Los países latinoamericanos, al igual que las naciones desarrolladas, han mantenido tradicionalmente fuertes barreras proteccionistas que han dificultado y continúan obstaculizando los intercambios comerciales dentro y fuera de la región.

Las naciones industrializadas ejercen un fuerte control sobre los precios de las materias primas provenientes de América Latina y de otras regiones del mundo en desarrollo. Además, estos precios están sujetos a constantes fluctuaciones. Una baja en el precio del cobre chileno o del estaño boliviano, por ejemplo, puede significar cuantiosas pérdidas de divisas para esos países.

Las limitaciones del mercado latinoamericano y, en algunos casos, el proteccionismo estatal, sumado a la propia inestabilidad política del continente, ponen freno a la entrada de capitales extranjeros.

El desarrollo industrial latinoamericano ha sido lento e irregular y ha estado orientado hacia la sustitución de importaciones más bien que a la creación de una base industrial sólida. Sólo unos pocos países han logrado un grado medio de industrialización.

Esta falta de recursos económicos adquiere características más graves hoy en día a causa de la enorme deuda exterior latinoamericana. Los escasos recursos económicos de la región se destinan en gran parte al servicio de la deuda contraída con los países desarrollados, especialmente con los Estados Unidos . . .'.

Note: The word **costos** (*costs*) used in this text is common in Latin America. In Spain, **costes** is used instead.

subdesarrollo	*underdevelopment*
obedecer a	*to be due to*
índole	*kind, sort*
la falta	*lack*
abaratar	*to reduce (prices)*
de ahí que	*hence*
resulten más caros	*they are more expensive*
el poder adquisitivo	*purchasing power*
a la vez	*at the same time*
las barreras proteccionistas	*protectionist barriers*
los intercambios comerciales	*international trade*
ejercer control	*to exercise control*
provenientes de	*which come from*
el mundo en desarrollo	*the developing world*
cuantiosas pérdidas	*immense losses*
sumado a	*added to*
poner freno a	*to curb, limit*
más bien que	*rather than*
un grado medio de	*an average degree of*
contraer una deuda	*to contract a debt*

¿Verdadero o falso? *Correct the false statements*

1   Los productos manufacturados en América Latina son más baratos que los fabricados en los países industrializados.

2   El poder comprador de los latinoamericanos es muy reducido.

3   El proteccionismo limita los intercambios comerciales entre los países de la región.

4   Los precios de las materias primas de América Latina son fijados por los propios latinoamericanos.

5   Actualmente los recursos económicos de Latinoamérica se destinan principalmente a la industrialización.

Unidad 24

1 Presencia hispana en los Estados Unidos

This text looks at the Spanish American presence in the United States, the size of its population and its status within American society.

Los 3.125 kilómetros que separan México de los Estados Unidos son una triple frontera: entre dos países, entre dos culturas – la latina y la anglosajona – y entre el mundo desarrollado y el subdesarrollo. Atraídos por la posibilidad de ganar unos salarios que nunca podrían conseguir en sus países o huyendo de problemas políticos, miles de hispanoamericanos se lanzan día tras día a la aventura de ingresar ilegalmente en la *tierra prometida*.

De acuerdo con la Oficina del Censo, en Washington, a finales de siglo los hispanos serán la primera minoría del país, entre 30 y 35 millones, un 12 por ciento de la población. Son jóvenes – una media de 25 años frente a 32 del resto de la población – y sus mujeres son un 40 por ciento más fértiles que el resto.

La gran prensa norteamericana llama a los hispanos el 'gigante dormido'. Ya se afirma que su crecimiento es 'uno de los fenómenos más sorprendentes de la historia social de Estados Unidos'. En Miami, en Los Angeles (la segunda ciudad con más mexicanos después de México) o en Nueva York se puede nacer, vivir, hacer negocios y morir en español.

Los hispanos se distribuyen principalmente por el suroeste de Estados Unidos, especialmente en Tejas y California. En Los Angeles, por ejemplo, viven más de dos millones de mexicanos. Otros centros importantes de población de origen hispánico son Nueva York (principalmente puertorriqueños y dominicanos), Miami (en su mayoría cubanos) y Chicago.

El nivel de renta de la población hispana es un tercio menor que el de los otros norteamericanos, excluidos los negros, que ocupan el estrato más bajo. Generalmente, los hispanoamericanos ocupan los puestos de trabajo que los *anglos* desprecian. Son el subproletariado industrial, agrícola y de servicios.

Source: *El País* (adapted).

huyendo (huir)	*escaping (to escape)*
se lanzan a la aventura	*they embark upon the adventure*
día tras día	*day after day, every day*
ingresar	*to go into, enter*
la tierra prometida	*the promised land*
a finales de siglo	*at the end of the century*
una media	*an average*
la prensa	*press*
el gigante dormido	*the sleeping giant*
el crecimiento	*growth*
sorprendente	*surprising*
hacer negocios	*to do business*
morir	*to die*
el suroeste	*southwest*
puertorriqueño	*Puerto Rican*
dominicano	*Dominican (from República Dominicana)*
el nivel de renta	*income level*
un tercio	*a third*
el estrato	*stratum*
los anglos	*anglosaxons*
despreciar	*to despise*

Responda en inglés

1　Why do Spanish Americans come to the USA, according to the text?

2　What is the average age of Spanish Americans in the USA?

3　What term does the American press use to refer to people of Hispanic origin?

4   Which are the main settlements for people of Hispanic origin in the USA?

5   How does the income level of Spanish Americans compare with that of other American citizens?

2   *La economía mexicana*

In this interview, a Mexican economist discusses the economic future of his country.

Pregunta   ¿Cómo ve Vd. el futuro económico de México?

Respuesta   Yo veo con mucho optimismo las perspectivas económicas de nuestro país. Fundamentalmente, porque México dispone de importantes recursos naturales, entre ellos sus recursos energéticos, que nos permiten ser no sólo autosuficientes en lo que a petróleo se refiere, sino también contar con importantes excedentes para la exportación y aumentar así nuestros ingresos de divisas. En este sentido, creo yo, estamos en una situación de ventaja en comparación con la mayoría de los países latinoamericanos. Asimismo, contamos con grandes reservas minerales que nos permitirán reactivar una industria que durante mucho tiempo constituyó la base de nuestra economía. La industria siderúrgica – uno de los sectores claves de la economía mexicana – está consiguiendo altos niveles de producción.

Pregunta   A menudo se oye decir que México ha descuidado su agricultura y que si se adoptara una política coherente el país podría llegar a ser autosuficiente en alimentos. ¿Está Vd. de acuerdo con esto?

Respuesta   Sí, creo que en líneas generales no ha habido una política racional con respecto al campo. La producción agropecuaria mexicana sigue estando muy por debajo de los niveles deseados y nuestras exportaciones agrícolas son esporádicas e insuficientes. En mi opinión, uno de nuestros objetivos principales debería ser el aumento de la producción alimentaria, particularmente de los productos de consumo básico, lo que nos permitiría reducir los precios, con los consiguientes beneficios para la mayoría de los mexicanos.

Pregunta   ¿Qué importancia atribuye Vd. al turismo en el desarrollo económico mexicano?

Respuesta   Pues, México cuenta con bellezas naturales que si fueran explotadas racionalmente podrían ayudar a reducir el déficit de nuestra balanza de pagos. Lamentablemente, nuestra infraestructura turística es todavía deficiente. El país necesita hacer un esfuerzo mucho mayor y otorgar al sector turismo los presupuestos necesarios para que alcance su pleno desarrollo. Pese a los problemas existentes, los resultados de la actividad turística han sido muy positivos y las perspectivas futuras parecen alentadoras.

disponer de	to have
autosuficiente	self-sufficient
los excedentes	surplus
la ventaja	advantage
la industria siderúrgica	iron and steel industry
los sectores claves	key sectors
descuidar	to neglect
la producción agropecuaria	agricultural production
debajo	below
consiguiente	consequent
los beneficios	benefits
las bellezas naturales	natural beauties
lamentablemente	regrettably
otorgar	to grant
alcanzar	to reach
pleno	full
pese a	in spite of
alentadoras	encouraging

Responda en español

1 ¿Por qué dice el entrevistado que siente optimismo con respecto al futuro económico de México?

2 ¿Qué comparación hace entre México y otros países latinoamericanos?

3 ¿Qué deficiencias señala el entrevistado con respecto a la agricultura?

4 Según él, ¿cuál debería ser uno de los objetivos principales en el sector agrícola?

5 ¿Qué es necesario hacer para que el turismo se desarrolle plenamente?

---

el entrevistado	*someone who is being interviewed*

Key to the exercises

Unidad 1

Sección A

1 (*a*) la, (*b*) – , (*c*) la, (*d*) – .
2 *A* soy, está *B* está, está
A es *B* soy *A* soy, estoy, es
B está *C* estás.
3 (*a*) ésta (*b*) éste (*c*) éste
(*d*) ésta.
4 (*a*) ese (*b*) esa (*c*) esa
(*d*) ese.
5 Soy (*your name*). Soy representante de la Editorial Johnson de
Londres. ¿Está la señora García?/ Estoy en el Hotel San Carlos. Estoy en la habitación 20./
Este es el teléfono. Gracias/
Hasta luego.
6 (*a*) Encantado de conocerle.
(*b*) Bien gracias, ¿y tú? (*c*) Sí,
está en el despacho. (*d*) Encantado de conocerla. (*e*) No, yo
soy Miguel Arce. (*f*) No, soy el
jefe de ventas.

Sección B

1 (*a*) las ciudades (*b*) los
exportadores (*c*) los jefes
(*d*) los dólares (*e*) los países
(*f*) las importaciones.

2 (*a*) Mi compañía está en
Inglaterra. (*b*) Nuestros representantes son el señor Wilson y la
señora Smith. (*c*) Su secretaria es
la señorita Park. (*d*) Sus oficinas
están en Madrid. (*e*) Su jefe está
aquí. (*f*) Nuestro número de
teléfono es el 462 12 43.
3 (*a*) representamos (*b*) ven-
den (*c*) conoce (*d*) exporta
(*e*) conozco (*f*) trabajas.
4 (*a*) 1 de enero de 1978 (*b*) 2
de marzo de 1981 (*c*) 3 de junio
de 1985 (*d*) 15 de septiembre de
1987 (*e*) 20 de noviembre de 1988
(*f*) 31 de diciembre de 1989.
5 (*a*) Estimado señor (*or* Sr.)
Pérez (*b*) Estimada señorita (*or*
Srta.) Torres (*c*) Tengo mucho
gusto en presentar a nuestro representante (*d*) (Le saluda) atentamente.

Unidad 2

Sección A

1 *See model passage on Bilbao.*
2 Está en el nordeste de España./
Está en Cataluña./ Está a 621
kilómetros de Madrid./ Tiene
1 millón 700 mil habitantes./ Es el

principal centro industrial de Cataluña./ Entre las industrias más
importantes de Barcelona encontramos la industria textil, la industria de transformados metálicos, la
industria química, etc.
3 (*a*) Está a unos doce kilómetros de la ciudad. (*b*) Está en
dirección oeste. (*c*) Las comunicaciones son excelentes. (*d*) Sí,
hay un servicio regular de autobuses desde el centro de Bilbao
hasta el polígono. (*e*) Está a
sólo veinte kilómetros. (*f*) Sí,
hay una zona de aparcamiento gratuito para los empleados y los
clientes. (*g*) Sí, el Banco Bilbao-Vizcaya tiene una oficina allí.
(*h*) Sí, hay un restaurante y una
cafetería. (*i*) Tiene piscina y
campos de tenis.
4 está/es/tiene/hay/tiene/ hay
(*or* tiene)/es/está.
5 (*a*) piensa (*b*) encuentro
(*c*) viene (*d*) vuelve (*e*) quiere
(*f*) tienes (*g*) entienden (*h*)
empieza.

Sección B

1 Dear client, The management of the Hotel Reina Sofía is
pleased to announce the forthcoming opening of a new conference room with space for 300
people. Our modern, comfortable
installation is situated in our build-
ings at calle Buenaventura, 8. To
reserve it, please write to PO Box
22476 Bilbao, or phone 562 31 00.
We look forward to hearing from
you. Yours faithfully, Paloma
Campino Commercial Director
2 Estimado cliente: La gerencia
de Carlton Computers tiene el
agrado de informar a Vd. sobre la
apertura de una filial de la compañía en Madrid. Nuestras nuevas
oficinas están situadas en el Paseo
de la Castellana 145, 6°. Para pedir
información sobre nuestros productos y precios rogamos llamar al
teléfono (91) 237 82 91 o escribir al
Apartado de Correos 4006, Madrid
28046.
Atentamente.

Unidad 3

Sección A

1 *See model text for correction.*
2 Electrohogar es una fábrica
de artículos electrodomésticos que
se encuentra en Terrasa, en la
provincia de Barcelona. Es una
firma grande, que cuenta con una
plantilla de 400 empleados que
fabrican artículos tales como
refrigeradores, cocinas, estufas,
aspiradores, etc. El principal
mercado para los productos de
Electrohogar es España y los países
de la Comunidad Económica
Europea.

3 Trabajo para (*or* en) una compañía de seguros en Londres. La firma (*or* empresa) se llama (*name of the company*)./ Es una de las más grandes y (más) antiguas de Inglaterra./ Está en Londres pero hay filiales en muchos países. Es una compañía internacional./ En Londres hay una plantilla de casi dos mil personas./ Sí, la mayoría son ingleses, pero la compañía emplea mucha gente de otros países./ Sí, hablo francés y alemán./ Muchas gracias.

4 (*a*) dice (*b*) va (*c*) distribuyen (*d*) voy (*e*) digo (*f*) construye (*g*) cuenta con (*h*) incluye.

5 (*a*) se encuentra (*b*) se siente (*c*) se acuerda (*d*) se despierta (*e*) me marcho (*f*) se equivoca (*g*) modernizarse (*h*) se casan.

Sección B

1 Muy señores nuestros: Acusamos recibo de su carta de fecha 20 de junio en la que solicitan informes comerciales sobre la firma Johnson & Davidson.

Lamentamos informar a Vds. que no tenemos contactos comerciales con esa empresa y, por lo tanto, no podemos proporcionar la información que Vds. (nos) solicitan.

2 (*a*) suya (*b*) el mío (*c*) suyas (*d*) los nuestros (*e*) la mía (*f*) suyos.

Unidad 4

Sección A

1 Es una de las personas de mayor antigüedad en la empresa. Actualmente es directora de la compañía. Como es una empresa pequeña, su trabajo es muy variado. Organiza estudios de mercado . . . supervisa todo el proceso . . . También hace(n) estudios por su cuenta que luego vende(n) . . .

2 Me llamo Agustín Alvarez y soy el director general de INVEME S.A.. Como director general soy responsable del buen funcionamiento de la compañía, nombro a los altos directivos de la empresa, dirijo las reuniones periódicas de la junta directiva . . .

3 (*a*) Sí, trabajo (*or* No, no trabajo). (*b*) Soy (*your activity*) *or* Trabajo en (*your place of work*). (*c*) Se llama (*name of the company*). (*d*) Está en (*location*). (*e*) El director general es (*name of the managing director*). *Alternative answers:* (*a*) Sí, estudio. (*b*) Estudio (*say what you are studying*). (*c*) Estudio en (*name of school, college, etc.*). (*d*) Estudio español desde hace (*number of weeks/months/years*). *or* Hace (*period of time*) que estudio español.

4 (*a*) todos (*b*) todo (*c*) toda (*d*) algún/ninguno (*e*) alguna (*f*) algunos (*g*) otro (*h*) otra (*i*) otros.

5 (*a*) (no) me gusta el español

(*b*)   (no) me gusta mi trabajo
(*c*)   (no) me gusta viajar
(*d*)   (no) me gustan los deportes
(*e*)   (no) me gusta leer   (*f*) (no)
me gustan los idiomas.
6   (*a*) El profesor me parece
bueno.   (*b*) El español me parece
fácil.   (*c*) Los españoles me parecen simpáticos.   (*d*) El hotel me
parece malo.   (*e*) Las playas me
parecen buenas.   (*f*) El vino me
parece regular.

Sección B

1   Es secretaria . . . le gusta . . .
conoce . . .Por la mañana viene . . .
hace . . . atiende . . . recibe . . .
arregla . . . responde . . . traduce
. . . escribe . . . asiste . . . levanta
. . . sale . . . Al mediodía . . . toma
. . . vuelve . . . A veces almuerza . . .
regresa . . .
2   Me gusta mi trabajo. Es
interesante, el sueldo es bueno y
tengo cinco semanas de vacaciones
al (*or* por) año. Normalmente llego
a la oficina a las 9.00 y me marcho
(me voy) a las 5.00. Mi trabajo es
variado: escribo informes, recibo a
clientes de otros países, a veces
asisto a reuniones con la gerencia,
superviso el trabajo de otra gente,
selecciono al nuevo personal y de
vez en cuando viajo al extranjero.
3   (*a*) haces   (*b*) salgo   (*c*) al-
muerzas   (*d*) vengo   (*e*) vuelven
(*f*) empieza.

Unidad 5

Sección A

1   (*a*)   Quiere un coche económico y no demasiado grande.
(*b*)   Le recomienda el Lince M–2.
(*c*)   Es un coche muy bonito, de
tamaño mediano y consume poca
gasolina.   (*d*)   Prefiere comprarlo
al contado.   (*e*) Cuesta un millón
setecientas mil pesetas.   (*f*)   Le
hace un descuento del uno y medio
por ciento.   (*g*)   Tiene cinco
velocidades.   (*h*)   Tiene una
capacidad de 43 litros.   (*i*)   Pesa
710 kilos.   (*j*)   Mide 3.495 mm
de largo.
2   Es un coche muy bueno, es
cómodo (confortable) y no consume mucha gasolina./   No, es un
coche mediano. No me gustan los
coches grandes. ¿Tú tienes coche?/
Puedes comprarlo con facilidades./
Está en el aparcamiento (estaciona-
miento). ¿Quieres verlo?/   Vamos.
3   Forget your old typewriter.
The new electronic Espléndida – 30
uses the most advanced technology. It is simple to use, small,
light and elegant. You can use it
with batteries or connect it to the
mains, which allows you to use it
in the office, at home or on your
business trip. The Espléndida – 30
has an international keyboard,
which is silent, and quick and efficient to use. The Espléndida – 30
incorporates all the advances of
new technology: memory, correction capacity, interchangeable rib-

bons so that you may choose your own personal style ... and its price: there's nothing cheaper. For more information contact your nearest distributor.

4 (*a*) es (*b*) es (*c*) tiene (*d*) está (*e*) es (*f*) tiene.

5 C. me V. lo V. le C. lo V. lo/le V lo/lo.

Sección B

1 *Refer to model text.*

2 se hierve/se calienta/se tira/se pone/se vierte/se deja (*omit* lo).

3 (*a*) es fabricado (*b*) son importados (*c*) son exportados (*d*) son transportadas (*e*) es vendida (*f*) es recogida.

Unidad 6

Sección A

1 Muy señores nuestros: Nuestra firma está interesada en comprar muebles de oficina para nuestra nueva filial en Barcelona. Les rogamos que nos envíen un catálogo con los precios y mayores detalles sobre sus productos. Tengan la bondad, además, de decirnos cuáles son sus condiciones y si pueden efectuar entregas dentro de las próximas tres semanas. Quedamos a la espera de sus gratas noticias.
Atentamente,

2 (*a*) Ya están despachados. (*b*) Ya está terminado. (*c*) Ya están fotocopiados. (*d*) Ya está pagada. (*e*) Ya están corregidos. (*f*) Ya está cobrado.

Sección B

1 Buenos días. Yo soy (*your name and where you come from*) y quisiera arreglar una cita (ver a ...) con el gerente para el martes por la mañana si es posible./ Estoy libre de 4.00 a 6.00./ Muy bien, a las 4.00 entonces. Gracias./ Mi apellido es (*your surname*)./ (*spell your surname*)/¿Está la señora Miranda? Quisiera hablar con ella./ Sí, cómo no (desde luego). Adiós (hasta luego), gracias.

2 (*a*) Estoy escribiendo un informe. (*b*) Estoy leyendo unos documentos. (*c*) Estoy entrevistando a un candidato para el puesto de contable. (*d*) Estoy discutiendo un asunto con el jefe de marketing. (*e*) Estoy esperando una llamada de Nueva York. (*f*) Estoy respondiendo una carta de un cliente.

Unidad 7

Sección A

1 (*a*) Va a reunirse con el repre-

sentante de la compañía farmacéutica. (*b*) Tienen que revisar la guía de entrevista que van a usar. (*c*) Van a tardar un par de horas por lo menos. (*d*) Piensa hacer algunas compras y después se va a casa. (*e*) Va a comer con Miguel a las dos. (*f*) Van a ir a la sierra. (*g*) Va a quedarse en Madrid, porque tiene que preparar su viaje y, además, quiere ir a la peluquería. (*h*) El sábado por la noche va a ir a una fiesta.
2 (*a*) Voy a salir de Madrid el lunes 3 de febrero. (*b*) Primero voy a visitar Caracas. (*c*) Voy a quedarme en el Hotel Bolívar (*d*) Mi segunda visita va a ser a Santiago de Chile (*e*) Voy a estar allí cuatro días (*f*) Voy a quedarme en el Hotel Carrera (*g*) La última etapa va a ser Buenos Aires. (*h*) Voy a llegar el día 11. (*i*) Voy a regresar el día 16.
3 El sábado voy a pasar la mañana en la piscina. Por la tarde voy a hacer algunas compras. Tengo que comprar algunos regalos para mi esposa/esposo y mis hijos. Y por la noche voy a salir a cenar con unos amigos./ El domingo pienso descansar durante la mañana y por la tarde pienso alquilar un coche para visitar la ciudad. ¿Quieres venir conmigo?
4 (*a*) ¿Qué van a hacer Vds. esta noche? (*b*) ¿Vosotros vais a venir a la fiesta? (*c*) Nosotros vamos a pasar una semana en México. (*d*) María Inés va a quedarse en Madrid. (*e*) ¿En

qué hotel vas a quedarte tú? (*f*) Yo voy a comprar algunos regalos.

Sección B

1 (*a*) (Falso) Hay que pedir la confirmación. (*b*) (Falso) Teresa Robles tiene que llamar a Carmen Díaz a la agencia de viajes. (*c*) (Verdadero) (*d*) (Falso) Hay que reservar una habitación.
2 Hay un recado para ti de la señora Gloria Donoso que está en Madrid por tres días y tiene que hablar contigo. Está en el Hotel Reina Victoria, en la habitación 24. Tienes que llamarla entre las 9.30 y las 10.30 de la mañana. El número es el 421 76 93.
3 El técnico no puede venir hoy, porque (ya que) tiene que ir a otra compañía, pero va a reparar la fotocopiadora mañana por la mañana.
4 (*a*) por (*b*) para (*c*) para (*d*) por (*e*) por (*f*) para.

Unidad 8
Sección A

1 (*a*) Saldrá el lunes 3 de febrero. (*b*) Saldrá a las 10 de la mañana. (*c*) Tendrá que estar en el aeropuerto una hora y media antes. (*d*) Estará allí cuatro noches. (*e*) Se marchará el día 7 por la mañana. (*f*) Irá a Santiago de Chile. (*g*) Se reunirá con él a las 10 de la mañana en la oficina del representante.

2 Buenas tardes (Buenas noches), quisiera reservar una habitación./ La quiero para el 15 de octubre./ Me quedaré tres noches solamente. (Sólo me quedaré tres noches)./ Una habitación individual. Viajo solo./ Me llamo (*your name*). Se escribe (*spell your surname*)/ Viajo desde Londres y llegaré a eso de las 8.00 de la mañana. Gracias. Hasta luego (Adiós).

3 Sí, saldré de Londres el jueves 14 a las once de la noche, cambiaré de avión (haré transbordo) en Amsterdam y llegaré a Buenos Aires a eso de las 7.00 de la mañana del día siguiente./ Me quedaré en el Hotel El Libertador. La habitación ya está reservada. Esa misma mañana iré a la oficina en Buenos Aires y me reuniré con el director gerente de la compañía en Argentina./ Gracias, es mi primer viaje a Latinoamérica.

4 (*a*) de/a/de/de/en (*b*) de/a/al/ de/al (*c*) de/en/ en/en (*d*) para/para/en/a/de.

Sección B

1 Llegaré a Buenos Aires el martes 11 de Febrero a las 11.00 horas en el vuelo LAN 572.

2 (*a*) Viajo a Londres el sábado por la tarde. Llego a Heathrow en el vuelo 432 de Iberia. (*b*) Su reserva de dos habitaciones dobles en el Hotel Juárez de la Ciudad de México está confirmada. (*c*) Es imprescindible cancelar el viaje debido a problemas de salud.

3 Reunión con representantes Mason fijada (día) 17 marzo 10.30 sede compañía STOP A su disposición habitación Hotel Carlton STOP Ruego confirme fecha y hora llegada./ Atentamente.

Unidad 9

Sección A

1 (*a*) Lo he leído en la revista Actualidad Económica. (*b*) Es para el puesto de director de producto. (*c*) Exigen el título de ingeniero comercial. (*d*) El sueldo es sobre los tres millones cuatrocientas mil pesetas brutas al año. (*e*) El trabajo es en Valencia. (*f*) Es necesario saber inglés. (*g*) Exigen una experiencia mínima de tres años en un puesto similar.

2 *Follow model letter on page 106.*

3 (*a*) hemos establecido (*b*) ha contratado (*c*) han recibido (*d*) han llegado (*e*) han pagado (*f*) ha contenido.

Sección B

1 (*a*) El segundo apellido es Ríos. (*b*) Tiene 32 años. (*c*) Está soltero. (*d*) Es subdirector de producto. (*e*) Ha sido asistente en el departamento comercial de la Empresa Nacional de Productos para la Agricultura y jefe del departamento de marketing de Electrónica Hispana. (*f*) Ha estudiado en la Universidad Complutense de Madrid.
2 No está mal. Es jefa de ventas de Papelera Euskadi. Ha trabajado como vendedora en la Empresa Nacional de Productos Alimenticios y ha sido representante de Eurofármacos. Ha estudiado administración de empresas en la Universidad de Barcelona./ Sí, estoy de acuerdo. Parece una buena candidata.
3 (*a*) Sí, ya lo he leído. (*b*) Sí, ya lo he visto. (*c*) Sí, ya las he escrito. (*d*) Sí, ya la he abierto. (*e*) Sí, ya las he hecho. (*f*) Sí, ya los he puesto.
4 *Refer to application form on page 111.*

Unidad 10

Sección A

1 (*a*) La reunión tendrá lugar en la Calle de Las Camelias 55, el viernes 12 de mayo a las 18.00 horas. (*b*) La conferencia tendrá lugar en la Avenida Almagro 31, 4°, el lunes 3 del corriente a las 19.30 horas. (*c*) Las conversaciones tendrán lugar en la Plaza del Rey 12, el martes 17 del mes próximo a las 20.00 horas.
2 Estimado Sr. González: Acuso recibo de su (atenta) carta de (fecha) 15 de noviembre en la que anuncia la reunión (informa sobre . . .) que tendrá lugar en su oficina de la Ciudad de México el 10 de diciembre a las 11.00 de la mañana.
Tengo mucho gusto (Tengo mucho agrado) en informarle que asistiré a dicha (esta) reunión y que llegaré a la Ciudad de México el día 9 a las 19.00 horas. Ya he hecho una reserva en el Hotel Moctezuma.
Atentamente.

Sección B

1 (*a*) Ingresó en el año 1987. (*b*) Antes trabajó en Electrónica Hispana. (*c*) Fue jefe del departamento de marketing. (*d*) Porque hubo una reestructuración general dentro de la compañía y la filial de Zaragoza se cerró. (*e*) Los terminó en julio de 1978. (*f*) Sí, (dice que) lo habla con cierta facilidad. (*g*) Lo estudió en Inglaterra. (*h*) Habla algo de francés.
2 Me llamo (*your name*)./ *Your date of birth.*/ Nací en (*place of birth*)./ Estoy soltero(a)/ casado(a)./ Vivo en (*your address*)./ Es el (your telephone number).

3 (*a*) Los hice en (*name of school you attended*). Los terminé en el año (*year when you finished school*). (*b*) Los hice en (*university you attended, if appropriate*). Los terminé en (*year when you finished your university education*). (*c*) Lo obtuve en (*month and/or year when you got your first job*). (*d*) Trabajé en (*name of the place where you first worked*). (*e*) Ocupé el cargo de (*post*) or Fui (*position*). (*f*) Comencé a estudiar español en (*month and/or year*). (*g*) Lo entiendo (muy poco/bien/muy bien/bastante bien), lo escribo (con dificultad/bien/con facilidad/ perfectamente) y lo hablo (mal/muy mal/bien/bastante bien/ con dificultad/con cierta facilidad). (*h*) Hablo (*languages you speak*) or No, no hablo otros idiomas. (*i*) Lo(s) estudié en (*school/college/country, etc. where you studied it/them*).

4 (*a*) nació/hizo/realizó/ terminó/ ingresó/ estudió/ obtuvo/ consiguió/fue/se casó. (*b*) nací/ hice/realicé/ terminé/ingresé/estudié/ obtuve/conseguí/fui/me casé.

5 (*a*) estuvo (*b*) vino (*c*) hubo (*d*) dio (*e*) fuimos (*f*) estuvo (*g*) trajeron (*h*) me fui.

Unidad 11

Sección A

1 (*a*) Trabaja en relaciones públicas. (*b*) Lleva más de cuatro años en la empresa. (*c*) Antes trabajaba en una compañía de publicidad. (*d*) Porque era una empresa pequeña y allí no tenía mucho futuro. (*e*) Piensa que el ambiente es muy agradable.

2 (*a*) Se llamaba Publicidad Albufera Hnos. (*b*) El director gerente era Manuel Albufera Castro. (*c*) Había 60 empleados en la plantilla. (*d*) Yo estaba en relaciones públicas. (*e*) Ganaba dos millones de pesetas anuales. (*f*) Tenía cuatro semanas de vacaciones por año.

3 (*a*) Vivía en . . . (*b*) Trabajaba en . . . (*c*) Era . . . (*d*) Vivía cerca/lejos del trabajo (*e*) Sí, tenía coche./ No, no tenía coche. (*f*) Sí, iba al trabajo en el coche./ No, iba en autobús/ metro/tren/andando (*walking*). (*g*) Empezaba a las . . . y terminaba a las . . . (*h*) Tenía X semanas de vacaciones al año. (*i*) Las pasaba en . . . (*j*) Ganaba mucho/poco, or No ganaba mucho. (*k*) Estaba (muy) contento or No estaba contento or No me gustaba. (*l*) Era simpático/agradable/antipático (*unpleasant*)/desagradable (*unpleasant*).

4 (*a*) Llevo tres años aquí./ Hace tres años que estoy aquí./ Estoy aquí desde hace tres años. (*b*) Trabajo en Mexoil desde hace dos años./ Hace dos años que trabajo en Mexoil./ Llevo dos años en Mexoil. (*c*) Llevo seis meses aquí./ Estoy (vivo) aquí desde hace seis meses./ Hace seis

meses que estoy (vivo) aquí.
(*d*) Llevo (*period of time*) estudiándolo./ Hace (*period of time*) que estudio español./ Estudio español desde hace (*period of time*).
(*e*) ¿Cuánto tiempo lleva Vd. en esta ciudad?/ ¿Cuánto tiempo hace que está en esta ciudad?
(*f*) ¿Cuánto tiempo lleva Vd. trabajando en el extranjero?/ ¿Cuánto tiempo hace que trabaja Vd. en el extranjero?
5   (*a*)   Gracias, pero acabo de fumar.   (*b*)   Gracias, pero acabo de comer.   (*c*)   Gracias, pero acabo de tomar.   (*d*)   Gracias, pero acabo de cenar.   (*e*)   Gracias, pero acabo de desayunar.
(*f*)   Gracias, pero acabo de leerlo.

Sección B

1   *Follow the model letter on page 142.*
2   He pasado por tu despacho (oficina), pero me dijeron que estabas en una reunión. Tendré una fiesta en casa y espero verte allí con tu novio/novia. La fiesta será a las 8.00 de la noche.

Unidad 12
Sección A

1   (*a*)   ¿Puede decirme dónde está el Banco de España, por favor?   (*b*)   ¿Puede decirme dónde está la cámara de comercio,

por favor?   (*c*)   ¿Puede decirme dónde está la estación, por favor?
(*d*)   ¿Puede decirme dónde está la oficina de turismo, por favor?
(*e*)   ¿Puede decirme dónde está el Hotel Don Carlos, por favor?
(*f*)   ¿Puede decirme dónde está la gasolinera (la estación de servicio) más próxima, por favor?
2   *Possible replies:* (*a*)   Siga Vd. hasta el final (fondo). Los productos cárnicos están en los pabellones nueve y diez, a la derecha.
(*b*)   Continúe Vd. hasta el final (fondo). Los productos de dulcería están en los pabellones siete y ocho, a la izquierda.   (*c*)   El stand de las conservas es el número cuatro, entre Vd. por el pabellón número cinco, que es el de los productos de gran consumo. El de las conservas está detrás a la izquierda.   (*d*)   La sección de vinos está aquí a la derecha.
(*e*)   El pabellón de las autonomías está aquí a la izquierda, al lado de los pabellones extranjeros.
(*f*)   Los pabellones extranjeros están a la izquierda, al lado del pabellón de las autonomías.
3   *See list of words and phrases on page 157.*
4   No utilices . . . deposita . . . descuelga . . . marca . . . espera . . . compón . . . con el que desees comunicar . . .

Sección B

1   Regarding visit of our representative on the 18th we regret to inform you that it will be impossible for him to travel due to a labour dispute. We propose postpone to the 30th of this month. Please confirm immediately if it is acceptable. Cancel hotel reservation./ Please dispatch order AX 5/42176/BD today. We need the goods urgently./ Regarding your consultation about the purchase of Mason Ltd. shares, we advise to proceed without delay. The report we've had has been highly positive.

2 Referente al viaje de nuestro representante el día 18, lamentamos informarles que le es imposible viajar debido a problemas laborales. Proponemos el día 30 del corriente. Les rogamos confirmar inmediatamente de ser aceptable. Tengan la bondad de cancelar la reserva de hotel./ Por favor despache hoy el pedido Nº AX 5/42176/BD, ya que necesitamos las mercancías urgentemente./ Referente a su consulta sobre la compra de acciones de Mason Ltd., les aconsejamos proceder sin demora ya que el informe que hemos recibido es altamente positivo.

3 Recibido télex (acuso recibo telex) viaje representante. Nueva fecha propuesta aceptable. Reserva hotel cambiada día 30. Ruego confirme aeropuerto y hora llegada.

4 Por favor envíe informe sobre Ineléctrica S.A. inmediatamente. La junta directiva quiere considerar la inversión en la compañía en la próxima reunión.

Unidad 13

Sección A

1 (*a*) Pidieron 10 mesas. (*b*) Cada mesa vale 28.000 pesetas. (*c*) Pidieron 14 sillones de dirección. (*d*) Cada sillón cuesta 19.600 pesetas. (*e*) Las mesas de reunión valen (cuestan) 45.000 pesetas (*f*) Deberán entregarse en la Calle Central, 14 del Polígono Industrial Dos Caminos.

2 (*a*) La fábrica hace un descuento del 12 por ciento por compras al por mayor. (*b*) Hacen un descuento adicional del 2 por ciento si el pago se efectúa en el plazo de 30 días después de despachado el pedido. (*c*) Aceptan cheques o letras bancarias. (*d*) Normalmente tardan unos dos o tres días.

3 Buenas tardes. Le llamo de González y Cía (compañía). Necesitamos material de oficina y quisiera saber si Vds. hacen descuentos especiales por compras al por mayor./ ¿Hay algún descuento especial si el pago se hace (se efectúa) inmediatamente después de recibir (de recibidas) las mercancías?/ Necesitamos este material urgentemente y queremos que despachen el pedido en cuanto (tan pronto como) lo reciban. ¿Es posible?/ Queremos . . . (*see list of items required*)./ Queremos cien carpetas. ¿Tienen suficientes?/ En ese caso les enviaremos el pedido hoy y esperamos que las mercan-

cían lleguen antes del viernes./
Gracias. Hasta luego.
4 (*a*) traigan (*b*) despachen (*c*) tengan (*d*) consigamos (*e*) pagues (*f*) llame, pregunte.
5 (*a*) voy (*b*) se vayan (*c*) terminemos (*d*) vuelva (*e*) es (*f*) termina.

Sección B

1 (*a*) They are on retail purchases. (*b*) 12% discount on wholesale purchases plus an additional 2% discount if payment is made within 30 days of delivery. (*c*) Their normal terms are cash payment or bill of exchange against pro forma invoice. Under special circumstances they may accept drafts at 60 or 90 days sight. (*d*) Because there is heavy demand at the moment.
2 Dear sirs, I should like to thank you for your catalogue and price list which I received on the 10th of this month, and I should like to order the following goods: 20 transistor radios AV – 341, 25 alarm clocks CX – 729, 15 man's watches DA – 402, 15 lady's watches DA – 408. As we need these goods very urgently, I should be grateful if you could deliver them before the 30th October. Payment will be in cash, on receipt of an invoice in duplicate.
3 Acusamos recibo de/ adjuntar nuestra nueva lista de precios/ al contado/ aceptamos letras a 30 o 60 días/ Los pagos al contado/ descuento.

Unidad 14
Sección A

1 (*a*) En Valencia exactamente, no, pero había estado de vacaciones en Gandía con su familia. (*b*) Las quiere para fines de octubre a más tardar para que puedan incluir los nuevos modelos en las ventas de Navidad. (*c*) Están exportando a varios países de la Comunidad Europea. (*d*) Sí, está de acuerdo. (*e*) Había propuesto una letra de cambio a 90 días.
2 (*a*) Ha habido una huelga en la fábrica y de momento no tenemos suficientes existencias. Si la compañía está dispuesta a esperar podemos efectuar la entrega a fines de mayo a más tardar. Espero que esto sea aceptable. (*b*) Nuestros productos han tenido mucho éxito en Latinoamérica y ahora estamos exportando a varios países, entre ellos México, Argentina y Chile. (*c*) Nuestra compañía normalmente entrega CIF. (*d*) El pago puede hacerse a través de una letra de cambio a 90 días.
3 (*a*) podamos (*b*) esté (*c*) podemos (*d*) analicemos (*e*) aceptan (*f*) termine.
4 (*a*) había escrito, habían

contestado (*b*) había puesto (*c*) no había abierto (*d*) habían descubierto (*e*) había hecho (*f*) había asistido.

Sección B

1 (*a*) Uno de sus principales propósitos es hallar un mercado para sus productos en el extranjero. (*b*) Tratan directamente con el comprador. (*c*) El mantener una presencia constante en el exterior puede resultar difícil y costoso, si no imposible. (*d*) Su propósito es lograr una mayor especialización productiva y conseguir una proyección internacional mediante servicios comerciales comunes. (*e*) Unidad de criterios, complementaridad, voluntad de modernización.

2 objetivos/canales/productos/ exportaciones/agentes/ exporta – dores/representantes.

3 el extranjero – el exterior/a través de – mediante/constituir – formar/lograr – conseguir/ resultar – ser/actuar – operar.

4 la importación, el importador; vender, el vendedor; comprar, la compra; representar, el representante; la producción, el productor; consumir, el consumo.

5 (*a*) cuyo (*b*) cuya (*c*) cuyos (*d*) cuya.

6 (*a*) Crear nuevos empleos . . . (*b*) Reactivar la economía . . . (*c*) Modernizar el transporte . . . (*d*) Construir nuevas carreteras . .

(*e*) Aumentar las exportaciones . . . (*f*) Reducir el paro . . .

Unidad 15

Sección A

1 ¿Podría hablar con el Sr. Maleza, por favor?/ Soy (*your name*) de (*your company*) y le llamo por (sobre, acerca de) el pedido que habíamos hecho. Vd. me prometió que enviaría las mercancías a fines de mes a más tardar y todavía no han llegado./ Siento mucho lo que ocurrió (sucedió) pero no podemos esperar más. Necesitamos las mercancías antes de que empiecen las rebajas de invierno. ¿Podría despachar al menos la mitad de las mercancías ahora y el resto más tarde? De lo contrario tendríamos que comprar en otra parte. No esperaba que esto ocurriera./ Está bien. Gracias señor Maleza y hasta luego.

2 Buenas días./ No, no he dormido bien. Quisiera quejarme de la habitación que Vd. me ha dado. Es demasiado ruidosa y anoche no dormí nada. Además, el agua del baño estaba fría y no había suficientes mantas en mi cama. No esperaba que esto ocurriese en un hotel de 4 estrellas./ Quiero que me dé otra habitación, una en la parte de atrás si es posible./ Está bien. Tomaré la otra habitación. Espero que ésta sea mejor que la otra.

3   1(*c*), 2(*e*), 3(*b*), 4(*f*), 5(*a*), 6(*d*).
4   (*a*) podría   (*b*) sería
(*c*) hubiese   (*d*) respondiese
(*e*) llevara   (*f*) fuese.
5   (*a*) tomase   (*b*) cambiaría   (*c*) terminase
(*d*) llame   (*e*) gustaría
(*f*) renunciase.

Sección B

1   Muy señores nuestros:
Lamentamos tener que informarles que Vds. sólo han despachado 35 de los 50 diccionarios SOPESA que solicitamos en nuestro pedido Nº 531794 de fecha 17 de julio. Les rogamos que nos envíen el resto de los diccionarios a la mayor brevedad.   Atentamente.
2   Distinguida señora:
Hace unos días he regresado de un viaje por Latinoamérica y al llegar al aeropuerto de Barajas he podido comprobar que mi maleta se había perdido. El personal de la línea aérea prometió buscarla, pero después de una semana y luego de hacer varias llamadas telefónicas, ésta aún no ha aparecido.
Le agradecería que hiciese lo posible por solucionar este problema, para lo cual incluyo a continuación mi nombre, dirección y datos relativos al vuelo en que he viajado . . .
3   Estimado Sr. Lazcano:
Acuso recibo de su atenta carta de fecha 11 de septiembre y le ruego que acepte Vd. mis disculpas por

no haberle respondido antes. He estado ausente de mi oficina por enfermedad durante dos semanas y sólo hoy he tenido ocasión de leer su carta . . .

Unidad 16

Sección A

1   Bank documents   The documents which the exporter must hand in to the bank vary according to the form of payment that has been established. The most frequent documents requested by the buyer and handed in by the exporter to the bank are the following:
  * Commercial invoice (which may have to be legalised or endorsed by the Consul).
  * Bill of lading (for maritime transport). Consignment note (road, river or air transport).
  * Insurance policy.
  * Certificates of origin, quality and/or weight, and disinfection certificate.

2   Dear Sirs,   We would be grateful if you could give us a quotation for insuring against all risks a shipment of eight cases of leather goods with an invoice value of 36.000 (thirty six thousand dollars).   The goods will be sent from Buenos Aires to New York by USS Reina del Plata of the Compañía Atlántica.   We would

appreciate an early reply. Yours sincerely,
3 (*a*) No creo que haya llegado. (*b*) Espero que la hayan respondido. (*c*) Dudo que la hayan enviado. (*d*) Me alegro que las hayan asegurado.
(*e*) Nos alegramos que los haya firmado. (*f*) Siento mucho que se haya perdido.
4 (*a*) 4 (*b*) 6 (*c*) no (*d*) 1 (*e*) 2 (*f*) no.
5 (*Various answers*) *a*) Tengo una empresa. Está asegurada contra robos, incendios, inundaciones, etc. (*b*) Mi casa/piso/apartamento está asegurado(a). Tanto el edificio como el contenido están asegurados. Cubre daños ocasionados por . . . , daños que perjudiquen otros bienes o personas . . . robos, etc. (*c*) Mi coche está asegurado. El seguro es obligatorio. Cubre accidentes y daños causados al vehículo, al conductor, a los ocupantes, a otros vehículos, etc. (*d*) Sí, tengo un seguro de vida.

Sección B

1 Accounts in foreign currency. Demand or time deposits, denominated in any currency officially quoted on the Spanish foreign exchange market. The balances of these accounts may be freely transferred abroad if you wish. And we pay the highest interest in the market, with the additional incentive that such interest is not liable for tax. Accounts in convertible pesetas may be demand, savings or time deposits. Balances may be converted into any other currency quoted on the Spanish market. As above, these accounts are not liable for tax and offer a high return.
2 Buenas tardes./ Quisiera abrir una cuenta corriente en España./ No, no soy residente, pero vengo aquí a menudo por negocios y de vacaciones. Ahora estoy comprando un apartamento, de manera que sería conveniente para mí tener una cuenta para pagar algunos de mis gastos. Ya tengo una en (libras esterlinas, dólares, etc.) pero me gustaría tener una en pesetas, si es posible./ ¿El banco puede pagar mis recibos de luz, agua y teléfono, por ejemplo? Me convendría mucho más (Sería mucho más conveniente para mí) si el banco pudiese pagarlos directamente./ Bien. Me gustaría (Quisiera) abrir una cuenta ahora si es posible. ¿Puedo abrirla con cincuenta mil pesetas?/ Aquí tiene Vd. (Tenga).
3 (*a*) La tiene en el Banco Hispanoamericano. (*b*) En la sucursal de Paseo de Gracia en Barcelona. (*c*) Es el 124053. (*d*) Ingresó 45.000 pesetas. (*e*) No, lo ingresó en billetes y metálico. (*f*) El 3 de mayo de 1989.
4 (*a*) Sí, tengo cuenta corriente./ No tengo cuenta corriente. (*b*) La tengo en el (*name of bank*), en la sucursal de (*branch*). (*c*) Es el (*number*). (*d*) Sí, tengo cuenta de ahorro./

No tengo cuenta de ahorro.
(*e*)   Me paga el (ocho por ciento).
5   (*a*)   Si yo hubiese tenido dinero, habría (hubiera) comprado aquel apartamento.   (*b*)   Si (nosotros) hubiésemos tenido vacaciones, habríamos (hubiéramos) ido a España.   (*c*)   Si ella hubiese continuado en la empresa, habría (hubiera) llegado a ser directora.   (*d*)   Si Vd. hubiese llamado antes, la habría (hubiera) encontrado aquí.   (*e*)   Si tú hubieses solicitado ese trabajo, lo habrías (hubieras) conseguido.   (*f*)   Si él hubiese pedido un aumento de sueldo, el jefe habría (hubiera) aceptado.

Background section

Unidad 17

España

1   Russia and France.
2   Peninsular Spain, the Canary Islands, the Balearic Islands and the cities of Ceuta and Melilla in North Africa.
3   It is a plateau and it occupies most of central Spain.
4   It is divided in two by a chain of mountains.

5   It is generally dry.
6   In Cantabria and Galicia it is wet, along the Mediterranean coast it is generally temperate, and in the interior there are extreme temperatures: winters are very cold and summers are very hot.
7   Madrid, Catalonia, Andalusia and the Community of Valencia.
8   In general, population is far more concentrated on the coast than in the interior.

La economía española (1)

1   Desde el 1 de enero de 1986.
2   El gran desequilibrio económico que existe entre las distintas regiones.
3   Madrid.
4   El País Vasco y Cataluña.
5   Galicia, Extremadura y parte de Andalucía.

Unidad 18

La economía española (2)

1   Agriculture is characterised by its low productivity in comparison with the European average, and there is an excessive concentration in certain products such as olives, grapes and citrus fruits.

2   Land is not well distributed, being sparcely scattered in the North, and excessively concentrated in the South.

3   Spain has a long fishing tradition and her fleet is one of the largest in the world.

4   Spain will have to reduce the volume of fishing in the territorial waters of other Community countries and will also need to reduce gradually her fishing fleet.

5   Spain has large mineral resources which are the basis of an important mining industry.

6   Mineral deposits are situated mainly around the edges of the Meseta.

7   Spain is not rich in energy resources and must import most of the oil she needs.

8   The use of alternative energy is being promoted in order to reduce oil consumption and improve her balance of payments.

La mujer española en el trabajo

1   Falso. La mujer encuentra más obstáculos que el hombre para acceder a puestos superiores.

2   Verdadero.

3   Falso. Las mujeres trabajan fundamentalmente en empresas pequeñas.

4   Falso. El comercio y los

servicios emplean un gran número de mujeres.

5   Verdadero.

Unidad 19

El comercio

1   Retail trade takes place mainly in small shops.

2   Large supermarket chains are beginning to offer products at more competitive prices and some foreign companies, particularly French, are beginning to invest in the Spanish food sector, offering a better and more varied line of products.

3   Mainly in department stores.

4   There has been an increase in the number of department stores.

5   Trading in capital goods is normally carried out without the participation of middlemen and there is usually some form of credit or financing involved.

6   There has been an increase in the export of manufactured products.

7   Spain exports mainly to the EEC and the USA, which are also the main suppliers of imported goods.

Nuevas tecnologías

1   La ofimática es la oficina

automatizada o integrada.

2   Por que facilita una mayor y mejor información en el menor tiempo y con procedimientos cada vez más sencillos.

3   La tendencia es hacia una automatización cada vez mayor de la labor administrativa.

4   Será una oficina donde puedan realizarse todos o casi todos los procesos de trabajo.

5   Se llama Ibercom.

Unidad 20

El transporte y las comunicaciones

1   It is deficient and of a much lower quality than that of countries such as Germany, France or Great Britain.

2   They radiate out, with Madrid at the centre and the main cities at the extremes.

3   It is a modern, comfortable and faster train which links the most important Spanish cities.

4   RENFE is investing large sums of money in modernising its old rolling stock and creating a faster, comfortable and efficient service.

5   The gauge in Spanish railways differs in width from that of other European countries.

6   No, because the Talgo can adapt itself to the width of European railway lines.

7   This also requires expansion and modernisation, particularly due to the increase in the number of cars.

8   Iberia has an air shuttle service between Madrid and Barcelona.

El turismo

1   Verdadero.

2   Verdadero.

3   Falso. El turismo procedente de los países de la CEE es superior en número al de Estados Unidos y Japón.

4   Falso. La costa mediterránea es la que atre a la mayoría de los visitantes extranjeros.

5   Falso. Los hostales son pequeños establecimientos, normalmente administrados por familias.

Unidad 21

La nueva España

1   At the end of the Civil War, in 1939.

2   He ruled the country for 36 years.

3   After Franco's death, in November 1975.

4   He adopted an independent and democratic political line.

5   He granted an amnesty for certain political prisoners.

6   In 1977.

7   Catalan in Catalonia, Valencia and the Balearic Islands; Galician (**gallego**) in Galicia; and Basque (**vasco** o **vascuence**) in the Basque Country.

8   The Unión General de Trabajadores (UGT), which adheres to a socialist ideology, and Comisiones Obreras (CCOO), which follows a communist line.

El empleo

1   El aumento del desempleo.

2   Debido en parte a la incorporación masiva de la mujer al mundo del trabajo.

3   Los jóvenes que buscan por primera vez una ocupación.

4   A través de programas de formación profesional o prácticas pagadas.

5   Estimulando la contratación indefinida de jóvenes desempleados.

Unidad 22

Los impuestos y la Seguridad Social

1   The IRPF is the Spanish income tax.

2   Generally, wage earners and people with a lower income can make a "declaración simplificada".

3   When Spain joined the EEC.

4   Luxury goods such as cars, furs, jewellery.

5   Through contributions paid in by the employers, by the workers and by the Spanish government which covers a quarter of the Social Security expenses.

6   Retirement pensions, invalid pensions, widow's pensions, orphan's allowances and special pensions for people with a very low income, who may not have contributed to the Social Security during their working life.

7   96% of Spaniards are covered by INSALUD.

8   In the case of workers, medicines are subsidized by 60%, whilst pensioners enjoy a 100% subsidy.

La legislación laboral

1   La edad mínima para empezar a trabajar es 16 años.

2   Hay más explotación de menores en la hostelería y en el campo.

3   En el verano debido al incremento del turismo y de las labores agrícolas.

4   40 horas.

5   En muchas empresas se trabaja menos de 40 horas por semana, ya que esto está sujeto a convenios entre trabajadores y empresarios.

6 La ley establece 30 días de vacaciones por año.

Unidad 23

La economía latinoamericana

(a) Dependencia económica

1 Latin America's main exports are raw materials.
2 Argentina exports mainly wheat and meat.
3 Venezuela exports mainly crude oil and its by-products.
4 Central America's economy is based mainly on agriculture.
5 Mexico and Venezuela achieved considerable economic progress due to the rise in oil prices.
6 The fall in oil prices caused problems in Mexico and Venezuela, particularly as their foreign debt had been allowed to increase on account of their oil reserves.

(b) La importancia del café para los países en desarrollo

1 The main export is oil.
2 Coffee is the second most exported product.
3 It provides a large part of the foreign exchange which they need to pay for their imports and to pay

their debt. The income from coffee exports is also the main source for the state budget, particularly in Africa.
4 Because it does not require sophisticated means for harvesting, storage and transportation.

El subdesarrollo latinoamericano

1 Falso. Los productos manufacturados en América Latina son más caros que los fabricados en los países industrializados.
2 Verdadero.
3 Verdadero.
4 Falso. Los precios de las materias primas son fijados por las naciones industrializadas.
5 Falso. Sus recursos económicos se destinan principalmente al servicio de su deuda externa.

Unidad 24

Presencia hispana en los Estados Unidos

1 They come in search of salaries which they could never earn in their own countries, or escaping from political problems.
2 The average age is 25.
3 The 'sleeping giant'.

4 Texas, California, New York, Miami and Chicago.

5 Their income level is a third lower than that of other Americans, excluding blacks.

La economía mexicana

1 Porque México dispone de importantes recursos naturales.

2 Dice que México está en una situación ventajosa con respecto a la mayoría de los países latinoamericanos, porque dispone de recursos energéticos.

3 No ha habido una política racional con respecto al campo y la producción agropecuaria mexicana sigue estando muy por debajo de los niveles deseados. Las exportaciones agrícolas son esporádicas e insuficientes.

4 Uno de los objetivos principales en el sector agrícola debería ser el aumento de la producción alimentaria, particularmente de los productos de consumo básico.

5 Es necesario hacer un esfuerzo mucho mayor y otorgar al sector turismo los presupuestos necesarios para que alcance su pleno desarrollo.

Appendix 1

Los números

0	cero	7	siete	14	catorce
1	uno	8	ocho	15	quince
2	dos	9	nueve	16	dieciséis
3	tres	10	diez	17	diecisiete
4	cuatro	11	once	18	dieciocho
5	cinco	12	doce	19	diecinueve
6	seis	13	trece	20	veinte

Uno becomes **un** before a masculine noun, and before a feminine noun **una**: **un** dólar (*one dollar*), **una** libra (*one pound*).

21	veintiuno	26	veintiséis
22	veintidós	27	veintisiete
23	veintitrés	28	veintiocho
24	veinticuatro	29	veintinueve
25	veinticinco	30	treinta

31	treinta y uno	36	treinta y seis
32	treinta y dos	37	treinta y siete
33	treinta y tres	38	treinta y ocho
34	treinta y cuatro	39	treinta y nueve
35	treinta y cinco	40	cuarenta

All numbers finishing in **uno**, e.g. **veintiuno**, **treinta y uno**, change as **uno** above:

el día – veintiún días   la semana – veintiuna semanas.

41	cuarenta y uno	43	cuarenta y tres
42	cuarenta y dos	44	cuarenta y cuatro

50	cincuenta	100	cien
51	cincuenta y uno	101	ciento uno
52	cincuenta y dos	102	ciento dos
60	sesenta	200	doscientos
70	setenta	201	doscientos uno
80	ochenta	202	doscientos dos
90	noventa		
		300	trescientos

Numbers which finish in **-cientos**, e.g. **doscientos, trescientos**, must change according to the gender of the noun which follows:

el dólar – doscientos dólares   la peseta – doscientas pesetas.

Note that **cien** (*one hundred*) does not change:

cien dólares   *one hundred dollars*   cien pesetas   *one hundred pesetas.*

400	cuatrocientos	1000	mil
500	quinientos	1001	mil uno
600	seiscientos	1500	mil quinientos
700	setecientos	2000	dos mil
800	ochocientos	1.000.000	un millón
900	novecientos	2.000.000	dos millones

Note that **millón** forms the plural by adding **-es** and losing the accent. After **millón** or **millones** we must use the preposition **de**. Compare these phrases:

Mil personas.	*One thousand people*
Dos mil personas.	*Two thousand people*
Un millón de personas.	*One million people.*
Dos millones de personas.	*Two million people.*

Look at the way dates are read in Spanish:

1985	mil novecientos ochenta y cinco.
1990	mil novecientos noventa.

Los números ordinales (*Ordinal numbers*)

primero	*first*	sexto	*sixth*
segundo	*second*	séptimo	*seventh*
tercero	*third*	octavo	*eighth*
cuarto	*fourth*	noveno	*nineth*
quinto	*fifth*	décimo	*tenth*

Ordinal numbers have masculine and feminine forms.

El segundo año.	*The second year.*
La segunda semana.	*The second week.*

Primero and **tercero** drop the **-o** before a masculine noun.

El primer piso.	*The first floor*
El tercer día.	*The third day.*

Latin American currency

Argentina	el austral
Bolivia	el peso (boliviano)
Colombia	el peso (colombiano)
Costa Rica	el colón (costarricense)
Cuba	el peso (cubano)
Chile	el peso (chileno)
Ecuador	el sucre
El Salvador	el colón (salvadoreño)
Guatemala	el quetzal
Honduras	la lempira
México	el peso (mexicano)
Nicaragua	el córdoba
Panamá	el balboa y el dólar (estadounidense) (USA)
Paraguay	el sol
Perú	el inti
Puerto Rico	el dólar (estadounidense) (USA)
República Dominicana	el peso (dominicano)
Uruguay	el peso (uruguayo)
Venezuela	el bolívar

Los días de la semana (*The days of the week*)

lunes	*Monday*	viernes	*Friday*
martes	*Tuesday*	sábado	*Saturday*
miércoles	*Wednesday*	domingo	*Sunday*
jueves	*Thursday*		

Note:

el sábado	*on Saturday*	todos los domingos	*every Sunday*
los sábados	*Saturdays*	el miércoles 24	*on Wednesday 24th*

Los meses del año (*The months of the year*)

enero	*January*	julio	*July*
febrero	*February*	agosto	*August*
marzo	*March*	se(p)tiembre	*September*
abril	*April*	octubre	*October*
mayo	*May*	noviembre	*November*
junio	*June*	diciembre	*December*

Note:

en julio	*in July*
el 4 de julio	*on 4th July*
el 5 de septiembre de 1992	*on 5th September 1992*

Asking and telling the time

¿Qué hora es?	*What time is it?*
¿Tiene hora?	*Have you got the time?*
Es la una.	*It's one o'clock.*
Es la una y cuarto.	*It's a quarter past one.*
Es la una y media.	*It's half past one.*
Son las dos menos cuarto.	*It's a quarter to two.*
Son las dos.	*It's two o'clock.*
Son las tres y media.	*It's half past three.*

Note: When the phrase contains the word **una** we use the singlar form **es**. To say *at 1.00, at 5.30*, etc. we use the phrase **a la/s**.

A la una.	*At one o'clock.*
A las cinco y media.	*At half past five.*

To say *in the morning, in the afternoon, at night*, in this context we use the phrases **de la mañana, de la tarde, de la noche.**

Son las once de la mañana.	*It's 11.00 in the morning.*
A las tres y cuarto de la tarde.	*At 3.15 in the afternoon.*
A las nueve de la noche.	*At 9.00 o'clock at night.*

In other contexts we use the preposition **por** instead of **de**.

La reunión es por la mañana.	*The meeting is in the morning.*

Los colores (*The colours*)

amarillo	*yellow*	naranja	*orange*
azul	*blue*	negro	*black*
blanco	*white*	rojo	*red*
gris	*grey*	verde	*green*
marrón	*brown*		

Note: To refer to colours in general we use **el** (*the*, masc.):

Me gusta el amarillo.	*I like yellow.*

But if colours refer to a specific noun they must agree with it in gender and number:

Me gusta la casa blanca.	*I like the white house.*

Light and dark are **claro** and **oscuro** respectively.

verde claro	*light green*	marrón oscuro	*dark brown*

Appendix 2

Table of Common Irregular Verbs

All tenses are not given, but by remembering the following simple rules the student can easily form any tense from the parts of the verb that are shown:

1   The stem of the imperfect indicative is regular, except in the cases of **ir (iba)**, **ver (veía)** and **ser (era)**.
2   The conditional, like the future tense, is formed from the whole infinitive, but with the endings of the imperfect tense: **ía, -ías, -ía**, etc.
3   With the exception of **saber (sepa)**, **haber (haya)**, **dar (dé)**, **ser (sea)**, **ir (vaya)**, the stem of the present subjunctive is the same as that of the first person singular of the present indicative.
4   The imperfect subjunctive tense can be formed from the first person plural of the preterite.

Verbs whose irregularities depend only on orthographic or stem-changing peculiarities are not included in this table. Compounds have also been omitted. For **mantener**, **proponer**, **rehacer**, see the simple verbs **tener**, **poner**, **hacer**, etc.

Infinitive	Pres. Ind	Preterite	Future	Participles
adquirir *to acquire*	adquiero	adquirí	adquiriré	adquiriendo
	adquirimos	—	—	adquirido
	adquieren	—		
andar *to go, walk*	ando	anduve	andaré	andando
	—	—	—	andado
caber *to be contained in*	quepo	cupe	cabré	cabiendo
	cabe	—	—	cabido
	cabemos	—		
	caben	—		—
caer *to fall*	caigo	caí	caeré	cayendo
	cae	cayó	—	caído
	caen	caímos	—	—
		cayeron		—
concluir *to conclude*	concluyo	concluí	concluiré	concluyendo
	concluye	concluyó	—	concluido
	concluimos	concluimos	—	
	concluyen	concluyeron		—
conducir *to drive*	conduzco	conduje	conduciré	conduciendo
	conduce	condujo	—	conducido
		condujeron	—	
				—
crecer *to grow*	crezco	crecí	creceré	creciendo
	crece	—	—	crecido
dar *to give*	doy	di	daré	dando
	da	dio	—	dado
decir *to say, tell*	digo	dije	diré	diciendo
	dice	dijo	—	dicho
	decimos	dijimos	—	—
	dicen	dijeron	—	—

Infinitive	Present	Preterite	Future	Gerund / Participle
estar *to be*	estoy, está, están	estuve	estaré	estando, estado
haber *to have*	he, ha, hemos, han	hube, hubo, hubimos, hubieron	habré	habiendo, habido
hacer *to do, make*	hago, hacen, hace	hice, hicimos, hizo	haré	haciendo, hecho
ir *to go*	voy, va, van	fui, fue, fuimos, fueron	iré	yendo, ido
oir *to hear*	oigo, oye, oímos, oyen	oí, oyó, oímos, oyeron	oiré	oyendo, oído
poder *to be able*	puedo, podemos, pueden	pude, pudimos, pudieron	podré	pudiendo, podido
poner *to put*	pongo, pone, ponen	puse, pusimos, pusieron	pondré	poniendo, puesto
querer *to want, love*	quiero, queremos, quieren	quise, quisimos, quisieron	querré	queriendo, querido
reir *to laugh*	río, reímos, ríen	rei, rió, reímos, rieron	reiré	riendo, reído

Infinitive	Pres. Ind	Preterite	Future	Participles
saber *to know*	sé	supe	sabré	sabiendo
	sabe	supimos	—	sabido
	saben	supieron	—	—
salir *to go out*	salgo	salí	saldré	saliendo
	sale	salió	—	salido
	salimos	salieron	—	—
ser *to be*	soy	fui	seré	siendo
	—	fue	—	sido
	es	fueron	—	—
	somos		—	—
	son	—	—	—
tener *to have*	tengo	tuve	tendré	teniendo
	tiene	tuvo	—	tenido
	tenemos	tuvimos	—	—
	tienen	tuvieron	—	—
traer *to bring*	traigo	traje	traeré	trayendo
	trae	trajo	—	traído
	traemos	trajeron	—	—
valer *to be worth*	valgo	valí	valdré	valiendo
	vale	valió	—	valido
	valemos	valieron	—	—
venir *to come*	vengo	vine	vendré	viniendo
	viene	vino	—	venido
	venimos	vinimos	—	—
	vienen	vinieron	—	—
ver *to see*	veo	vi	veré	viendo
	ve	vió	—	visto
	vemos	vimos	—	—

Reference Material

Official publications:

Boletín Económico de Información Comercial Española, published weekly by the Ministerio de Economía y Hacienda, Almirante 21, Madrid.

Comercio Industria, published monthly by the Cámara de Comercio e Industria de Madrid (Madrid Chamber of Commerce and Industry), Huertas 13, 28012, Madrid.

Expansión Comercial, published monthly by the Instituto Nacional de Fomento de la Exportación, Paseo de la Castellana 14, 28046, Madrid.

Información Comercial Española, published monthly by the Secretaría de Estado de Comercio of the Ministerio de Economía y Hacienda, Paseo de la Castellana 162, piso 16, 28046, Madrid.

El Comercio Hispano-Británico, published every two months by the Spanish Chamber of Commerce in Great Britain.

Spanish newspapers and magazines to be found in newspaper shops:

Actualidad Económica, published weekly.
Cinco Días, published every day, except Sundays.
El Economista, published weekly.
España Económica, published monthly.
Expansión, published every day, except Sundays.
Inversión, published weekly.

Latin American publications:

Argentina
El Economista, published weekly.
Mercado (Economics), published weekly.

Bolivia
Diagrama Económico (Economics), published monthly.
Industria, published monthly.

Chile
Chile Industrial, published monthly.
Panorama Económico, published monthly.

Colombia
Síntesis Económica, published weekly.

Cuba
Panorama Económico Latinoamericano, published monthly.

Guatemala
Industria, published monthly.
Panorama (Economics), published monthly.

Honduras
Panorama Económico, published monthly.

México
Comercio Exterior, published monthly.
Monitor Comercial, published daily.
Negocios, published monthly.

Perú
The Andean Report.

Uruguay
Gaceta Comercial, published daily.

Venezuela
Boletín Cámara Venezolano-Británica de Comercio, quarterly.

English – Spanish Glossary of Commercial Terms

account cuenta (f.)
accountancy contabilidad (f.)
accountant, bookkeeper contable (m. f.)
advertise (to -) hacer publicidad
advertising agent agente (m.) de publicidad
appointment cita (f.)
assets haber (m.), activo (m.)
assistant manager director/a, adjunto/a
audit auditoría (f.)

balance sheet balance (m.)
bank banco (m.)
bank draft letra (f.) bancaria
bargain (to -) negociar
bargaining negociación (f.)
bill factura (f.), cuenta (f.)
bill of exchange letra (f.) de cambio
bill of lading conocimiento (m.) de embarque
black market mercado (m.) negro
board junta (f.), consejo (m.)
board of directors consejo (m.) directivo
branch filial (f.), sucursal (f.)
brand marca (f.)
broker agente (m.) de Bolsa
budget presupuesto (m.)
business negocios (m. pl.)

businessman hombre (m.) de negocios
business trip viaje (m.) de negocios
buy (to -) comprar
buyer comprador/a

capital capital (m.)
capital goods bienes (m. pl.) de equipo
capital levy impuesto (m.) sobre el capital
cash (to - a cheque) cobrar, hacer efectivo (un cheque)
cash book libro (m.) de caja
cash payment pago (m) al contado
cash sale venta (f.) al contado
catalogue catálogo (m.)
certificate of origin certificado (m.) de origen
client cliente (m. f.)
commerce, trade comercio (m.)
commercial agent agente (m.) comercial
commercial transaction transacción (f.) comercial
company empresa (f.), firma (f.), compañía (f.)
competition competencia (f.)
competitor competidor/a
competitive competitivo

computer ordenador (m.), computador (m.)

computer science informática (f.)

consignment note carta (f.) de porte

consume (to -) consumir

consumer consumidor/a

consumer goods artículos (m. pl.) de consumo

contract contrato (m.)

cost (to -) costar

cost coste (m.), costo (Latin Am.)

credit crédito (m.)

credit card tarjeta (f.) de crédito

creditor acreedor/a

current account cuenta (f.) corriente

customer cliente (m. f.)

customs aduana (f.)

customs duty derechos (m. pl.) de aduana o arancelarios

dealer vendedor/a

debit débito (m.)

debt deuda (f.)

debtor deudor/a

deliver (to -) entregar

delivery entrega (f.)

demand demanda (f.)

discount (to -) descontar

discount descuento (m.)

dispatch (to -) despachar

dispatch envío (m.)

distributor distribuidor/a

domestic trade comercio (m.) interior

duty impuesto (m.), derechos (m. pl.) de aduana

earn (to -) ganar

earnings ganancias (f. pl.)

estimate, estimation estimación (f.)

executive ejecutivo/a

expenditure gastos (m. pl.)

expenses gastos (m. pl.)

export (to -) exportar

export, exporting exportación (f.)

exporter exportador/a

external trade comercio (m.) exterior

factory fábrica

finance (to -) financiar

financial financiero

financial year año (m.), ejercicio (m.) económico

fiscal year año (m.) fiscal

foreign exchange control control (m.) de divisas

foreign trade comercio (m.) exterior

freight flete (m.)

fund fondo (m.)

goods mercancías (f. pl.)

gross bruto

gross income ingreso (m.) bruto

head office casa (f.) matriz, oficina (f.) central

hire (to -) contratar

hire-purchase venta (f.) a plazos

home trade comercio (m.) interior

hours of work horario (m.) de trabajo

import (to -) importar

import, importing importación (f.)

importer importador/a

income ingreso (m.)

income tax impuesto (m.) sobre la renta

industrial industrial

industrialist industrial (m.)

industry industria (f.)

instalments, buying or selling in venta (f.), compra (f.) a plazos

insurance seguro (m.)

insurance agent, broker agente (m.), corredor (m.) de seguros

insurance policy póliza (f.) de seguro

insurance premium prima (f.) de seguro

insure (to -) asegurar

interés interest (m.)

inventory, stocktaking inventario (m.)

invest (to -) invertir

investment inversión (f.)

investor inversionista (m. f.)

invoice factura (f.)

joint-stock company sociedad (f.) anónima

labour trabajo (m.)

labour dispute conflicto (m.) laboral

launch (to - a product) lanzar (un producto)

liabilities debe (m.), pasivo (m.), deudas (f. pl.)

limited liability company sociedad (f.) (de responsabilidad) limitada

liquid assets activo disponible

loan préstamo (m.)

management gerencia (f.)

manager gerente (m. f.), director/a, jefe/a

managing director director/a gerente

manufacture (to -) fabricar

manufactured products productos (m. pl.) manufacturados

manufacturer fabricante (m. f.)

market mercado (m.)

market research investigación (f.), estudio (m.) de mercado

merchant comerciante (m. f.)

middleman intermediario (m.)

monopoly monopolio (m.)

multinational multinacional (f.), transnacional (f.)

negotiation negociación (f.)

offer oferta (f.)

operating costs gastos (m. pl.) de funcionamiento

output producción (f.)

overhead expenses gastos (m. pl.) generales

overtime (to work -) trabajar horas extraordinarias

packaging embalaje (m.)

partner socio/a

partnership sociedad (f.)

pay (to -) pagar

pay paga (f.)

payment pago (m.)

payrole plantilla (f.), nómina (f.)

personnel personal (m.)

personnel manager jefe/a, director/a de personal

price precio (m.)

price list lista (f.) de precios

produce (to -) producir

producer productor/a

product producto (m.)

product manager jefe/a, director/a de producto

production producción (f.)

production manager jefe/a, director/a de producción
productivity productividad (f.)
profit beneficio (m.), ganancia (f.)
profit margin margen (m.) de beneficio
profitability rentabilidad (f.)
profitable rentable
purchase (to -) comprar
purchase compra (f.)

quality calidad (f.)
quality control control (m.) de calidad

rate tasa (f.)
rate of interest tasa (f.) de interés
raw material materia (f.) prima
redundancy desempleo (m.)
retailer minorista (m. f.)
retail trade comercio (m.) al por menor, comercio al detall
retire (to -) jubilarse
retirement retiro (m.), jubilación (f.)
return rendimiento (m.)
risk riesgo (m.)

salary salario (m.)
sale venta (f.)
sales assistant dependiente/a
salesman vendedor (m.)
sales manager jefe/a, director/a de ventas
sell (to -) vender
seller vendedor/a
shareholder accionista (m. f.)
shares acciones (f. pl.)
software software (m.), programa (m.)

stockbroker corredor (m.), agente (m.) de Bolsa
stock exchange Bolsa (f.)
stocks existencias (f. pl.)
strike (to -) declararse en huelga
strike huelga (f.)
supply abastecimiento (m.)
supply and demand la oferta y la demanda

tax impuesto (m.)
tax free libre de impuesto
tax exemption exención (f.) de impuesto
terms condiciones (f. pl.)
terms of payment condiciones (f. pl.) de pago
trade comercio (m.)
trade fair feria (f.) de muestras
trademark marca (f.) de fábrica, marca registrada
trade union sindicato (m.)
transport transporte (m.)
turnover cifra (f.) de negocios

value valor (m.)
VAT (value added tax) IVA (impuesto (m.) al valor añadido)

wages salario (m.)
wholesale comercio (m.) al por mayor
wholesaler comerciante (m. f.) al por mayor, mayorista (m. f.)
worker trabajador/a
working conditions condiciones (f.) de trabajo
working hours horario (m.) de trabajo

Spanish – English Vocabulary

abajo *down;* más — *further down*

abierto *open*

abonado/a *subscriber*

abrir *to open*

acabar *to finish, to end (up);* — de + infinitive *to have just + past participle*

acciones (f. pl.) *shares*

accionista (m. f.) *shareholder*

aceptable *acceptable*

aceptación (f.) *acceptance;* tener — *to be successful*

aceptar *to accept*

acompañar *to accompany*

aconsejar *to advise*

acordado *agreed*

acordarse *to remember*

acostumbrarse *to get accustomed, get used*

acta (f.) *minutes*

actividad (f.) *activity*

acto (m.) *action, act*

actual *present*

actualidad: en la actualidad *at present*

actualmente *at present, presently*

acuerdo (m.) *agreement;* de — *fine, all right;* estar de — *to be in agreement, to agree*

acusar recibo *to acknowledge receipt*

adaptarse *to adapt, become adapted*

adecuado *adequate*

adelanto (m.) *advance, progress*

además *besides*

adhesión (f.) *membership, entry*

adicional *additional*

adiós *goodbye*

adjuntar *to enclose*

administración de empresas (f.) *business administration*

administrado *administered*

aéreo (adj.) *air*

aeropuerto (m.) *airport*

afín *similar*

afirmar *to state, say, assure*

afortunadamente *fortunately*

afueras (f. pl.) *outskirts*

agencia (f.) *agency;* — de publicidad *advertising agency;* — de viajes *travel agency*

agradable *pleasant, nice*

agradecer *to thank, be grateful*

agrado (m.) *pleasure;* tener el — de *to have pleasure in*

agrícola *agricultural*

agricultor/a (m. f.) *farmer*

agricultura (f.) *agriculture*

agrupación (f.) *group, association*

agua (f.) *water*

ahora *now;* — bien *now then*

ahorro (m.)   *saving*; cuenta de —s
  (f.)   *savings account*
aislado   *isolated*
alcanzar   *to reach*
alegrarse   *to be glad*
alemán/alemana   *German*
Alemania Federal   *West Germany*
algo   *something*
algún/alguno   *some, any*
aliciente (m.)   *incentive*
alimentario (adj.)   *food*
alimenticio (adj.)   *food*
alimento (m.)   *food*
almacenado   *stored*
almacenamiento (m.)   *storage*
almacenes (m. pl.)   *warehouse,*
  department store
almorzar   *to have lunch*
alrededor   *around*
altamente   *highly*
alto directivo (m.)   *top executive*
allí   *there;* — mismo   *right there*
amable   *kind;* (es Vd.) muy —
  that's very kind of you
ambiente (m.)   *atmosphere*
ambos/as   *both*
amnistía (f.)   *amnesty*
amplio   *large, extensive*
analizar   *to analyse*
ancho (m.)   *width*
andaluz/a   *Andalusian*
andino   *Andean*
anglosajón   *Anglosaxon*
anteayer   *the day before*
  yesterday
anterior   *previous*
antes   *before;* lo — posible   *as*
  soon as possible
ante todo   *above all*
anticuado   *antiquated, obsolete*
antigüedad (f.)   *seniority*
antiguo   *former*

anualmente   *yearly, per year,*
  annually
anular   *to cancel, annul*
anunciar   *to announce, inform*
anuncio (m.)   *advertisement*
aparcado   *parked*
aparcamiento (m.)   *car park*
aparición (f.)   *appearance*
apartado de correos (m.)   *PO box*
aparte de   *apart from*
apellido (m.)   *surname*
aplicar   *to apply*
apoderarse de   *to seize*
apreciar   *to appreciate, observe*
aprobar   *to approve*
apropiado   *appropriate*
aquel/aquella   *that*
aquí   *here*
armario (m.)   *bookcase*
arreglar   *to arrange*
arriba   *upstairs*
artículo (m.)   *article*
ascender   *to come to, amount to*
asegurado   *insured*
asegurar   *to insure, assure*
así   *thus, like this, this way*
asistencia (f.)   *attendance,*
  assistance; — técnica   *technical*
  assistance
asistente (m. f.)   *assistant*
asistir   *to attend*
aspirador/a (m. f.)   *vacuum cleaner*
asunto (m.)   *affair, matter*
atención (f.)   *attention*
atender   *to attend to, serve, look*
  after
atentamente   *yours sincerely*
atraer   *to attract*
atraído   *attracted*
atrás   *behind;* en la parte de —
  at the back
atribuir   *to attribute, put down*

aumento (m.) *increase;* — de sueldo *pay rise*
aunar esfuerzos *to join forces*
aún más *even more*
aunque *although, even though*
ausencia (f.) *absence*
autobús (m.) *bus*
automatizado *automated*
autoridad (f.) *authority*
autonomías (f. pl.) *self-governing regions*
avanzado *advanced*
avenida (f.) *avenue*
avería mecánica (f.) *mechanical failure*
averiarse *to break down*
averiguar *to enquire, find out*
avión (m.) *airplane*
ayer *yesterday*
ayuda (f.) *assistance, help*
ayudar *to help, assist*
azúcar (m. f.) *sugar*

bachillerato (m.) *secondary school certificate*
bajarse *to get off*
bajo *low*
balance (m.) *balance sheet;* hacer el — *to draw up the balance sheet*
balanza de pagos (f.) *balance of payments*
bancario (adj.) *bank, banking*
banco (m.) *bank*
baño privado (m.) *private bathroom*
barato *cheap*
barco (m.) *boat, ship*
base (f.) *base, basis;* en — a *on the basis of*
básicamente *basically*
bastante *quite*

Bélgica *Belgium*
beneficio (m.) *benefit*
bien *well, good*
bienes (m. pl.) *goods;* — de equipo *capital goods*
bienestar (m.) *welfare*
bocadillo (m.) *sandwich*
bolso (m.) *handbag*
bondad (f.) *kindness*
bonito *nice, pretty*
brevedad: a la — posible *as soon as possible;* con la mayor — *as soon as possible*
brevemente *briefly*
bruto *gross*
bueno *good, well*
buenos días *good morning;* buenas tardes *good afternoon;* buenas noches *good evening/night*
buscar *to look for*

cada *every, each*
caída (f.) *fall*
caja (f.) *case, box*
calidad (f.) *quality*
calificar *to assess*
caluroso *warm, hot (climate)*
calzado (m.) *footwear*
calle (f.) *street;* a la — *facing the street*
cama (f.) *bed*
cámara de comercio (f.) *chamber of commerce*
cambiar *to change*
cambiarse *to move*
cambio (m.) *change*
camión (m.) *lorry*
campo de tenis (m.) *tennis court*
canal (m.) *channel*
cancelar *to cancel*
candidato/a (m. f.) *candidate*
cansado *tired*

cantidad (f.)   *amount, quantity*
capacidad (f.)   *capacity*
cargamento (m.)   *load*
cargo (m.)   *post, position*
cárnico: productos — (m. p.) *meat products*
carrera (f.)   *career*
carretera (f.)   *main road, highway*
carta (f.)   *letter;* — de porte *consignment note*
casa (f.)   *house, home, company;* — matriz *head office*
casado   *married*
casarse   *to get married*
casi   *almost*
caso (m.)   *case;* en ese — *in that case*
catástrofe (f.)   *catastrophe*
catálogo (m.)   *catalogue*
causar   *to cause*
cazadora (f.)   *short blouson-style jacket*
cena (f.)   *dinner*
centro deportivo (m.)   *sports centre*
cerca   *near*
cercano   *near*
cerrar/cerrarse   *to close, shut*
certificado de origen (m.)   *certificate of origin*
cierto   *certain*
cifra (f.)   *figure;* — de ventas *sales figure*
cifrado   *denominated*
cigarrillo (m.)   *cigarrette*
cinta (f.)   *ribbon;* — adhesiva *Sellotape*
cinturón (m.)   *belt*
círculo (m.)   *circle*
cita (f.)   *appointment*
cítricos (m. pl.)   *citrus fruits*
ciudad (f.)   *city*
cobrar   *to cash*

coche (m.) *car;* — representativo *company car*
cocina (f.)   *cooker*
coger   *to catch, take (bus, train, etc.)*
colocados   *pertaining to people who have jobs; allocated*
conceder   *to grant*
concentrarse   *to concentrate*
concernir   *to concern*
concesión (f.)   *granting*
condicionado: estar — por   *to be dependent on, depend on*
condiciones (f. pl.)   *conditions, terms, state*
conexión (f.)   *connection*
confidencialidad (f.)   *confidentiality*
confirmar   *to confirm*
conflicto laboral (m.)   *labour dispute*
conforme: estar —   *to agree*
congelado   *frozen*
congreso (m.)   *congress*
conjunto   *joint*
conocer   *to know*
conocido/a (m. f.)   *acquaintance*
conocimiento (m.) *knowledge;* — de embarque   *bill of lading*
conseguir   *to get, obtain*
consentimiento (m.)   *consent*
conservas (f. pl.)   *tinned food*
considerarse   *to consider oneself*
consignar   *to write in*
consistir en   *to consist of*
constantemente   *constantly*
constituir   *to establish, set up, constitute*
construcción (f.)   *construction, building;* — naval *ship-building industry*
construir   *to build, construct*
consulado (m.)   *consulate*

consulta (f.) *consultation, request for information*

consumir *to consume*

contable (m. f.) *accountant*

contado: al — *for, in cash*

contar *to tell, say, count*

contener *to contain*

contento *happy*

contestar *to answer, reply*

continuar *to continue*

contra *against*

contrario: de lo — *otherwise*

contratación (f.) *contract, hiring*

contratar *to contract, hire*

contribuir *to contribute, to pay taxes/national insurance*

conveniencia (f.) *suitability, convenience*

convenir *to agree, suit, be convenient*

conversación (f.) *conversation*; conversaciones (f. pl.) *talks*

convertir *to convert, change*

convertirse *to become*

copa (f.) *glass*; tomar una — *to have a drink*

cordialmente *cordially*

corrección (f.) *correction*

correctamente *correctly*

corregir *to correct*

corriente (f.) *current*; del —/de los —es *of the current month*

cortocircuito (m.) *short circuit*

cosa (f.) *thing*; una — así *something like this*

costa (f.) *coast*

costar *to cost*

costero *coastal*

costoso *costly*

costumbre (f.) *custom*; de — (adj.) *usual*

cotizar *to quote, contribute*

(Social Security)

creativo *creative*

crecer *to grow*

crecimiento (m.) *growth*

creer *to think, believe*

crudo (m.) *crude oil*

cruzar *to cross*

cual/es *which, what*

cualquier/a *any*

cuando *when*

cuanto *how much*; en — *as soon as*; en — a *as for, with regard to*

cuantos *how many*

cuarto *forth*

cubano *Cuban*

cuenta (f.) *account*; — corriente *current account*; llevar las —s *to keep the accounts*; por nuestra — *on our own account*

cuero (m.) *leather*

cuidado (m.) *care*

cuidadoso *careful*

cultivo (m.) *crop*

cumplimiento (m.) *fulfilment*

cumplir *to fulfil, meet (obligations)*

curso intensivo (m.) *intensive course*

chaqueta (f.) *jacket*

chico/a (m. f.) *child*

dado que *given that*

dar *to give*; — lugar a *to give rise to*

dato (m.) *information*

de *of, from*

deber *to owe, must, ought to*

debido a *due to*

década (f.) *decade*

decidir   *to decide*
decir   *to say, tell*; es —   *that is to say*
dedicarse a   *to be involved in, to do (for a living)*
definir   *to define*
dejar   *to leave*
delante   *in front of, before*
demás   *others*
demasiado   *too, too much*
demográfico (adj.)   *population*
demora (f.)   *delay*
demostrar   *to show, demonstrate*
departamento (m.) *department*; — jurídico   *legal department*
depender de   *to depend on*
deportivo (adj.)   *sports*
depósito de gasolina (m.)   *petrol tank*
derivado de   *stemming from, derived from*
derivados: productos — (m. pl.) *by-products*
desagüe (m.)   *drainage*
desarrollado   *developed*
desarrollo (m.)   *development*; países en vías de —   *developing countries*
desastroso   *disastrous*
desayunar   *to have breakfast*
desayuno (m.)   *breakfast*
descansar   *to rest*
descanso (m.)   *rest*
descubrir   *to discover*
descuento (m.)   *discount*
descuido (m.)   *negligence*
desde   *from*; — luego   *certainly*
desear   *to wish*; ¿qué desea?   *can I help you?/what would you like?*
desempleo (m.)   *unemployment*
designar   *to designate, appoint, name*

despachar   *to dispatch, ship*
despacho (m.)   *office, study*
despertar/despertarse   *to wake up*
después   *afterwards, later*
destinar   *to assign, destine*
destinatario/a (m. f.)   *addressee*
destino (m.)   *destination*
desventaja (f.)   *disadvantage*
detalle: comercio al —   *retail trade*
detalle (m.)   *detail*
determinado   *certain*
detrás   *behind*
deuda   *debt*; contraer una —   *to contract a debt*
devolver   *to return, give back*
día (m.)   *day*
dicho   *aforementioned*
difícil   *difficult*
dificultar   *to make difficult*
diga/dígame   *hello (on the telephone)*
dinero (m.)   *money*
dirección (f.)   *direction, address*; en — a   *towards*
director/a (m. f.)   *director*; — gerente   *managing director*; — de personal   *personnel manager*; — de producto   *product manager*
dirigir   *to direct, preside, address*; dirigirse a   *to address (someone)*; dirigirse por escrito a   *to write to*
disculpa (f.)   *apology*
disculpar   *to excuse, forgive, pardon*
discutir   *to discuss, argue*
diseño (m.)   *design*
disposición (f.)   *disposal*; a su —   *at your service or disposal*
dispuesto: estar — a   *to be willing to*

distancia (f.)   *distance*
distinto   *different*
distribuidor/a (m. f.)   *distributor*
distribuir   *to distribute*
distribuirse   *to be distributed*
diversidad (f.)   *diversity*
divisa (f.)   *foreign exchange, foreign currency*
doblar   *to turn*
doble   *double*
domicilio (m.)   *address*
dominio (m.)   *knowledge, mastery*
donde   *where*
don de gentes (m.): tener —   *to get on well with people, to have charm*
dormir   *to sleep*
duda (f.)   *doubt*; sin —   *without any doubt, undoubtedly*
dudar   *to doubt*
dulcería (f.)   *confectionery*
duplicado   *duplicate*
duración (f.)   *duration*
durante   *during*
durar   *to last*

economía (f.)   *economy*
económicas (f. pl.)   *economics*
edad (f.)   *age*
edificio (m.)   *building*
efectivamente   *in fact*
efectuar   *to carry out*; — entrega   *to deliver*
eficazmente   *accurately*
ejemplo (m.)   *example*; por —   *for example*
electrodomésticos (m. pl.)   *electrical household appliances*
elegir   *to choose, elect*
elevado   *high*
embalaje (m.)   *packing*

embarque (m.)   *embarkation*; conocimiento de — (m.)   *bill of lading*
empezar   *to begin, start*
empleado/a (m. f.)   *employee; (adj.) employed*
emplear   *to employ, use*
empleo (m.)   *employment*
empresa (f.)   *company, firm*
empresario/a (m. f.)   *manager*
en   *in, on, at*
encantado/a   *pleased to meet you*
encantar   *to like, love*
encargarse de   *to be responsible for*
encargo (m.)   *errand*
encontrar   *to find*
encontrarse   *to be situated*
energía (f.)   *energy*
enfrente   *opposite, in front*
enhorabuena   *congratulations*
enseñanza general básica (f.)   *primary school education*
entender   *to understand*
entonces   *then*
entrada (f.)   *entry, entrance*
entrar   *to go in, join*
entre   *between, among, amongst*
entrega (f.)   *delivery*
entrevista (f.)   *interview*
entrevistar   *to interview*
enviar   *to send*
envío (m.)   *shipment, dispatch*
equipo (m.)   *equipment*
equipado   *equipped*
equivocarse   *to make a mistake*
escalera (f.)   *stairs*; — automática   *escalator*
escribir   *to write*; — a máquina   *to type*
escrito   *written*; por —   *in writing*
esfuerzo (m.)   *effort*; aunar —s   *to join forces*

eso *that (neuter)*; a — de
around, about (time)
español/a *Spanish*
especial *special*; en — *in
particular*
espera (f.) *wait*
esperar *to wait, hope, expect*
esporádico *sporadic*
esposo/a (m. f.) *husband, wife*
esquina (f.) *corner*
estabilidad (f.) *stability*
estable *stable*
establecer *to establish, set up*
establecido *established*
estación (f.) *station*
estado financiero (m.) *financial
state*
Estados Unidos *United States*
estancia (f.) *stay*
estar *to be*; — de acuerdo *to
agree*
este (m.) *this*
estilo (m.) *style*
estimado/a *dear (formal)*
estimar *to estimate*
estimular *to encourage, stimulate*
estipular *to stipulate*
esto *this (neuter)*
estrella (f.) *star*
estropeado *damaged*
estudiar *to study*
estudio (m.) *study*; —s superiores
(pl.) *higher education*
estufa (f.) *heater*
estupendo *fantastic, wonderful*
etapa (f.) *stage*
evitar *to avoid*
exento *exempt*; estar — de *not
to be subject to*
exigencia (f.) *demand*
exigir *to require, demand*
exiliado/a (m. f.) *exile*

existencias (f. pl.) *stocks*
existir *to exist*
expedición (f.) *dispatch, shipping,
sending*
expedidor (m.) *sender*
explotar *to exploit*
exportador/a (m. f.) *exporter*
expresar *to express*
exterior *foreign*; al — *abroad*;
comercio — *foreign trade*
extranjero/a (m. f.) *foreigner*;
(adj.) foreign; al — *abroad,
overseas*; en el — *abroad,
overseas*

fábrica (f.) *factory*
fabricante (m. f.) *manufacturer*
fabricar *to manufacture, make*
fácil *easy*
facilidad (f.) *fluency, easiness*;
—es *facilities (credit)*
facilitar *to facilitate, provide*
factura (f.) *invoice*;
— comercial *commercial
invoice*; — pro forma *pro forma
invoice*
farmacéutico *pharmaceutical*
favorable *favourable*
favorecido: menos —s *less
developed, more backward*
fecha (f.) *date*; — de
nacimiento *date of birth*
feria de muestras (f.) *trade fair*;
feria alimentaria *food fair*
ferrocarriles (m. pl.) *railways*
ficha (f.) *card*; — técnica
technical specifications (written)
fiesta (f.) *party*
fijo *fixed*
filial (f.) *branch*
final (m.) *end*

financiación (f.) *financing*
financiero *financial*
fin de semana (m.) *weekend*
fines: a — de *at the end of*
firma (f.) *signature*
firmar *to sign*
firme *firm, solid*
fluctuar *to fluctuate*
fluvial (adj.) *river*; transporte
— *river transport*
folleto (m.) *brochure*;
— informativo *information
brochure*
fomentar *to encourage, promote*
fondo (m.) *bottom, back*; al —
at the end, at the back
forma (f.) *shape*
formulario (m.) *form*; rellenar
un — *to fill in a form*
fotocopiadora (f.)
photocopying machine
fotocopiar *to photocopy*
fotografía (f.) *photograph*
francés/francesa *French*
franco *free*; — a bordo *Free On
Board (FOB)*
fraude (m.) *fraud*
frecuente *frequent*
frente a *compared with*
frontera (f.) *border*
fruta (f.) *fruit*
fuera *out, outside*
fuertemente *firmly, strongly*
fumar *to smoke*
función: en — de *according to*
funcionamiento (m.) *functioning,
running (of a machine)*
funcionar *to work, to run (a
machine)*
funcionario/a (m. f.) *public
official, civil servant*
futuro (m.) *future*

gallego *Galician*
ganar *to earn*
garantía (f.) *guarantee*
gasolina (f.) *petrol*
gasolinera (f.) *petrol station*
gastar *to spend*
gasto (m.) *expense*
generalmente *generally, usually*
género (m.) *product*
gente (f.) *people*
gerencia (f.) *management*
gerente (m. f.) *manager*; — de
ventas *sales manager*; director/a
(m. f.) — *managing director*
gobernar *to govern*
gobierno (m.) *government*
gozar *to enjoy*
gracias *thank you*; — a *thanks to*
gráfico (m.) *graph*
Gran Bretaña *Great Britain*
grande *big, large*
grato *pleasant*
gratuito *free*
grave *serious*
Grecia (f.) *Greece*
gubernamental *governmental*
guerra (f.) *war*
guía (f.) *guide (book)*;
(m. f.) *guide (person)*
gustar *to like*
gusto (m.) *pleasure*; estar a —
to be happy, content

habitación (f.) *room*
habitante (m.) *inhabitant*
habitar *to inhabit*
hablado *spoken*
hablar *to speak*
hacer *to do, make*; — bien *to do
the right thing*; — frente *to
face, meet*
hacia *towards*

hallar *to find*
hallarse *to be, be situated*
hasta *until, as far as*;
— mañana *until tomorrow*
hay *there is, there are*; no — de
qué *not at all, don't mention it*
hectárea (f.) *hectare*
hierro (m.) *iron*
hijo/a (m. f.) *son, daughter*; hijos
(m. pl.) *children*
historial de trabajo (m.)
curriculum vitae
Hnos. (hermanos) *Bros.*
(brothers)
hola *hello*
hombre (m.) *man*; — de
negocios *businessman*
homogéneo *homogeneous*
hora (f.) *hour, time*
horario (m.) *timetable, hours (of
work)*
hoy *today*; — en día *nowadays*
huelga (f.) *strike*; declararse en —
to go on strike

ideología (f.) *ideology*
idioma (m.) *language*
iglesia (f.) *church*
igual *same, equal*; al — que *the
same as*; de — manera *likewise,
in the same way*
igualdad (f.) *equality*
impago (m.) *default, non-payment*
impedir *to prevent*
implantado *established*
implicar *to imply*
importación (f.) *import*
importador/a (m. f.) *importer*
importar *to import; to mind*; no
importa *it doesn't matter*
imprescindible *essential*

impuesto (m.) *tax*; — sobre la
renta *income tax*
impulsar *to encourage*
incapacidad (f.) *incapacity*
incendio (m.) *fire*
incluir *to include*
incluso *even*
incorporar *to incorporate, hire,
contract*
incorporarse *to join*
incrementado *increased*
incrementar *to increase*
indefinido *indefinite*
indemnizacion (f.) *redundancy
payment*
indicar *to indicate*
individual *single*; habitación
— *single room*
individuo (m.) *person, individual*
industria (f.) *industry*; — química
chemical industry;
— siderúrgica *iron and steel
industry*
inflación (f.) *inflation*
informática (f.) *computing*
informático (adj.) *pertaining to
computing*
informativo (adj.) *information*
informatizado *computerised*
informe (m.) *report*
infraestructura (f.) *infrastructure*
ingeniero (m.) *engineer*
Inglaterra (f.) *England*
inglés/inglesa *English*
ingresar *to deposit (money)*
ingreso (m.) *income*
iniciativa (f.) *initiative*
inmediato *immediate*
instalaciones (f. pl.) *facilities*
instituto (m.) *secondary school*
insuficiente *insufficient*
integrado *integrated*

integrante (m.) *member*
integrar *to integrate*
intercambiable *interchangeable*
interés (m.) *interest*
interesar *to interest*
interesante *interesting*
inversión (f.) *investment*
invertir *to invest*
invierno (m.) *winter*
invitado/a *guest*
invitar *to invite*
ir *to go*
irse *to go, leave*
isla (f.) *island*
izquierda (f.) *left*

Japón (m.) *Japan*
jefe/a (m. f.) *manager, boss, head*;
— de compras *buying manager*;
— de ventas *sales manager*
joven *young*
jugar un papel *to play a role*
junta directiva (f.) *board of
directors*
juntos *together*
jurídico *legal*; departamento —
(m.) *legal department*
justo *just, right, fair*
justicia (f.) *justice*

kilómetro (m.) *kilometre*;
— cuadrado *square kilometre*

labor (f.) *work, labour*;
— administrativa *office work*
laboral (adj.) *work, labour*
lácteo (adj.) *dairy*; productos
—s *dairy products*
lado (m.) *side*; al otro — *on the
other side*; por un — *on the one*

hand; por otro — *on the other
hand*
lamentar *to regret*
largo (m.) *length*; (adj.) *long*; a
lo — de *along*
latino (adj.) *Latin*
leer *to read*
legalizado *legalised*
lejos *far*
lengua (f.) *language*
lento *slow*
letra (f.) *draft*; *handwriting*;
— bancaria *bank draft*
levantar acta *to draw up the
minutes*
libertad de expresión (f.) *freedom
of expression*
libra esterlina (f.) *pound sterling*
libre *free*
libro (m.) *book*
licenciado/a (m. f.) *bachelor,
graduate*
líder (m. f.) *leader*
limitar *to limit*
línea (f.) *line*; — de productos
product line
listo *ready*
liviano *light*
lograr *to achieve*
luego *then, later*; hasta —
goodbye
lugar (m.) *place*; en primer —
in the first place; tener — *to
take place*
luz (f.) *electricity*

llamada (f.) *call*
llamar *to call*; — por teléfono *to
telephone*
llegada (f.) *arrival*
llegar *to arrive, reach*; — a ser
to become

llevar *to take, carry*; llevar (+ a period of time) *to have been (during a period of time)*
llevarse bien/mal con alguien *to get on well/badly with someone*
llover *to rain*

madera (f.) *wood*
magnitud (f.) *size*
majo/a *nice*
mal *bad, badly*
maleta (f.) *suitcase*
maletín (m.) *briefcase*
mandar *to send*
manejo (m.) *handling*
manera (f.) *manner, way*; de — que *so that*
manta (f.) *blanket*
mantener *to maintain*
mañana (f.) *morning*; por la — *in the morning*; (adv.) *tomorrow*; pasado — *the day after tomorrow*
máquina (f.) *machine*; — de escribir *typewriter*
maquinaria (f.) *machinery*
marcharse *to leave*
marítima: por vía — *by sea*
más *more*
masa (f.) *mass*
matriz: casa — (f.) *head office*
mayor *bigger, more*; al por — *wholesale*
mayoría (f.) *majority*
mecanógrafa (f.) *typist*
mediados: a — de *in the middle of*
mediano *average, medium sized*
medio *half*; por — de *through*
mediodía (m.) *midday*
medir *to measure*
mejor *better*
mejorar *to improve*

memoria (f.) *memory*
menor (m.) *minor*; al por — *retail trade*
menos *less*; por lo — *at least*
mentalidad (f.) *mentality*
menudo: a — *often*
mercado (m.) *market*; Mercado Común (Europeo) *(European) Common Market*
mercancías (f. pl.) *goods, merchandise*
mes (m.) *month*
mesa (f.) *table*
meseta (f.) *plateau*
metalurgia (f.) *steel works*
metro (m.) *underground (train)*
miembro (m.) *member*
mientras *while, whilst*; — tanto *in the meantime, meanwhile*
minería (f.) *mining*
minero (adj.) *mining*; industria minera (f.) *mining industry*
minoría étnica (f.) *ethnic minority*
mirar *to look*
mismo *same*; hoy (mañana/el lunes) — *today (tomorrow/ on Monday) without fail*; yo mismo/a, nosotros mismos/ as, etc. *I myself, etc.*
modalidad (f.) *manner, way, form*
modelo (m.) *model*
modernizarse *to modernise*
molestia (f.) *trouble*
monarquía parlamentaria (f.) *constitutional monarchy*
moneda (f.) *currency, coin*; — extranjera *foreign currency*
mostrar *to show*
mozo (m.) *porter (in a hotel)*
mucho *much*; — gusto *pleased to meet you*

mueble (m.) *piece of furniture, furniture*
muerte (f.) *death*
muestra (f.) *sample*; feria de —s *trade fair*
mujer (f.) *woman, wife*
mundial (adj.) *world*
mundo (m.) *world*
muy *very*

nacer *to be born*
nacimiento (m.) *birth*
nacionalidad (f.) *nationality*
nada *nothing*; — de mal *not bad at all*
naturalmente *naturally, of course*
naviera (f.) *shipping company*
necesitar *to need*
negocio (m.) *business*; hacer —s *to do business*
ningún *no, (not) any*
ninguno *none, (not) any*
noche (f.) *night*
nombrar *to appoint*
nombre (m.) *name*; ¿a qué —? *in what name?* a — de *in the name of*
nor(d)este (m.) *northeast*
normalmente *normally*
norte (m.) *north*
norteamericano *North American (USA)*
notable *noticeable*
novio/a (m. f.) *boyfriend, girlfriend*
nuevo *new*
número (m.) *number*; —s rojos *red numbers (in the red)*
nunca *never*

o *or*
objeto (m.) *object, objective*

obligar *to force*
obstáculo (m.) *obstacle*
obstante: no — *however, nevertheless*
obtener *to obtain*
ocupado *occupied*
ocupar *to occupy*
ocurrir *to happen*
oeste (m.) *west*
oferta (f.) *offer*; en — *special offer*
oficina (f.) *office*; Oficina del Censo *Census Office (USA)*
ofrecer *to offer*
oiga *excuse me, listen! (formal)*
olvidar, olvidarse *to forget*
operación bancaria (f.) *bank transaction*
operar *to operate*
oportunidad (f.) *opportunity*
orden (f.) *order*
ordinario *ordinary*
organizar *to organise*
orientar *to orientate*
orilla (f.) *bank (of a river)*
otro *other, another*; otra vez *again*
oye *listen! (familiar)*

pabellón (m.) *pavilion, stand*
pacientemente *patiently*
pago (m.) *payment*
pagar *to pay*
país (m.) *country*; País Vasco *Basque Country*
palabra (f.) *word*
palacio (m.) *palace*
papel (m.) *paper, role*; jugar un — *to play a role*
papelera (industria) (f.) *paper industry*
papelería (f.) *stationer's*

paquete (m.) *parcel, package*

par (m.) *pair*

para *in order to, for*;
— entonces *by then*

parada (f.) *stop*

parecer *to think, seem*;
(m.) *opinion*

parque (m.) *park*

párrafo (m.) *paragraph*

parte (f.) *part*; ¿de — de
quién? *who's speaking?, who
shall I say?*; en la — de atrás
at the back; por — de *by*; en
buena — *to a large extent*

pasado *last*; — mañana *the day
after tomorrow*

pasaporte (m.) *passport*

pasar *to come in, spend time, come
by, drop in*; — por *to go
through*; —lo bien *to have a
good time*

pasillo (m.) *corridor*

paso: estar de — *to be passing
through*

patrimonio (m.) *inheritance*

pedido (m.) *request, order*

pedir *to request, order*

peluquería (f.) *hairdresser's*

pendiente *pending, outstanding*

pensar *to think, believe*

pequeño *small*

perder *to lose, miss (train, bus,
etc.)*

perdone *excuse me, pardon me, I
beg your pardon*

periódico (m.) *newspaper*;
(adj.) *periodical*

periferia (f.) *outlying regions*

perjudicar *to damage, harm, cause
damage*

permanecer *to remain*

permitir *to allow, let*

pero *but*

personalidad (f.) *personality*

personalmente *personally*

pesar *to be heavy*

pesar *to weigh*

pesca (f.) *fishing*

pescado (m.) *fish*

piel (f.) *fur, leather*

pila (f.) *battery*

piscina (f.) *swimming pool*

piso (m.) *floor, flat*

plano (m.) *map (of a town)*

plantilla (f.) *staff, payroll*

playa (f.) *beach*

plaza (f.) *square*

plazo (m.) *period*; cuenta a —
(f.) *time deposit*

pleno *full*; en — centro *right in
the centre*

población (f.) *population, town*

pobre *poor*

poco *little*; —s *few*

poder *can, be able to*;
(m.) *power*

polígono industrial (m.)
industrial complex

política (f.) *policy*;
(adj.) *political*

póliza de seguro (f.) *insurance
policy*

poner *to put*; ponerse en
contacto *to get in touch*

poquito *little (diminutive of poco)*

por *for, because, in, along, by,
through*; — aquí *this way*; —
ello *that is why*; — escrito *in
writing*; — lo menos *at least*;
— lo tanto *therefore*; — medio
de *through, by means of*;
— supuesto *of course*

porcentaje (m.) *percentage*

por ciento *per cent*

por favor *please*
porvenir (m.) *future*
posterior *later, subsequent, following*
precaución (f.) *caution, precaution*
precedido *preceded*
precisamente *precisely*
precisar *to need*
precio (m.) *price*
predominar *to predominate*
preferir *to prefer*
pregunta (f.) *question*
preguntar *to ask*
preocupación (f.) *concern*
preocuparse *to worry*
preparar *to prepare*
preseleccionar *to shortlist (job applicants)*
presencia (f.) *presence*
presentación: a la — de la factura *on receipt of invoice*
presentar *to introduce, present*
presente *present*
prestaciones por desempleo (f. pl.) *unemployment benefit*
prestigio (m.) *prestige*
presupuesto (m.) *budget*
pretensiones económicas (f. pl.) *salary expectations*
previo *previous*
primer/o *first*
primordial *essential*
príncipe (m.) *prince*
procedente *coming from*
proceder *to proceed, come from*
proceso (m.) *process*
proclamar *to proclaim*
producto (m.) *product*;
—s alimenticios *food products*;
—s de consumo básico *basic consumer products*
profesor/a (m. f.) *teacher*

prometer *to promise*
promoción (f.) *promotion*
promover *to promote*
pronto *soon*; lo más — posible *as soon as possible*
propiedad *property*
proponer *to propose*
proporcionar *to provide*
propósito (m.) *purpose*
proteccionismo (m.) *protectionism*
provincia (f.) *province*
próximo *next*
proyecto (m.) *project*
publicidad (f.) *advertising, publicity*
puerto (m.) *port*
pues *well, then, for*
puesto (m.) *job, post, position*
punto (m.) *point*; — de destino *destination*; — de vista *point of view*

que *what, that, which, who*; ¡qué va! *not at all, certainly not*
quedarse *to stay*; me lo quedo *I'll take it (in a shop)*
quemarse *to burn*
querer *to want*; — decir *to mean*
quien/es *who*
químico *chemical*; industria química *chemical industry*
quisiera *I would like*
quizás(s) *perhaps*

racional *rational*
radial: forma — (adj.) *radial (like spokes of a wheel)*
rápido *fast, quick*
raro *strange*; ¡qué —! *how strange!*
reactivar *to reactivate*

realización (f.)   *carrying out*
realizar   *to do, carry out, take place*
recado (m.)   *message*
recibir   *to receive*
receptividad (f.)   *receptivity, receptiveness*
recibo (m.)   *receipt*
reciente   *recent*
recoger   *to pick up, collect*
recolección (f.)   *harvest*
recomendar   *to recommend*
recordar   *to remember, remind*
recto   *straight*; siga todo —   *go straight on*
recuros (m. pl.)   *resources*
red (f.)   *network*
reducido   *reduced, limited*
reducir   *to reduce*
reestructuración (f.) *reorganisation*
referencia (f.)   *reference*
referente a   *with reference to*
refrigerador (m.)   *refrigerator*
regalo (m.)   *gift, present*
regirse por   *to follow, be guided by*
regresar   *to return*
regreso (m.)   *return*
Reino Unido (m.)   *United Kingdom*
relación (f.)   *list*
relaciones públicas (f. pl.)   *public relations*
relativo: en lo — a   *as regards*
rellenar   *to fill in*
remediar   *to remedy*
remitir   *to send*
remuneración (f.)   *salary*
remunerado   *paid*
rentabilidad (f.)   *profitability*
renunciar   *to resign*
reparación (f.)   *repair*
representante (m. f.) *representative*

requerir   *to require*
requisito (m.)   *requirement*
rescición (f.)   *cancellation, annulment*
reserva (f.)   *reservation, booking*
residente (m. f.)   *resident*
resolver/se   *to solve*
respecta: en lo que — a   *as regards, regarding*
respecto: al —   *in this respect*; con — a   *with regard to, regarding*
respectivo   *corresponding, appropriate*
responder   *to answer, reply*
respuesta (f.)   *answer, reply*
resultado (m.)   *result*
resultar   *to be, result*
retención de impuesto (f.)   *taxed, liable for tax*
retrasar   *to delay*
retribución (f.)   *salary*
reunión (f.)   *meeting*
reunir (reunirse)   *to meet*; — condiciones   *to fulfil conditions*
reventón (m.)   *burst*
revisar   *to revise*
revista (f.)   *magazine*
revolución (f.)   *revolution*
rey (m.)   *king*
rico   *rich*
riesgo (m.)   *risk*
río (m.)   *river*
robo (m.)   *theft*
rogar   *to ask, request*
ropa (f.)   *clothes*
rutina (f.)   *routine*

saber   *to know*
sacar   *to take out, withdraw*
sala de convenciones (f.)   *conference room*
saldo (m.)   *balance*

salir *to go out*
salud (f.) *health*
saludar *to greet*
sección (f.) *division, department*
secretario/a (m. f.) *secretary*
sede (f.) *main office*
seguir *to follow, continue*
según *according to*
segundo *second*
seguramente *probably*
Seguridad Social (f.) *Social Security*
seguro *sure*; (m.) *insurance*; estar — *to be sure*; — de vida *life insurance*
sello (m.) *stamp*
semana (f.) *week*
sentarse *to sit*
sentirse *to feel*
señalar *to indicate*
señas (f. pl.) *address*
señor (m.) *gentleman, Mr, sir*
señora (f.) *lady, Mrs, madam*
señorita (f.) *young lady, miss*
separar *to separate*
ser *to be*; a no — *unless*
servicio (m.) *service*; —s (pl.) *toilets*
seriedad (f.) *reliability*
sí *yes*
si *if*
siderúrgica: industria — (f.) *iron and steel industry*
siempre *always*
sierra (f.) *mountain*
siguiente *following*
silencioso *silent*
silla (f.) *chair*
sillón (m.) *armchair*
simpático *nice, pleasant*
simplificado *simplified*
sin *without*; — duda *without any*

doubt; — embargo *however*
sino *but*
soberanía (f.) *sovereignty*
sobre *about, around, on, upon, above*
sobre (m.) *envelope*
soler *to usually (do, etc.), be in the habit of*
solicitar *to request, apply*
solicitud (f.) *request, application*; — de empleo *job application*
sólo *only*
soltero/a *single, unmarried*
solución (f.) *solution*
solucionar *to solve*
suave *smooth*
subdesarrollo (m.) *underdevelopment*
subdirector/a *deputy director*
subir *to go up, rise*
subsidio (m.) *subsidy*
suceder *to happen*
sucesor/a (m. f.) *successor*
sucursal (f.) *branch (of a company)*
sueldo (m.) *salary*
sufrir *to suffer*
sugerir *to suggest*
suma (f.) *sum*
superar *to exceed*
supervisar *to supervise*
suponer *to suppose*
supuesto: por — *of course, certainly*
surtido (m.) *range*
sustitución (f.) *substitution*

tacto (m.) *touch*
tal/es *such*; tal/es como *such as*; con tal que *as long as* ¿qué tal . . .? *what about . . .?*
tamaño (m.) *size*

también   *also*
tampoco   *neither, not . . . either*
tanto/s   *so much, so many*; por lo
   tanto   *therefore*
tardar   *to last, take (time)*; a
   más —   *at the latest*
tarde (f.)   *afternoon*
tarea (f.)   *task*
té (m.)   *tea*
teclado (m.)   *keyboard*
técnico (m.)   *technician*
tecnología (f.)   *technology*
telecomunicación (f.)
   telecommunications
telefónica: Compañía Telefónica
   (f.)   *Telephone Company*
teléfono público (m.)   *public
   telephone*
teleinformática (f.)   *data transfer
   via the telephone network*
televisor (m.)   *television set*
temporada (f.)   *season*
tendencia (f.)   *tendency*
tener   *to have*; — derecho   *to
   have the right*; — lugar   *to take
   place*; — presente   *to bear in
   mind*; — en cuenta   *to take into
   account*
terminar   *to finish*
terremoto (m.)   *earthquake*
terrestre (adj.)   *land*
tiempo (m.)   *time*; ¿cuánto
   —?   *how long?*
tipo (m.)   *type*
título (m.)   *title*; — de
   propiedad   *title deed*
todavía   *still, yet*
todo   *all, everything, whole*
tomar   *to take*; — una copa   *to
   have a drink*
totalidad (f.)   *whole*
totalmente   *totally*

trabajador/a (m. f.)   *worker*
trabajar   *to work*
trabajo (m.)   *work, job*
traducir   *to translate*
traer   *to bring*
tranquilo   *quiet*
transferencia (f.)   *transfer*
transferible   *transferable*
transformados: industria de —
   metálicos *metal refining industry*
transformarse   *to become*
transición (f.)   *transition*
transnacional (f.)   *multinational*
transporte (m.)   *transport*
transportista (m.)   *transporter,
   carrier*
tras   *after*
tratar   *to deal with, discuss, treat*
tratarse   *to be about, have to do
   with*

u   *or (before words beginning with
   o—)*
último   *last*; por —   *finally, last*
un/a   *a*
unidad (f.)   *unity*; — familiar
   family unit
unir   *to link*
universidad (f.)   *university*
universitario (adj.)   *university*
unos   *some, about*
urgencia (f.)   *urgency*
usado   *second-hand*
usar   *to use*
utilizar   *to use*

vaca (f.)   *cow, beef*
vacaciones (f. pl.)   *holidays*
valenciano   *Valencian*
valer   *to cost*
valorar   *to value*

vamos   *let's go*
variado   *varied*
variar   *to vary*
variedad (f.)   *variety*
varios   *several*
vasco   *Basque*
vehículo (m.)   *vehicle*
velocidad (f.)   *speed*
vencimiento (m.)   *maturity,*
  collapse
vendedor/a (m. f.)   *seller,*
  salesperson
vender   *to sell*
venir   *to come*
venta (f.)   *sale*
ventaja (f.)   *advantage*
ventajoso   *advantageous*
ver   *to see*; verse obligado a   *to*
  be forced to
verano (m.)   *summer*
verdad (f.)   *truth*
vez (f.)   *time*; de — en

cuando   *from time to time*; otra
  — *again*; a veces   *sometimes*;
  muchas veces   *many times*
vía (f.)   *railway line, rail track*
viajar   *to travel*
viaje (m.)   *journey, trip*
viajero/a (m. f.)   *traveller*
vida (f.)   *life*
viejo   *old*
vino (m.)   *wine*
visada por el cónsul   *endorsed*
  (signed) by the consul
vista (f.)   *sight*; a (días) —   *at*
  (days) sight
vivir   *to live*
volver   *to return*
voluntad (f.)   *will*

y   *and*
ya   *already*; — que   *for, as, since*

zapato (m.)   *shoe*

Grammatical Index

SPANISH

JUAN KATTÁN-IBARRA

A complete introductory course designed to help you achieve basic fluency in both spoken and written Spanish.

This book assumes that you have no previous knowledge of Spanish and takes you to the point at which you can read and write simple texts, and confidently take part in everyday conversations. The twenty-four units focus on communication in a whole host of practical situations and provide all the Spanish you need when travelling, shopping, ordering a meal and generally living in Spain. Each unit has lively dialogues which introduce useful vocabulary and grammar points, and exercises which test your understanding. You will also find a key to the exercises, a grammar index and a Spanish–English vocabulary list.

TEACH YOURSELF BOOKS